Bajo sospecha

ANA ASIÓN Y SERGIO CALVO (COORDS.)

BAJO SOSPECHA

Historia de una sociedad vigilada (España, 1939-1975)

ESPASA

Espasa es un sello editorial de Editorial Planeta, S. A.
Avda. Diagonal, 662-664, 08034, Barcelona (España)
www.espasa.com
www.planetadelibros.com

Primera edición: febrero de 2025

Depósito legal: B. 1.260-2025
ISBN: 978-84-670-7581-6
Preimpresión: Safekat, S. L.
Impresión y encuadernación: Rodesa, S. A
Printed in Spain - Impreso en España

PEFC
PEFC/14-38-00305
PEFC Certificado
Este libro procede de bosques gestionados de forma sostenible
www.pefc.es

ÍNDICE

PRÓLOGO. EL MIEDO COMO MECANISMO DE CONTROL DE UNA DICTADURA IMPLACABLE, de Ana Asión Suñer y Sergio Calvo Romero (Universidad de Zaragoza) 13

INTRODUCCIÓN. REPRESIÓN, COERCIÓN Y... CONSENSO. LA FIGURA DEL *MITLÄUFER,* de Carlos Forcadell Álvarez (Universidad de Zaragoza) 25
Los historiadores hijos de la guerra 26
Tiempos de *selfies* 29
Ni paz, ni piedad, ni perdón 34
Apoyos sociales, consensos y propaganda 36
Cultura fascista, cultura franquista 39
Los *Mitläufer:* la gente corriente 42
Los amnésicos: sus historiadores y novelistas 46

1. UNA VIOLENCIA QUE NO CESA. LAS MÚLTIPLES CARAS DE LA REPRESIÓN FRANQUISTA, de Nicolás Sesma (Universidad Grenoble Alpes) 51
Una violencia poliédrica 55
Una depuración a la carta legislativa 63

El reverso de la moneda 74
Las bases para la larga duración de la Dictadura 83

2. Las densas alas del águila gris: el aparato represor franquista. ¿Éxito o fracaso contra el antifranquismo?, de Pablo Alcántara (Universidad Autónoma de Madrid) 85
El franquismo, un sistema represor de principio a fin 87
El entramado policial franquista, al servicio de la represión 92
La Dirección General de Seguridad y la Brigada Político-Social 92
La Policía Armada 96
La Guardia Civil 99
Servicios secretos y elementos parapoliciales 103
El entramado judicial franquista, apoyo legal a la coacción 105
Unas leyes al servicio de la represión 105
La justicia militar 107
El Tribunal de Orden Público (TOP) 109
El entramado propagandístico de la represión 113
El Gabinete de Enlace 113
Censura y propaganda 114
¿Pudo este aparato represivo con el antifranquismo? 116

3. Represión de baja intensidad en el movimiento estudiantil antifranquista, de Alberto Carrillo-Linares (Universidad de Sevilla) 121
Neutralizar mediante el miedo 127

Evolución de la represión en su contexto histórico 130
Tipología de la represión de baja intensidad 138
Un caso recurrente y poco explorado: los certificados de buena conducta 152
El alcance de la represión 156

4. Sin doblar, sin domar y sin domesticar. La represión sobre el movimiento obrero durante la Dictadura, de Cristian Ferrer García (Universidad de Zaragoza) 159
El movimiento obrero, pilar clave en la caída de la Dictadura 159
Cortar el gen rojo. La represión a las primeras vías de organización obrera 160
Conciencia, cultura y tradición de clase en la posguerra española 160
¿Trabajadores o productores? Los intentos del régimen por cooptar a la clase obrera 168
Los espacios de socialización obrera y la difusión de la cultura militante. De la fábrica al barrio 173
La organización clandestina en las cárceles. Los casos de Burgos y Carabanchel 175
Los efectos de la represión en la movilización obrera: localización y atomización 182
Cortar la cabeza a la hidra: el Proceso 1001 y el final de la Dictadura 189
Existió la lucha de clases 203

5. LAS VÍCTIMAS INESPERADAS: LA REPRESIÓN DE PERIODISTAS Y ESCRITORES (1939-1945), de Juan A. Ríos Carratalá (Universidad de Alicante) 205
La lupa del historiador 205
El modelo de víctima 215
Estrategias de defensa y otros paradigmas de las víctimas 223
Víctimas tan imprevistas como reales 235

6. LA DICTABLANDA CINEMATOGRÁFICA: CONTROL Y CENSURA SOBRE EL AUDIOVISUAL COMPLACIENTE, de Ana Asión Suñer (Universidad de Zaragoza) 243
Desarrollismo y ¿modernidad?: La comedia de los sesenta o cómo actualizar la risa hispana 243
El negocio del humor amable (y rentable): Ágata Films y José Luis Dibildos 250
Los años sesenta o cómo entender a la nueva población española 253
Los años setenta, un país en transición 264
El Pigmalión franquista frente a la nueva España 274

7. LA REPRESIÓN DE GÉNERO EN LA DICTADURA: GENEALOGÍA DE VÍCTIMAS, AGENTES Y VIOLENCIAS CONTRA LAS MUJERES, de Irene Abad Buil y Sescún Marías Cadenas (Universidad de Zaragoza) 277
Diálogo sobre la represión de género 277
Interés de la temática 281
La represión contra las mujeres 281
La investigación de la represión 283

Conceptualización del término represión 287
Alcance de la represión 293
Las víctimas de la represión de género 294
La represión según su tipología 300
La procedencia de la represión 303
Los agentes y los efectos de la represión 308
Cómo definir las violencias de género y vincularlas con el presente 312

Notas 319
Bibliografía 355
Índice onomástico 379
Créditos fotográficos 389

Prólogo
El miedo como mecanismo de control de una dictadura implacable

Ana Asión Suñer y Sergio Calvo Romero
(Universidad de Zaragoza)

El cantautor José Antonio Labordeta recordaba, haciendo referencia a los primeros años de la Transición: «Hubo una época en la que no tuvimos miedo a las sirenas. No tuvimos miedo cantando aquellas canciones que abrían un abismo en cada uno y le invitaban con fuerza a desaparecer en él, a no ser Ulises. [...] Aquella música no era adjetivable: no era buena o mala, fue, simplemente, el aliento mismo de la democracia. Sabía a paraíso, a utopía, olía demasiado bien»[1]. Palabras que reflejan un sentimiento colectivo de libertad, la ruptura con un régimen que durante cuarenta años[2] utilizó la represión para imponer sus ideales. Democracia era sinónimo de libertad, mientras que para una parte muy reseñable de la población española la Dictadura había sido terror, coacción y miedo. Visibilizar y comprender los mecanismos usados con este objetivo supone enfrentarse al pasado sin censura, aportar una mirada distinta que ayude a completar una de las etapas más negras de la historia contemporánea española. Un yugo presente en todos los estratos y contextos, aplicado con mayor o menor dureza, pero omnipresente en toda la sociedad. Los ejemplos son numerosos y diversos, y a través de todos ellos se pueden trazar unas líneas maestras de actuación claras y rotundas, acordes a los postulados fascistas.

El curso celebrado en la Institución «Fernando el Católico» de Zaragoza con el título «Mecanismos de represión y coerción durante la dictadura franquista» (14 y 15 de marzo de 2024) fue la primera actividad planteada como acercamiento a esta temática. Un foro de encuentro entre investigadores de diferentes universidades[3], coordinado por Ana Asión Suñer y Sergio Calvo Romero, de la Universidad de Zaragoza, en el que se buscó realizar una reconstrucción narrativa de los hechos, analizando las herramientas represivas, así como la identificación de algunos de los protagonistas del régimen en cuanto ejecutores de la opresión. El encuentro visibilizó la amplia gama de actuaciones de las que las autoridades franquistas se sirvieron para perpetuar los principios del Movimiento. Una imagen poliédrica que permitía abordar la Dictadura con otros ojos, hablar de la historia del país poniendo en común escenarios de actuación distintos, pero en los que la dirección de la trama era común en todos ellos.

Los aniversarios se han convertido en mecanismos de proliferación de libros y artículos sobre determinados acontecimientos. No obstante, esta norma no escrita no se cumple cuando se habla de dos de los temas que más producción bibliográfica han generado en España: la Guerra Civil y la dictadura franquista. A lo largo del año son muchos los foros o encuentros que se celebran en distintos puntos de la geografía española, promovidos por organismos o asociaciones de muy diversa naturaleza. Y una cosa queda clara, la evolución en ambos campos de trabajo ha estado marcada por un proceso de especialización. Parece que la praxis de elaborar obras globales sobre un periodo ha ido disminuyendo en las dos últimas décadas, pero la realidad es que se han producido cambios de paradigmas y aplicado enfoques diferentes, a la par de la publicación de obras con un marcado carácter regional o temático. Ambos escenarios bibliográficos conviven en las librerías.

Resultaba evidente la riqueza en carga argumental y explicativa de las personas que participaron en aquellas jornadas, consecuencia directa de la extraordinaria cantidad de datos que han ido recopilando en investigaciones recientes gracias al acceso a determinada documentación que se ha ido desclasificando, así como a un exquisito uso de testimonios y reflexiones conceptuales. En suma, se dieron las condiciones óptimas para intentar convertir la palabra hablada en escrita.

El conjunto de las intervenciones transportó a los asistentes a una dura realidad: a la vez que la Segunda Guerra Mundial segaba la vida de millones de vidas, en España se construía un sistema político de violencia y represión que marcaría el devenir y la memoria de nuestra historia más reciente. Bajo las cenizas de la destrucción se construyó un nuevo régimen cuya predisposición para la represión fue mayúscula: no existió un escenario de socialización que no cayera bajo el control de la Dictadura. Todos fueron sospechosos durante casi cuarenta años. Esta es la historia de una sociedad en perpetua vigilancia y coerción constante. Una sociedad en la que todos fueron sospechosos de pensar o actuar de forma diferente a lo marcado por el régimen.

Con este libro se trata por tanto de seguir avanzando en el complicado proceso de conocer nuestro pasado inmediato, intentando acercar a cualquier persona las claves para entender el porqué y el cómo se prolongó casi cuarenta años el régimen dictatorial. En la obra está presente un hilo argumental central que dota de cohesión al libro, entendiendo que cada capítulo es un complemento para el resto. Aspectos y conceptos tan importantes como consenso, represión sexuada, expedientes disciplinarios, el papel de las mujeres de presos o la lucha cultural se encuentran interrelacionados y explicados por especialistas en la materia.

El diseño de la obra obedece a la intención manifiesta de trazar una narrativa transversal y eje conductor de cada capítulo, basada en las distintas formas y esferas en las que se actuó con el fin de limitar las libertades individuales y colectivas de la sociedad. El ámbito de la represión durante la Dictadura es un terreno fértil a nivel historiográfico. Como bien señala Carlos Forcadell, la colección de publicaciones sobre la represión ocuparía páginas y páginas. Desde los primeros estudios, valientes y pioneros, pasando por los meramente descriptivos hasta llegar a estudios de caso que nos han acercado a situaciones sobrecogedoras. Desde que Santos Juliá diera las primeras cifras de muertos y Javier Rodrigo publicara en 2005 su obra *Cautivos. Campos de concentración en la España franquista, 1936-1947,* se ha ido profundizando de forma excepcional, incluso iniciando toda una dinámica de creación conceptual.

La presente obra viene a ser un ejemplo de yuxtaposición de generaciones. La confluencia de ellas en estas páginas fue una de las premisas desde su planificación. Es cierto que en historiografía no hay una regla estricta sobre cuántos años separan a una generación de historiadores de otra, pero generalmente se considera que una generación equivale a un periodo de entre veinte y treinta años. Esta noción proviene de la idea biológica de generación, que se refiere al tiempo que transcurre para que nazca una nueva cohorte de personas y crezcan hasta convertirse en adultos. Sin embargo, en el contexto de la historia intelectual y la historiografía, una «generación» de historiadores puede también estar definida por factores como cambios metodológicos, enfoques teóricos o eventos históricos significativos que influyen en la formación y las perspectivas de los académicos. Por ejemplo, los historiadores que comenzaron su carrera en la posguerra pueden ser considerados de una generación distinta a aquellos formados durante la Guerra Fría o la era digital, debido a las distintas influencias y contextos académicos de sus épocas. Así que los cambios en paradigmas, teorías y contextos históricos juegan un papel crucial en la definición de estas generaciones.

Atendiendo a esos factores podemos vislumbrar hasta tres generaciones diferentes. A pesar de las diferencias existentes en los contextos políticos, influencias historiográficas, planes de estudios de su formación académica, accesibilidad a los archivos e incluso a la evolución de la digitalización de los mismos, entre otros muchos factores que han podido influir en las trayectorias de todos los miembros que conforman el listado de autores y autoras de esta obra, se pueden establecer varios denominadores comunes. En primer lugar, todos son descendientes directos del impulso que en los años noventa experimentaron la historiografía y la propia profesión, en segunda instancia, sus temáticas se circunscriben a la Guerra Civil española, el franquismo, y la Transición a la democracia y, en tercer lugar, muestran una gran preocupación por reescribir o recuperar narrativas que habían sido suprimidas durante la Dictadura. Todo ello apuntalado sobre enfoques más interdisciplinarios, como la historia cultural, la historia de género, la historia de las emociones, o la historia global.

Estamos ante una obra colectiva que se ha construido, en gran parte, a través de estudios de caso, acorde con la especialización o regionalización que parece imperar en la historiografía actual sobre el franquismo, algo que ha permitido profundizar en los detalles y matices, lo que facilita una comprensión completa y permite explorar cómo un fenómeno general se manifiesta en diferentes contextos específicos. Y ese fenómeno no ha sido otro que el de la actividad represiva, presente durante casi cuarenta años y en el día a día de una sociedad en cambio, cuyos intereses y anhelos no tenían cabida bajo el entramado coercitivo existente, situación que se convirtió en motor de la disidencia y que se vio alimentada y radicalizada a medida que la propia represión se volvía más intensa y sangrienta.

A lo largo de los capítulos cualquier lector, ya sea experto o neófito, podrá embarcarse en una narrativa clara y concisa, centrada en el objetivo principal: superar el marco académico y acercar la realidad de la represión durante la Dictadura al público en general. Publicaciones como esta son necesarias ya que el historiador, como decía Francisco Tomás y Valiente, «trabaja y piensa desde su tiempo y desde su personal modo de interpretar la realidad. Su quehacer no es innocuo, inocente o simplemente adorno inútil de una cultura de salón, sino un trabajo vivo y conectado con el presente»[4]. Solo el conocimiento real y completo podrá ayudarnos a comprender nuestro presente.

Las siguientes páginas son obra de distintos miembros de una misma familia, la que se dedica a interpretar los hechos desde su propia formación personal, con los medios necesarios, y que no se conforma con la narración de los mismos, como señalaba Miguel Artola[5] a la hora de referirse al oficio del historiador. Se pueden vislumbrar esas tres generaciones antes citadas.

La primera encabezada por Carlos Forcadell, quien ya en 1992 abogaba por una renovación de la metodología, práctica y temática que imperaba en la historiografía[6]. Catedrático de Historia Contemporánea, director de la Institución «Fernando el Católico», y uno de los autores a los que bien se les puede aplicar la categoría de «maestro historiador», abre el libro con una introducción excepcional en la que aborda aspectos tan importantes como el consenso o la resignación, entendiendo esta como la aceptación por asumir que no era posible su alteración o eliminación, en el complejo proceso de estructuración de la represión desde las instituciones franquistas. Es el encargado de hablar de la figura del *Mitläufer*. Un término utilizado en la Alemania posnazi para denominar a la población silenciosa, miedosa e indiferente, individuos que, simplemente, se dejaron llevar por la opción predominante. Cómplices en ciertas ocasiones, arrastrados por la apatía y el desinterés, de prácticas perniciosas y reprochables. Una reflexión inicial que sirve para abordar el resto de capítulos teniendo en cuenta un perfil que, sin duda, puede rastrearse en todos ellos.

El primero de los capítulos está destinado a la creación y evolución del sistema de control del franquismo. Nicolás Sesma es el encargado de trazar los ingredientes básicos del régimen, analizando la represión como elemento aglutinante. Profesor titular de Historia y civilización españolas en la Universidad de Grenoble Alpes, su última publicación ha sido *Ni una, ni grande, ni libre. La dictadura franquista (1939-1977)* (Crítica, 2024), un recorrido pormenorizado y actual del régimen. Se trata de un historiador que ha trabajado de forma completa el proceso de recepción de la cultura fascista en España, el papel de las élites en dicho proceso y, sobre todo, el protagonismo del Instituto de Estudios Políticos en los primeros años del nuevo régimen.

Con el título «Las densas alas del águila gris: el aparato represor franquista. ¿Éxito o fracaso contra el antifranquismo?» Pablo Alcántara (Universidad Autónoma de Madrid) profundiza y reflexiona sobre la efectividad de los mecanismos de coerción utilizados durante cuarenta años por el bando vencedor de la contienda. El autor firmó con anterioridad sendas investigaciones que abordaban ya esta temática: *La Secreta de Franco* (2022) y *La DGS. El palacio del terror franquista* (2024), ambas en Espasa. Sus publicaciones suponen un importante salto cualitativo en lo que se refiere a los cuerpos represivos de los que se sirvió el régimen, aportando una profusa lista de archivos consultados que han apuntalado documentalmente cada una de sus obras. Donde historiográficamente había existido oscuridad poco a poco va abriéndose paso la luz gracias tanto a su labor como a la de una nueva generación de historiadores que se zambullen en la documentación para construir un discurso explicativo para todos los públicos.

Los escenarios colectivos de actuación son objeto de estudio en el tercer apartado. En esta ocasión Alberto Carrillo-Linares, profesor titular de la Universidad de Sevilla, es el encargado de tratar los movimientos estudiantiles a través del capítulo titulado «Represión de baja intensidad en el movimiento estudiantil antifranquista». Se trata de una segunda generación de estudiosos sobre el movimiento estudiantil antifranquista. Su tesis doctoral, *Subversivos y malditos en la Universidad de Sevilla (1965-1977),* premiada por el Centro de Estudios Andaluces en 2007, dio lugar a un libro de título homónimo. Su producción ha tenido un impacto decisivo en el devenir del citado campo historiográfico, impulsando estudios y reflexiones como la influencia del mayo francés en la universidad española, la importancia del factor generacional en el movimiento estudiantil o los mecanismos de represión académica.

El capítulo cuarto es de Cristian Ferrer, investigador predoctoral del Departamento de Historia de la Universidad de Zaragoza, quien aborda la represión sufrida por el movimiento obrero. En 2021 obtuvo una mención especial a la investigación desarrollada para la elaboración del trabajo final del Máster Universitario en Historia Contemporánea. Con el título *«La calle es nuestra»: nacimiento y desarrollo de las Comisiones Obreras en Zaragoza (1958-1977),* creó una cronología organizativa de la movilización obrera para el caso de la capital aragonesa y trazó varias líneas de análisis de la evolución del movimiento en el ámbito nacional, campo que ha ido desarrollando en posteriores publicaciones en revistas especializadas.

El capítulo de Juan Antonio Ríos Carratalá (Universidad de Alicante) se centra en los consejos de guerra de periodistas y escritores (1939-1945). Carratalá es uno de los autores más destacados del desarrollo del escenario cultural durante la Dictadura. Ha publicado investigaciones que van desde el Teatro Español Universitario, dramaturgos, literatos destacados o prensa hasta los consejos de guerra de periodistas y escritores durante los años inmediatamente posteriores al fin de la contienda civil. Experto en todo lo concerniente a la constricción cultural que el régimen impuso, entre sus últimas publicaciones se encuentran *Ofendidos y censores: La lucha por la libertad de expresión (1975-1984)* (Renacimiento-Los cuatro vientos, 2022) o *Las armas contra las letras. Los consejos de guerra de periodistas y escritores (1939-1945)* (Renacimiento, 2024).

Ana Asión Suñer, coordinadora de la presente obra y profesora en el Departamento de Historia del Arte de la Universidad de Zaragoza, firma el capítulo «La dictablanda cinematográfica: control y censura sobre el audiovisual complaciente». Su tesis se centró en la tercera vía del cine español, un concepto usado para referirse a las producciones cinematográficas de los años setenta a medio camino entre el cine comercial y el cine de autor que incluyeran una leve perspectiva crítica. Como fruto de este trabajo han visto la luz libros como *El cambio ya está aquí. 50 películas para entender la Transición española* (UOC, 2018) —Premio a la mejor publicación sobre arte contemporáneo de autor o tema aragonés de la Asociación Aragonesa de Críticos de Arte—, *Cuando el cine español buscó una tercera vía (1970-1980). Testimonios de una transición olvidada* (Universidad de Zaragoza, 2018) o *La Tercera Vía del cine español. Espejo de un país en transición* (Laertes, 2022).

El último de los capítulos corre a cargo de Irene Abad (Universidad de Zaragoza) y Sescún Marías Cadenas (Universidad de Zaragoza) y está dedicado a la represión sexuada. Ambas investigadoras han realizado una labor didáctica mayúscula con el fin de acercar determinados conceptos, como el de *mujer de preso,* a todos los públicos. Han desarrollado su actividad posdoctoral desde estudios de caso hasta llegar a establecer líneas maestras en lo concerniente a las diferentes formas de represión de la mujer durante la Dictadura. Recientemente han sido galardonadas por la experiencia educativa presentada al Tercer Congreso de Educación Crítica e Inclusiva (@educritica2024) organizado por la Universidad Complutense de Madrid. La experiencia premiada, «Vigiladas: del archivo al aula. Una exposición itinerante sobre la represión a las mujeres en la dictadura franquista», ha sido exhibida, trabajada y evaluada en distintos centros educativos de Aragón.

En última instancia es menester hacer referencia al otro coordinador, Sergio Calvo Romero. Investigador posdoctoral de la Universidad de Zaragoza, ha realizado una tarea fundamental para acercar a la sociedad los pormenores del movimiento estudiantil universitario en Zaragoza durante la Dictadura. Fruto de esta labor son libros como *Lucha y represión en la Zaragoza del franquismo.1958-1978* (Universidad de Zaragoza, 2023), coordinado junto a Iván Romero y Cristian Ferrer, así como numerosas actividades que, más allá del ámbito académico, contribuyen a acercar a la sociedad temas tan necesarios como la represión franquista o las organizaciones universitarias durante el franquismo. Con una sólida proyección tanto a nivel local como nacional, en los próximos meses publicará la obra *Policías en las aulas,* toda una reconstrucción de las tácticas policiales en los distritos universitarios para desactivar cualquier tipo de disidencia.

Los agradecimientos en muchas ocasiones son fruto de la deferencia académica, pero en este caso las menciones son más que merecidas. En orden cronológico, solo cabe dar gracias a la Institución «Fernando el Católico» por ver en el curso antes mencionado una oportunidad de seguir avanzando, y sobre todo a su director y maestro, Carlos Forcadell, de quien algunos nos sentimos nietos académicos. A todas y todos los que formasteis parte del grupo de ponentes, y que, con excepciones motivadas por compromisos académicos y/o editoriales, no dudasteis en sumaros a este proyecto, el de plasmarlo en un libro.

En nombre de los autores y autoras, con un énfasis especial por parte de los coordinadores, a Espasa y a Lola Cruz, «nuestra editora». La confianza e ilusión que se nos transmitió desde el comienzo de la aventura solo hizo aumentar, aún más, nuestras ganas de remar.

Introducción
Represión, coerción y… consenso. La figura del *Mitläufer*

Carlos Forcadell Álvarez
(Universidad de Zaragoza)

Sostener que todo sistema político se apoya en factores de represión y factores de consenso es una obviedad, como lo es el hecho de que los primeros son elementos constructivos de toda dictadura, así en el pasado como en el presente (Venezuela, Nicaragua…), pero en ningún caso podrían mantener su sistema de dominación, entre el totalitarismo y el autoritarismo, sin disponer de importantes apoyos sociales, en distintas dosis y en proporciones variables, con los mecanismos represivos, según la situación en el espacio y en el tiempo de dichos sistemas políticos dictatoriales.

Aquí me propongo plantear algunas reflexiones sobre aspectos, menos atendidos quizá, de esos equilibrios entre los mecanismos represivos y la evolución de las complejas actitudes de la ciudadanía, que van de la militancia y el apoyo, manifiestos e interesados, a la pasividad, resignación, silencio o indiferencia, también a la resistencia, cuya descripción y comprensión en conjunto resultan necesarias para explicar la permanencia de la Dictadura de un general africanista en la Europa democrática de las décadas centrales del siglo XX.

Los historiadores hijos de la guerra

Una primera observación discurre sobre el hecho de que la generación de historiadores nacidos en los años cuarenta, en la que me incluyo, aquella que con más precisión puede ser denominada la de los «hijos de la guerra», la de quienes vivieron plenamente desde su infancia y juventud hasta su madurez la España franquista, naturalizada como único escenario posible, a no ser que tuvieran relaciones familiares con alguna especie de «vencidos» o dirigieran la mirada, tempranamente, al exterior, no hicieron de la Guerra Civil, ni de la posterior represión, ni del propio franquismo como sistema político, el centro y atención preferentes de sus investigaciones históricas.

Y me refiero a historiadores contemporaneístas como Julio Aróstegui (1939), Santos Juliá (1940), Albert Balcells (1940), José Álvarez Junco (1942), Manuel Pérez Ledesma (1844), Borja de Riquer (1945), Antonio Elorza (1943), Juan Pablo Fusi (1945), Juan Sisinio Pérez Garzón (1949), Ramón Villares, Mercedes Cabrera y Pedro Ruiz (1951), Elena Hernández Sandoica (1952) y tantos otros, que intervinieron de múltiples maneras en los espacios académicos y públicos, especialmente a partir de mediados de los años setenta, sobre temas relativos a la Guerra Civil y al ya cancelado sistema político franquista, pero por lo general no centraron sus investigaciones principales, sus horas y jornadas de archivo, sobre estas cuatro décadas (1936-1977), sino sobre periodos anteriores de los que no habían tenido experiencia personal ni cercana, ni cayeron en las tentaciones de la llamada historia del mundo presente o historia del mundo actual, cuyas fronteras son tan móviles como, en cierta manera, ambiguas, dada la velocidad a la que se desplazan tanto lo presente como lo actual.

Mi propia experiencia personal (1946), estudiante en la segunda mitad de los años sesenta, iniciado en la investigación y doctorado en los setenta, me sugiere que nuestra condición de testigos y observadores más o menos participantes ahuyentaban nuestro interés investigador y profesional sobre aquello de lo que teníamos memoria y experiencia propia, lo que los alemanes llaman *Erlebnis,* a lo que me referiré más adelante, el largo recorrido del franquismo, y también nos apartaban de la memoria más cercana y transmitida *(Erfahrung),* de los silenciados, pública y privadamente, años de la Guerra Civil. Por eso, ni siquiera desde una militancia u oposición antifranquista, la represión física y exterminio civil de los vencidos, como el propio régimen político, constituían una prioridad historiográfica. Así las cosas, la atención a la Guerra Civil y al propio franquismo, quedaba hace medio siglo, hasta su final, en manos de activos grupos de hispanistas ingleses (Hugh Thomas), norteamericanos (Burnett Bolloten, Herbert Southworth, Gabriel Jackson, Edward Malefakis...), franceses (Guy Hermet).

La doble condición de testigos o herederos próximos de los acontecimientos y de historiadores que pretenden una reconstrucción verosímil y verídica del pasado nos alejaba en aquel momento de esos escenarios historiográficos, aunque sí que podemos aportar un diálogo entre nuestra memoria y la historia que se ha hecho con posterioridad. Nuestra generación, en todo caso, no se preocupó prioritariamente de estos temas, quizá por tener la sensación de que las variadas formas de represión, de control y coerción eran asuntos suficientemente conocidos por la propia experiencia, o la heredada, algo que ha corregido convenientemente la generación de nuestros hijos académicos, los «nietos de la guerra», y aun biznietos de la misma, ocupadas desde hace tiempo en explorar todos los rincones, políticos, sociales y culturales de las cuatro décadas de la dictadura franquista, y muy destacadamente de sus mecanismos de dominación y represión.

Al lado de esta observación se encontraba la de que era necesario e imprescindible tener en cuenta, más de lo que una primera historiografía militante y antifranquista hizo en un principio, la realidad de la extensión, profundidad y los mecanismos de amplios consensos sociales, sin los que la Dictadura no hubiera podido mantenerse, algo que hoy va siendo mejor atendido y conocido, en sus variaciones temporales desde los orígenes de la dictadura hasta su descomposición, aunque todavía quedan aspectos pendientes de explorar para la investigación histórica.

Sobre la represión podemos añadir conocimiento, rescatar vidas pasadas, reparar injusticias, conocer más, pero no «saber», pues una cosa es conocer y otra saber. Sin necesidad de ponerse místico se pueden recordar aquellos versos de San Juan de la Cruz en la Subida al Monte Carmelo: «Para venir a lo que no sabes, has de ir por donde no sabes / para venir a lo que no eres has de ir por donde no eres», a los que a veces he recurrido en otros contextos, ir por donde no sabes a lo que es más difícil de describir, explicar y comprender, a lo que todavía no se sabe.

Las investigaciones sobre la represión durante el franquismo, en sus diversas formas desde el momento de la Guerra Civil y de los primeros años de la posguerra hasta su final, ha sido objeto de una atención y de una historiografía torrencial que no cabe ahora referir y detallar, pero sí que ha corrido a cargo ahora de más jóvenes historiadores, «nietos» de la guerra volcados con entusiasmo crítico en esos temas que para la generación de sus mayores no habían constituido interés u ocupación principales.

Tiempos de *selfies*

En tiempos del muy global hábito de hacerse *selfies,* lo cual se va haciendo patente también en escritores, novelistas e historiadores ocupados en hacer patente su mirada sobre las *res facta* o las *res ficta,* que diría Nietzsche, puede ser oportuno proponer un recuerdo personal desde el observatorio universitario zaragozano de mediados de los años setenta, cuando los azares del escalafón hicieron que recalara aquí, procedente del mundo académico alemán, un profesor, un *maître a penser,* Juan José Carreras (1928-2006), que se coló entre los «catedráticos franquistas» y los «franquistas catedráticos», en expresión de su discípulo Ignacio Peiró[1].

En un periódico quincenal zaragozano y aragonés, *Andalán,* publicó un artículo en 1976, con el consabido pseudónimo, aunque diáfano (H. J. Renner), titulado «El franquismo, ¿un régimen autoritario?», en fundamentada crítica y respuesta a la categorización que el sociólogo Juan José Linz acuñó y difundió desde Estados Unidos, convenientemente utilizada por defensores y herederos del viejo estado franquista, quienes lo entendían embellecido con el nuevo concepto. En él llamaba la atención sobre la enorme desproporción de la represión con la que asentó sus cimientos la Dictadura, ya desde 1936: «Por poner un ejemplo, Hitler, en el primer año de poder devastó partidos y sindicatos, pero en todo el territorio del Reich el número de ejecuciones, legales e ilegales, no pasaron de 600, una cifra menor de las habidas en cualquier provincia española en unos pocos fines de semana. Para los once años que van desde 1933 a 1944, la cifra de víctimas por razones políticas del régimen nacionalsocialista es de unas 11.800, en el interior de Alemania», en la propia comunidad nacional, guerra y Holocausto aparte.

No creo equivocarme mucho si digo que fue una de las primeras veces en que desde la academia, un catedrático de Historia Contemporánea, llamaba la atención, bien que desde un medio de comunicación marginal, sobre una realidad que sí que era tan conocida como había sido padecida por las víctimas y sus familias, o desde el exilio, pero no tanto en el espacio público y mucho menos en el académico, heredero por entonces de las estructuras educativas franquistas, lo cual era en aquel momento políticamente inoportuno además, por cuanto en el corazón de la Transición democrática a todos convenía «echar al olvido» prudentemente tanto el pasado conflicto bélico como la magnitud de la represión que los vencedores aplicaron a la población en la posguerra[2].

Dirigió la tesis al autor de estas líneas sobre historia del movimiento obrero español durante la Gran Guerra, defendida tras superar diversas impugnaciones sobre la composición del tribunal presentadas por la vieja guardia académica... ¡y ya era 1977! Lo importante a nuestro efecto es que años después se la dirigió a Julián Casanova (1956), situado ya en la generación de sus hijos, quien desde los últimos años ochenta dirigió una investigación que se convirtió en el libro *El pasado oculto. Fascismo y violencia en Aragón (1936-1939)* publicado en 1992, que constituyó el primer estudio sobre la represión y el exterminio sobre un territorio fundamentado en fuentes escritas y orales y guiado por un método histórico que se convirtió en modelo para las inmediatas, posteriores, y numerosas investigaciones de nuevos y jóvenes historiadores desde la última década del pasado siglo[3].

Han pasado más de treinta años y el libro no fue muy comprendido en aquel tiempo. El propio autor anticipaba en su presentación lo que muchos pensaron, que «en tiempos de concordia y convivencia democrática, con un país avanzando inexorablemente hacia el progreso y la modernización, resulta inoportuno sacar a relucir viejas querellas». Las casi ochocientas páginas del libro fueron una apuesta editorial de Siglo XXI, y también generó bastante incomprensión el que dos terceras partes del mismo estuvieran ocupadas por la relación nominal de las 8.628 personas asesinadas en Aragón entre julio de 1936 y 1946, junto con las circunstancias de su ejecución: fecha, lugar, profesión, causa, edad, procedencia, clasificación por provincias y partidos judiciales.

La pionera, pulcra, y exhaustiva investigación no fue muy comprendida al principio, en años de gobiernos socialistas más propensos a la amnesia histórica de un pasado que no se había olvidado, pero que había que «echar al olvido»[4], como ya he mencionado, en favor de la estabilidad y los acuerdos políticos, que a considerar entonces útil o necesario atender a memorias históricas y democráticas. Recuerdo, en aquellos ambientes académicos democratizadores, partidarios de congelar o relegar un pasado que no había que remover mucho, que algún catedrático progresista me advirtió, con algo de reproche, o de sorpresa, que en nuestro Departamento había entrado un «rojo asilvestrado».

La amnesia histórica, el olvido del pasado reciente, fueron necesidad política en la posguerra, así en Alemania como en Italia, por las exigencias derivadas de construir y estabilizar unas nuevas comunidades políticas nacionales y democráticas, como lo fue en Francia para eludir el recuerdo del masivo colaboracionismo con el régimen de Vichy, o posteriormente el de la guerra de Argelia. Pero esta actitud, dejó de tener sentido en Europa una generación después, desde la década de los años sesenta y setenta, como dejó de tener sentido en la demediada memoria nacional española desde los años noventa, décadas después del desmontaje del estado franquista; pudo ser necesaria, como lo fue en Alemania e Italia tras el año 1945, al igual que entre nosotros tocaba a su fin desde comienzos de los años noventa. Por el contrario, en España como en Europa, pero con una diferencia temporal notable, la existente entre la desaparición de las dictaduras que nacieron totalitarias, comenzó un periodo de «anamnesia», es decir, de intenso retorno de lo reprimido, volcándose y creciendo la investigación histórica en progresión geométrica en ese pasado, primero silenciado, víctima de un auténtico «memoricidio», luego algo relegado por las necesidades de la construcción de la democracia, algo desatendido entre nosotros por la generación de historiadores de los «hijos de la guerra».

En el marco de esta genealogía y evolución, me permito subrayar que la Universidad de Zaragoza fue tempranamente un centro de referencia nacional e internacional para estudios sobre la Guerra Civil y el franquismo, sumándose a las investigaciones pioneras y presencia pública de Julián Casanova la dedicación y estudios de historiadores como Miguel Ángel Ruiz Carnicer, Ángela Cenarro, Carlos Gil Andrés, José Luis Ledesma, Javier Rodrigo..., a partir de tesis doctorales dirigidas y leídas en su Facultad de Filosofía y Letras.

El último producto de esta ya tradición o escuela historiográfica, es el brillante y ambicioso libro de Nicolás Sesma, *Ni una, ni grande, ni libre. La dictadura franquista (1939-1977),* destinado a tener fortuna editorial e historiográfica, del que me permito una glosa resumida: no, el franquismo no fue sostenido y gestionado por una panda de indocumentados, ni fue cosa de un hombre solo, hay que contemplarlo como una obra coral en la que el general es el vértice de la pirámide, pero se sostiene en los miles de decisiones cotidianas que toma mucha gente por venganza, oportunismo, interés, inacción..., que es lo que explica, en definitiva, que la

Dictadura perdure tanto tiempo. Con Franco ha acabado sucediendo como con Hitler, convertidos en depósitos universales de culpas y maldades, que permiten a sus partidarios y seguidores ocultar su pasado y eludir sus responsabilidades[5].

El hecho de que los historiadores recurran a la propia subjetividad o experiencia y la introduzcan en sus análisis es una visible tendencia coherente con un mundo en el que todo el mundo se hace *selfies*.

Fin del *selfie*[6].

Ni paz, ni piedad, ni perdón

La violencia política de la Dictadura en sus diversas declinaciones y tiempos constituye la condición necesaria, aunque no suficiente para comprender su insólita longevidad. Evocar el llamamiento de Azaña desde el Ayuntamiento de Barcelona en julio de 1938 a la «paz, piedad y perdón», permite imaginar un título de libro paralelo dedicado a la represión franquista: «Ni paz, ni piedad, ni perdón». Si Besteiro afirmó desde la cárcel que «yo nunca creí que esta gente era tan bestia», el propio Himmler, como ilustre visitante, se extrañó de la magnitud de la represión. Y los que no fueron eliminados físicamente quedarán excluidos de la comunidad nacional imaginada por los vencedores, en aplicación para todos de la Ley de Responsabilidades Políticas de febrero de 1939, que supuso el asesinato, «legal» ahora, de unas 50.000 personas entre 1939 y 1945. La práctica de la violencia política y su entramado de tribunales y depuraciones se vio santificada por la Iglesia[7].

Aunque Paul Preston tituló *El Holocausto español. Odio y exterminio en la guerra civil española* (2011) su minuciosa descripción de la represión, no se puede atribuir a la misma la condición de «genocidio», concepto procedente del impacto de la Shoah en el Derecho Internacional de la posguerra. Fue forjado en 1943 por Raphael Lemkin, un jurista judeopolaco exiliado en 1943, y fue adoptado por la ONU en 1948 con el sentido de actos realizados «con la intención de destruir, total o parcialmente, a un grupo nacional, étnico, racial o religioso como tal», excluyendo, por tanto, cualquier ámbito de naturaleza política, y por eso, algunos, acuñaron el concepto de «politicidio» como exterminio consciente por razones políticas, perfectamente aplicable a las políticas franquistas de exterminio con clara voluntad ejemplarizante para controlar, silenciar y paralizar por el terror a sectores amplios de la población[8].

Los mecanismos y formas de la represión serán diferentes en las décadas de los años cincuenta y sesenta, pero los fundamentos del control de los ciudadanos, de aquel vigilar, castigar, condenar, encarcelar, y aun recurrir al exterminio de opositores significados, se mantienen y se refuerzan cuando el régimen se ve en dificultades o inseguro, como hacia 1962 por las huelgas mineras coincidentes con la reunión de la oposición democrática en Múnich, que el diario *Arriba* bautizó como «contubernio», la negativa europea al ingreso de la España franquista en el Mercado Común, la reacción internacional al fusilamiento de Julián Grimau en abril de 1963, situaciones y episodios que reforzaron el cierre de filas con las esencias originales de los vencedores de la Guerra Civil, a la vez que el régimen proponía una nueva legitimación que iba a ir por el desarrollo económico y la mejora de las condiciones de vida a cambio de renunciar a libertades democráticas.

Apoyos sociales, consensos y propaganda

Pero una comprensión y explicación plenas del largo periodo del franquismo en el marco de la historia de la nación y del Estado españoles en el siglo XX no puede eludir el factor fundamental de los consensos y apoyos sociales que lo sostuvieron, de los mecanismos adoptados por las políticas del Estado a este efecto, de la realidad social de sectores importantes de la población afectas al régimen, y aun entusiastas, de los variables grados de aceptación, desde el consentimiento a la pasividad, o a la actitud de lo que en Alemania se conceptuó tempranamente como *Mitläufer*. Estos son los que van con la situación, los que siguen la corriente, que proponemos más adelante trasladar y traducir a la España franquista, y que explica el título de este texto, concepto que, de momento, podemos adelantar con un burdo ejemplo, pues, cuando Alfonso XII, nombrado rey, regresó de París en 1874 y entró por Atocha subido a un caballo blanco, recorrió las calles de Madrid en un clima de euforia como si la ciudad hubiera ganado una Champions. Cuentan que había un ciudadano gritando a todo pulmón «¡Viva el Rey!» quien detuvo su caballo y le habría dicho: «Pero buen hombre no grite usted tanto que se va a quedar afónico», a lo que el ciudadano habría respondido: «Eso no es nada, Majestad. Más gritamos el día que echamos a la puta de su madre».

La historiografía sobre el fascismo italiano, al igual que los estudios sobre las dictaduras nazi y soviética, se ha ocupado durante mucho tiempo de la cuestión de si sus regímenes políticos gobernaban principalmente mediante coerción o consentimiento. Desde los años sesenta del siglo XX —un tiempo historiográfico que para nosotros comenzó en los años noventa— la obra de Renzo de Felice, su monumental biografía de Mussolini, abrió un debate que llega hasta hoy y que comenzó a romper la unanimidad antifascista en la cultura nacional y política de la sociedad italiana. Para De Felice, el fascismo era el producto de un amplio «consenso popular», sobre todo entre 1929 y 1934, un concepto que englobaba tanto el sentido de «consentimiento» como el de «consenso», adhesiones de diferente grado fomentadas por las organizaciones de masas asistenciales y de ocio, grupos juveniles, libros de texto, películas y otros medios de propaganda que, en su conjunto, constituían una verdadera «maquinaria de consenso». El tercer tomo de su biografía de Mussolini se titulaba *Mussolini il Duce. Gli anni del consenso (1929-1936),* mientras Emilio Gentile desde los años noventa avanzaba en la misma dirección. Interpretar el fascismo a partir del lenguaje, las creencias, los símbolos y mitos permite comprender aspectos esenciales de esta experiencia histórica, aunque nunca hay que sacar del cuadro la realidad de la violencia, que no era nada simbólica[9].

Por las mismas fechas una historiografía alemana, creciente y consolidada hoy, comenzaba a subrayar y revelar el apoyo de la población al Estado nazi, sus causas y características (Martin Broszat, Ian Kershaw, luego Lutz Niethammer sobre Baviera y la zona del Rhur, etc.), o más adelante, desde los años noventa, las complicidades de la sociedad germana, no solo con el sistema político hitleriano, sino incluso con el exterminio racial (Holocausto), como sostuvo el resonante estudio de Daniel J. Goldhagen sobre «los verdugos voluntarios de Hitler» (1996), perspectivas que se vieron más reforzadas por la *Alltagsgeschichte* o historia de la vida cotidiana propuesta por nuevas generaciones de historiadores[10]. Con posterioridad se ha desplegado una notable atención a la comparación de las actitudes de la población bajo las dictaduras europeas de entreguerras, de la que se ha beneficiado la historiografía española sobre la sociedad y el Estado franquistas.

Un número reciente de la revista de la Asociación de Historia Contemporánea dedica su dossier a «La *Alltagsgeschichte* y el estudio de las dictaduras europeas», haciéndose eco de la historiografía europea y de sus debates[11], poniendo la atención en las prácticas de las personas concretas para adaptarse a las situaciones reales en las que debían actuar, acomodarse y negociar, y con el objetivo de analizar y comprender más a fondo la implantación y consolidación de los regímenes dictatoriales, así como su capacidad para difundir y hacer penetrar sus ideas en una población cuyas prácticas sociales y comportamientos podían encontrarse tan alejadas del consenso como de la resistencia.

En esta dirección se situó el proyecto colectivo «Valencia en la posguerra, formas de vida y actitudes sociales en la posguerra», desarrollado a finales de los años noventa por un equipo dirigido por Ismael Saz en la Universidad de Valencia[12], inspirado en el «Bayerns Projekt» que coordinó con anterioridad Martin Broszat en Münich, así como en la metodología de historia oral de Luisa Passerini sobre la clase obrera turinesa bajo el fascismo.

Cultura fascista, cultura franquista

Pero, más allá de Alemania e Italia, de los apoyos y consensos sociales al fascismo italiano y al nacismo alemán, conviene recordar que en España, desde los orígenes de la Guerra Civil y a lo largo de la posguerra, el consenso era menor, pues la implantación de ese fascismo militar católico se había conseguido tras tres años de contienda, y no por una masiva aceptación de la sociedad civil como en la Italia de los años veinte y la Alemania de los años treinta. Por tanto, la represión pesó más que el consenso en esa balanza, algo que caracterizó al régimen hasta su desaparición, aunque de un modo evolutivo y modulado a lo largo del tiempo. Hay acuerdo en señalar que los años cincuenta son el apogeo del régimen en estabilidad, aceptación popular e internacional. En todo caso esa «maquinaria del consenso» es un tema que, aunque ya se va investigando y conociendo, es indispensable para la comprensión de la larga andadura de la dictadura franquista[13].

El franquismo no alcanzó grados de consenso o adhesión comparables al nacismo o al fascismo italiano, pero sí tuvo apoyos sociales definidos, comenzando por las inquebrantables adhesiones de los vencedores en la Guerra Civil, y contando con grados variables de aceptación entre los ciudadanos, mientras excluía a los vencidos de la comunidad y de la política nacional. Reducir el estudio de las actitudes de la población a las formas y manifestaciones de «consenso» en un extremo, y a las de la «resistencia» en el otro va siendo entendido como una simplificación de una realidad mucho más compleja. La longevidad de la Dictadura no puede deberse solo a la represión y a la espesura de miedo que tenía como objetivo.

El sistema político, por su parte, puso en marcha políticas conscientes para convencer, seducir, fidelizar a amplios sectores sociales, así en la ciudad como en el campo, dirigidas a clases medias y populares rurales y urbanas, mediante prácticas de beneficencia, de asistencia, como el Auxilio Social, fundado ya en 1936, que se convertiría en un importante organismo de propaganda del régimen, obras hidráulicas, viviendas sociales, programas de colonización agraria, herramientas como el Frente de juventudes (1940), con el objetivo de socializar políticamente a la juventud, o la Sección Femenina, constituida en el seno de Falange desde 1934 y disuelta en 1977, las cuales operaron como eficaces instrumentos de propaganda. Ciertamente, la larga duración del franquismo se explica por altos grados de consenso entre sectores sociales ligados a vencedores y dirigentes, «pero el discurso y determinadas políticas sociales contribuyeron al consentimiento, mayor o menor y generalmente pasivo, que el régimen tuvo a lo largo de su dilatada existencia»[14].

Hubo una adaptación de una parte importante de la población, más allá de los poderes económicos, las élites dominantes, las clases altas y acomodadas, la posición e influencia de la omnipresente Iglesia, el «pacto de sangre y de botín» de los vencedores, las élites fascistas o fascistizadas, el Ejército victorioso, los soldados excombatientes. Se construyó una «cultura de la victoria» que llegaría, debilitada, al final de la Dictadura a mediados de los años setenta, sobre una propaganda masiva y con la construcción e imposición de una memoria de la guerra de vencedores excluyente de los vencidos tanto para el presente como para el pasado. No fue el franquismo solo un régimen arcaico y tradicional. La pobreza y el hambre de la posguerra también contaron lo suyo al entreverar miedo, gestión de la miseria, y obligado acomodamiento para garantizar la supervivencia.

A la vez estuvieron muy extendidas las actitudes de consentimiento, de indiferencia, de acomodamiento, de desmovilización, sin las que sería menos comprensible la duración del sistema político franquista. Georges L. Mosse, judío alemán exiliado, ya advirtió de la importancia de la cultura en el proyecto fascista, de sus discursos, símbolos y mitos, y de su transmisión al sistema educativo; demostró con brillantez que era posible explicar, más allá de la represión, las raíces socioculturales de las dictaduras europeas y su atractivo político. Emilio Gentile siguió el ejemplo con sus trabajos sobre el impacto de los mitos políticos en la imagen del *Nuovo Stato* italiano. Luisa Passerini, recurriendo más a la historia oral, exploró las tradiciones culturales, discursos, mitos y actitudes entre la clase obrera de Turín.

Aparte de una no desdeñable «adhesión entusiasta», estuvo muy difundida una pasividad general en la sociedad, que explicaría en parte la consolidación del nuevo régimen, existiendo zonas «grises» en las que se entreveraban apatía, apoliticismo, indefensión, pasividad…, siempre con el horizonte de la represión, el miedo y el omnipresente adoctrinamiento, potenciada por las consecuencias de la situación económica de hambre y cansancio en la población después de la Guerra Civil, o por la posterior mejora del nivel de vida a lo largo de la década de 1950. De este modo, el nuevo Estado franquista no solo utilizó la violencia política, sino que penetró en la sociedad a través de la elaboración de una ideología y la construcción consciente y deliberada de factores de aceptación y consenso, de un cuidado y pensado discurso legitimador que evolucionó a lo largo del tiempo.

El optimismo de los españoles y su apoyo a Franco empezará a crecer desde los años cincuenta, momento de la rehabilitación del régimen a nivel internacional gracias a los acuerdos con el Vaticano y Estados Unidos. Será a partir de la década de los sesenta cuando la Dictadura, aupada por su crecimiento económico, empleará las armas de propaganda necesarias para presentar ante los españoles las favorables consecuencias de la paz duradera en las mejoras de su bienestar social y poder adquisitivo.

Los *Mitläufer:* la gente corriente

De cualquier modo, para comprender la instauración, la consolidación, la descomposición y la perdurabilidad de las dictaduras, es necesario adentrarse en las actitudes y los comportamientos individuales y colectivos, en el ámbito de las percepciones y los sentimientos, en los discursos y en las experiencias, y en lo que, en definitiva, constituye el campo de la cultura. En los últimos años, los investigadores dedicados al análisis de los regímenes dictatoriales han prestado cada vez una mayor atención a los apoyos sociales a los mismos, a la opinión de la población y a las actitudes y conductas de la «gente corriente», y van mereciendo cada vez más atención las prácticas y experiencias de la gente común durante franquismo[15].

La microhistoria italiana y la *Alltagsgeschichte* alemana, con su atención a la vida cotidiana, mostraron su eficacia metodológica para conocer las experiencias y actitudes de los individuos en el marco de regímenes carentes de libertades, en sistemas políticos totalitarios o autoritarios. Con estos modelos a la vista la investigación sobre el franquismo, desde finales de los años ochenta, comenzó a interesarse más por el estudio de los apoyos sociales al franquismo y las actitudes de la población durante los cuarenta años de la Dictadura. El franquismo gozó de un amplio apoyo social, concluía Antonio Cazorla hace veinte años: «Debemos preguntarnos por qué, en qué contexto este apoyo nació y se desarrolló. Finalmente, como historiadores, tenemos la obligación de reconsiderar las premisas metodológicas y teóricas que se han mostrado hasta ahora insuficientes para abordar esta cuestión»[16].

La atención a las convicciones y manifestaciones de inamovibles entusiastas, partidarios adictos, y opositores o desafectos, no menos convencidos, constituía una polarización claramente insuficiente, ante la progresiva visibilidad de «comportamientos grises», de indiferencia, mera aprobación, pasividad o, en el otro extremo, aquellos caracterizados por disidencias u oposiciones de perfil más bajo que la resistencia más explícita. Un estudio sobre las actitudes políticas de la población catalana en la primera década de vida del régimen sostiene que el franquismo fue incapaz, en la misma Cataluña, de generar una adhesión activa y entusiasta, aunque sí una notable pasividad política social, o lo que es lo mismo, aspiraba a ganarse el consentimiento y la aceptación de la inmensa mayoría de la población, más que un consenso activo y entusiasmo.

Así las cosas, la revista de los contemporaneístas españoles *Ayer* se hizo eco de estos temas y problemas, y de en qué medida podían ser aplicados como modelo historiográfico ya acreditado, en un número publicado en 2019 que incluía un ensayo bibliográfico titulado «Tiempo de experiencias: el retorno de la *Alltagsgeschichte* y el estudio de las dictaduras de entreguerras». Para explicar y comprender los orígenes de los regímenes políticos dictatoriales la historiografía ha entrado en el terreno de la experiencia individual y colectiva de los ciudadanos que vivieron en estados carentes de libertades democráticas y se vieron sometidos a un fuerte control social; estas aproximaciones más recientes constituyen una perspectiva esencial para explicar el nacimiento de tales regímenes, el éxito de algunos de sus discursos y políticas, y su capacidad para mantenerse durante largos periodos. Se impone la inoperatividad de un análisis del franquismo, en nuestro caso, desde el binomio o dilema exclusivo consenso-oposición. La instauración, consolidación y perdurabilidad de las dictaduras, se analiza y se entiende mejor estudiando las actitudes y los comportamientos de la «gente corriente», sus percepciones y sentimientos, lo que, en definitiva, entra en el campo de la cultura[17].

La misma revista *Ayer,* buen testigo y observatorio de la evolución y actualidad de nuestra historiografía, dedicaba ya un dossier monográfico en 1924 a «La *Alltagsgeschichte* y el estudio de las dictaduras europeas», en el que se recogía un brillante artículo de Kate Ferris sobre su aplicación para entender la experiencia vivida en la dictadura fascista italiana, y otro de Alberto Gómez sobre el «Proyecto Valencia» en la España franquista, al que ya nos hemos referido anteriormente.

Y vamos con la definición de *Mitläufer* y sus posibles aplicaciones entre nosotros. *Mitläufer* es quien, por ofuscación, por indiferencia, por apatía, por conformismo o por oportunismo, se convierte en cómplice de sistemas políticos totalitarios y de dictaduras, de sus ideologías y prácticas dirigidas al control, dominación, e incluso exterminio de sus poblaciones privadas de derechos y de libertad. Sería la indiferencia la causa y explicación primera de esta realidad. Los verdaderos perpetradores, responsables, o verdugos, pocos por lo general, son más conocidos y sirven, a posteriori, de pararrayos para toda clase de culpa y responsabilidad de quienes los sostuvieron. Como traducción del término al castellano se ha propuesto «seguidor», «simpatizante», «gente corriente», pero el significado iría más por algo así como el que va con la situación, el que sigue la corriente (laüfen=correr).

Los amnésicos: sus historiadores y novelistas

Dejando aparte la muy abundante historiografía alemana que ha recurrido a este concepto para comprender la masiva atracción de Hitler y del estado nazi en la población alemana, que no ha tenido mucha recepción entre los historiadores españoles, el éxito internacional del libro de Géraldine Schwarz *Los amnésicos. Historia de una familia europea,* contribuyó a difundirlo[18]. Sus abuelos, alemán en la época nazi, y francés de Vichy no habían estado ni del lado de las víctimas, ni del lado de los verdugos, no se habían caracterizado ni por un exceso de celo con sus sistemas políticos ni por audacias resistentes y opositoras. «Simplemente eran *Mitläufer*», cuya actitud había sido la de la mayoría del pueblo alemán, una acumulación de pequeñas cegueras y pequeñas cobardías que, sumadas, habían creado las condiciones necesarias para la consolidación del nazismo, su expansionismo bélico, sus crímenes racistas contra la humanidad, el Holocausto y el genocidio judío. Afirma taxativamente que «sin la participación de los *Mitläufer* el estado nacionalsocialista no hubiera cometido crímenes de semejante magnitud». No habrían sido ni fanáticos ni criminales, sino buenas personas arrastradas por la corriente de la historia; *Mitläufer* es quien por ofuscacion, por indiferencia, por apatía, por conformismo o por oportunismo se convierte en cómplice de prácticas e ideas criminales.

Después de su victoria, las potencias administradoras dividieron el país y su capital Berlín, en zonas administradas por americanos, franceses, soviéticos y británicos y dieron comienzo los correspondientes expedientes y procesos de desnazificacion. Se establecieron cuatro grados de implicación en los crímenes nazis, incriminados mayores, incriminados e incriminados menores *(Haupschuldige, Belastete, Minderbelastete),* y luego estaban clasificados como *Mitläufer,* que, según la denominación oficial, eran quienes habían participado solo nominalmente en el nacionalsocialismo, los que se contentaban con pagar cuotas y asistir a reuniones obligatorias, sin mayores grados de compromiso. A modo de muestra, la autora relata que en Mannheim fueron juzgadas 8.823 personas, de las que 18 se clasificaron como *Haupschuldige,* 257 como incriminados mayores, 1.263 incriminados menores, 123 como inocentes *(Entlastete)* y ¡7.163! como *Mitläufer.* Obviamente no se podía meter la cárcel a los ocho millones de miembros del partido nazi.

La historiografía alemana, a partir de los años ochenta, recuperó este concepto y profundizó en él, para explicar el consenso masivo de la población con el régimen nazi, y, en no pocos casos, para que la inmensa mayoría de los alemanes tuviera mejores argumentos para legitimar y asumir sus actitudes durante el pasado reciente del Reich. La novela de Schwarz se propone revelar que sus abuelos, que se autorrepresentaban como *Mitläufer,* estaban muy implicados tanto en el Estado nazi como en su avatar francés de Vichy.

Tras estas reflexiones se encuentra la sugerencia, la propuesta, de ver las posibilidades de aplicación de este concepto[19] a los muchos años de la dictadura franquista, al largo tiempo del partido único y del sostenimiento de un régimen que, junto con los mecanismos de coerción estatales y al lado de una oposición que pasó de las catacumbas a la calle tras un largo periodo de cautelosa emergencia, fundamentó su duración y su firmeza en buena medida en estos amplios sectores de la población que se limitaban a «ir con la corriente».

Se nos escapa buena parte de la realidad del pasado si nos limitamos a describir las relaciones entre la sociedad y los estados totalitarios con los trazos gruesos de víctimas y verdugos, represores y opositores, que también forman parte de la misma, pero no la explican en su totalidad. En todos los países europeos hubo *Mitläufers,* aunque el único que lo ha reconocido e incorporado a su memoria política nacional sea Alemania, pero generando también reacciones contrarias a la misma en el presente.

Schwarz sostiene que «he querido mostrar que lo que está en el origen de los peores crímenes de la humanidad es la indiferencia. Los verdaderos perseguidores, los verdugos, los monstruos en general son pocos. Y siempre nos interesamos por los monstruos, o por los héroes, o por las víctimas. Pero la mayoría de las personas no se identifican con ninguna de estas categorías, que solo conciernen a una minoría. Los *Mitläufer* son una masa de personas que, por su número y de manera más o menos pasiva, pueden consolidar un régimen criminal».

Y este interés por los mecanismos del consenso, del consentimiento, o del ir con la corriente de los *Mitläufer,* en el tiempo pasado de las dictaduras europeas, sí que viene de una preocupación bien actual, como es la de que hoy es difícil comprender que sectores significativos de las clases subalternas, se sientan atraídos por discursos y políticas de extrema derecha. Según Gramsci, la clase dominante no domina solo por la fuerza, sino gracias a una combinación de fuerza y persuasión, coacción y consentimiento, que es lo que creo que la historiografía más reciente e inmediata va teniendo en cuenta a la hora de comprender los sistemas totalitarios, dictatoriales, o autoritarios.

Y esta evocación a Gramsci cobra especial sentido en la actualidad de un presente problemático, cuando las nuevas extremas derechas europeas están priorizando en sus agendas políticas la lucha cultural, la vieja oposición simplificada amigo-enemigo teorizada por el nacionalsocialista Carl Schmitt, y muestran cierta capacidad de apropiarse de conceptos, ideas y discursos de otras ideologías, del liberalismo a la socialdemocracia, sin que falten quienes encuentren claros precedentes en aquellos jóvenes fascistas del periodo de entreguerras que no dejaban de ser atractivos al presentarse como rebeldes antisistema[20].

Hoy es difícil comprender que sectores significativos de las clases subalternas o de jóvenes generaciones recién llegadas al espacio público se sientan atraídos por discursos y políticas de las cada vez más presentes extremas derechas, con prácticas y propuestas antidemocráticas y antiliberales. Por eso conviene recordar lo que dijo Gramsci.

1
Una violencia que no cesa. Las múltiples caras de la represión franquista [1]

Nicolás Sesma
(Universidad Grenoble Alpes)

> «No me perdonarán nunca los señoritos que haya puesto mi poca, o mi mucha inteligencia, mi poco o mi mucho corazón, desde luego mis dos cosas más grandes que todos ellos juntos, al servicio del pueblo de una manera franca y noble. Ellos preferirían que fuese un sinvergüenza. Ni lo han conseguido ni lo conseguirán».
>
> Carta de Miguel Hernández a Josefina Manresa, septiembre de 1939

Ochenta y cuatro años después de que el hacinamiento, los malos tratos, las privaciones y la consiguiente tuberculosis le provocaran la muerte en la enfermería de la prisión de Alicante, la última de sus etapas «haciendo turismo» carcelario, Miguel Hernández fue objeto de una reparación oficial por parte del Ministerio de Política Territorial y Memoria Democrática.

A iniciativa del investigador Joan Pàmies y de los descendientes del poeta y de su esposa, Josefina Manresa, con la que contrajo matrimonio canónico unas horas antes de morir para evitar su desprotección, la reparación incluía la declaración de nulidad de los procesos judiciales —los consejos de guerra por procedimiento sumarísimo número 21001 y 4407— y la ilegitimidad de los tribunales que juzgaron su caso[2].

Un caso, como es bien conocido, particularmente paradigmático de la clase de violencia ejercida por la dictadura franquista a lo largo de toda su historia, que lejos de abatirse únicamente sobre las víctimas directas y sus familias, afectó a todo el conjunto de la sociedad española. No en vano, se trataba de una violencia con múltiples facetas y declinaciones, capaz de llegar hasta el último rincón del país —e incluso más allá, detenido y expulsado como fue Miguel Hernández desde la frontera con Portugal— por sus exageradas dimensiones, su capilaridad social y su búsqueda de la complicidad individual y colectiva, al tiempo que trataba de revestirse, en especial desde que el «Estado campamental» de los compases iniciales de la Guerra Civil se transformara en el llamado «Nuevo Estado», de una pátina de formalismo legal y respetabilidad[3]. Una circunstancia esta última que, desgraciadamente, sigue esgrimiéndose por parte de quienes, por exceso de normativismo jurídico, por convicción ideológica y política o por oportunismo, se niegan a reconocer en toda su amplitud los crímenes de la Dictadura.

Y es que la rehabilitación del poeta de Orihuela no se produjo sin polémica. Las distintas mociones presentadas para recabar soporte institucional a la iniciativa, promovidas desde formaciones de izquierda como Compromís y el Partido Socialista Obrero Español (PSOE), corrieron una suerte desigual. Si la Diputación de Alicante y la Generalitat valenciana se pronunciaron favorablemente, aunque silenciaban en sus comunicados la vinculación de Miguel Hernández con el Partido Comunista (PCE) durante la Guerra Civil, el Ayuntamiento de su propia localidad natal rechazó sumarse a la misma, merced a los votos en contra tanto del Partido Popular (PP) como de VOX, mientras que en Elche, una ciudad igualmente simbólica, al haberse establecido allí durante muchos años Josefina Manresa y llevar su universidad el nombre del poeta, se vivieron momentos de tensión. Así, la propuesta también fue rechazada inicialmente por el consistorio, lo que provocó una catarata de reacciones, incluida una crítica pública por parte del ministro de cultura, Ernest Urtasun (Sumar), que recalcó que el compromiso político de Miguel Hernández había sido la causa principal de que el régimen quisiera asesinarlo. Hubo incluso entonces quienes hicieron pública su ignorancia y quisieron puntualizar que el poeta había muerto por la citada tuberculosis, como si las muertes por hambruna o por enfermedad no fueran armas habitualmente utilizadas por dictaduras de distinto pelaje.

Finalmente, el Partido Popular ilicitano modificó el sentido de su voto y permitió que la moción saliera adelante, no sin antes recordar el alcalde, Pablo Ruz, que condenaba «cualquier asesinato a cualquier español desde el año 1931 al 1939 y los posteriores», con lo que se buscaba equiparar las acciones represivas ejercidas por la Dictadura con las llevadas a cabo bajo un régimen constitucional como la Segunda República[4]. Un juego este, el de las equivalencias, que resulta ya todo un clásico a la hora de minimizar las responsabilidades de los victimarios franquistas, y al que vienen a sumarse

Josefina Manresa depositando flores en su tumba. Cementerio Municipal Nuestra Señora del Remedio, Alicante.

nuevas estrategias como la apelación al derecho al olvido, del que también resulta paradigmático el caso de Miguel Hernández, dadas las repetidas demandas de censura de las que han sido objeto las investigaciones del profesor Juan Antonio Ríos Carratalá, con el que tenemos la fortuna de poder compartir colaboración en este volumen[5].

Según estas premisas, el presente capítulo tiene por objeto analizar la naturaleza de la represión franquista y poner de relieve su carácter multifacético, así como su apoyatura en un entramado legal —aunque no legítimo— que establecía la permanente división de la comunidad nacional en vencedores y vencidos. De esta forma, como señalaba con brillantez Géraldine Schwarz en su obra *Los amnésicos. Historia de una familia europea,* la población favorecida por estos nuevos Estados totalitarios se convertía, por acción o por omisión, «en cómplice a la vez que mantenía una buena conciencia»[6].

Una violencia poliédrica

Como hemos indicado en anteriores ocasiones, la reiterada presencia de los elementos represivos sufridos por Miguel Hernández en otros muchos casos nos ha llevado a deducir la existencia de un método, de una lógica sistemática que guiaba la acción de la Dictadura. A la vista de la enorme cantidad de literatura científica acumulada sobre esta temática, podrían enunciarse al menos seis características inherentes a la violencia franquista: su naturaleza transversal, preventiva, modulable, multiforme, incriminatoria y cínica[7].

Ni criterios de edad ni de clase social supusieron salvoconducto alguno para evitar la represión. Ni tan siquiera vestir los hábitos, puesto que, aunque la protección de la Iglesia católica era uno de los pilares del discurso del régimen, a sus ojos unos curas eran más católicos que otros, por lo que tampoco se dudó en encarcelar a los equivocados, como los antiguos capellanes del ejército autonómico vasco[8]. Mención especial merece la cuestión de género, bien estudiada, entre muchos otros, por Mary Nash, Ricard Vinyes, Mirta Núñez y Pura Sánchez[9]. Todos se muestran unánimes: ser mujer no garantizaba la clemencia de los vencedores. Antes al contrario, sobre aquellas vencidas en las que quedaba acreditado que no habían actuado «debido a la influencia personal de su marido», como pudo alegarse para Josefina Manresa, se desencadenaba una doble condena, por *rojas* y porque se consideraba que habían renunciado a su feminidad natural. Una condición, esta última, incompatible a ojos del régimen con el comportamiento de figuras como Dolores Ibárruri, cuya oratoria era señalada como propia de «una audacia y léxico inconcebibles en persona humana y menos aún en una mujer». Según estos criterios, no es de extrañar que las cárceles y prisiones de mujeres se convirtieran en uno de los lugares de mayor dureza física y psicológica —la práctica de vejaciones y abusos sexuales era generalizada y consentida por las autoridades— de la posguerra[10].

Lejos de ser expresiones gratuitas de ensañamiento, estas humillaciones eran, según la lógica franquista, la mejor manera de prevenir el deseo de resistencia y las ansias de venganza por parte de las familias de los represaliados. Como veremos, al privarles asimismo de su sustento material con multas, incautaciones e inhabilitaciones, se esperaba que tuvieran que dedicar todas sus energías a la mera supervivencia, además de no dejarles en muchas ocasiones más salida que la economía sumergida, la prostitución, la mendicidad o la delincuencia. El objetivo final de Franco y de la Dictadura era asegurarse no solamente la victoria a corto plazo, sino también contra la siguiente generación de militantes de izquierda. En el mismo sentido, preventivo era también su carácter ejemplificador. Ante la más mínima amenaza, la respuesta represiva era completamente desproporcionada, pues de esa manera se conseguía aterrorizar a todo aquel que estuviera pensándose pasar a la clandestinidad y la oposición.

Como buena parte de los regímenes fascistas durante su primera etapa —en la fase de radicalización, en plena Segunda Guerra Mundial, terminaron cayendo todas las barreras—, la dictadura franquista modulaba su grado de violencia en función del contexto internacional y del cálculo que se planteaba entre la autoafirmación para consumo interno y el coste político de su percepción exterior. De hecho, la intensidad y publicidad de la represión constituye un buen termómetro para medir hasta qué punto el régimen se sentía en cada momento seguro de sí mismo: cuanto más fuerte se sabía, más impunemente actuaba.

Así, de la misma forma que el régimen nazi atenuó temporalmente su discurso antisemita ante la celebración de los Juegos Olímpicos de 1936 y ralentizó la «acción de eutanasia T4» ante las protestas de los sectores católicos, la dictadura franquista medía sus tiempos. En sus primeros pasos, conmutó la pena de muerte tanto de Miguel Hernández como del dirigente socialista Julián Besteiro; bajo la presión del aislamiento de posguerra, concedió en octubre de 1945 un indulto parcial a los condenados por rebelión militar[11], y se vio obligado a suspender en 1946 la pena capital para los militantes comunistas Sebastián Zapirain y Santiago Álvarez, tras haber desatado la ira de la opinión pública francesa con sus ejecuciones de antiguos resistentes. En 1947, también, para agradar a Eva Perón, enviada por una Argentina cuya asistencia fue de vital importancia y que había mostrado interés en otra histórica militante clandestina comunista, Juana Doña, tras recibir una desesperada carta de su hijo Alexis pidiendo clemencia. El régimen era, por tanto, sensible a las presiones, tanto externas como internas, lo que señala directamente a la responsabilidad de la jerarquía católica en la ausencia de perdón y la búsqueda de venganza. Para que excarcelaran finalmente a los equivocados curas vascos sí dejó escuchar su voz, pero en prisiones y campos de concentración se hizo difícil oír el más mínimo susurro.

Entre otras cosas, esta modulación era viable para la Dictadura porque las ejecuciones no eran su único modo de ejercer la violencia. Como terminó sucediendo con los «perdonados» Hernández y Besteiro, ni siquiera era necesario ratificar las condenas a muerte para eliminar a las personas seleccionadas. El hambre, las enfermedades, los traslados constantes o la intensa presión social podían encargarse perfectamente de culminar el trabajo. Y, de nuevo, tampoco las mujeres escaparon a este destino: convertida durante la República en un símbolo de la emancipación rural femenina al llegar a la alcaldía del pueblo manchego de Alhambra, Blasa Jiménez fue condenada a muerte y su pena conmutada por los consabidos treinta años, pero apenas sobrevivió diez meses a las torturas de la prisión de Amorebieta[12].

En este mismo sentido, investigaciones recientes señalan que resulta «hasta cierto punto sorprendente que entre las grandes hambrunas de la época contemporánea se omita con frecuencia el caso español [...] durante los años cuarenta [...] las cifras disponibles apuntan a que unas 200.000 personas fallecieron a causa del hambre», a lo que habría de sumarse la proliferación de enfermedades «como la pelagra, la tuberculosis o el tifus exantemático [...] consecuencia directa de la malnutrición extendida»[13].

Juana Doña (fila superior, tercera por la derecha) y su hijo Alexis (fila inferior, primero por la izquierda), junto con otros niños y compañeras presas, en la Prisión Central de Segovia, 1948.

En qué medida se trataba de una situación inducida por la Dictadura o era fruto de una concatenación de circunstancias —destrucción bélica, coyuntura internacional y la tan mentada «pertinaz sequía»— puede ser objeto de debate. Pero de lo que no cabe duda es de su utilización como arma política y de la desigualdad en el reparto de los abastecimientos, asignados en función de una mentalidad de penitencia, de mostrar a las clases populares, sobre todo en las grandes ciudades republicanas —Barcelona, Valencia y, sobre todo, «aquel Madrid de la cochambre» cantado por Celia Gámez— la necesidad de expiar el pecado de su atrevimiento igualitario. Estas y otras acciones del régimen, como los destierros y deportaciones, que conllevaban un fuerte desarraigo, y el acoso incesante a los vencidos incluso tras su puesta en libertad —las humillaciones y agresiones estaban a la orden del día, como las sufridas tras ser excarcelada por la antigua militante comunista Tomasa Cuevas, objeto de tal paliza en 1945 «que le dejó secuelas en la columna vertebral para el resto de su vida»—, quedaron igualmente reflejadas en el número de suicidios, «que experimenta una aumento significativo en los años de posguerra»[14].

Para todo este despliegue represivo, la Dictadura buscaba y encontraba complicidades en las instituciones y en la sociedad, que quedaban así estrechamente vinculadas al Nuevo Estado y a su perpetuación en el tiempo. La Iglesia católica, apartados los escasos discrepantes como los obispos Francesc Vidal i Barraquer y Mateo Múgica, y espoleada por las medidas laicistas de la Segunda República y el furor antirreligioso revolucionario, se implicó en todos los niveles del sistema y constituyó su principal vector de legitimación, «una grave inconsciencia» a juicio de Hilari Raguer, dado el grado de identificación que se estableció así entre las jerarquías del régimen y las religiosas[15]. Otro tanto sucedió con el Ejército y los cuerpos de seguridad como la Guardia Civil, que contaban anteriormente con mucha mayor diversidad interna de la que suele reconocerse, y a los que el conflicto y la posguerra dieron la oportunidad de depurar y reorganizar profundamente —la Guardia Civil pasó a depender del Ministerio del Ejército en septiembre de 1939—, lo que incluyó su utilización como instrumentos prioritarios de instrucción y encausamiento judiciales, algo que no dejaba de ser una manera de poner a prueba su obediencia e involucrarlos estructuralmente[16].

Una buena parte de la población fue también llamada a colaborar activamente en tareas represivas, como informadora y como acusadora, lo que convirtió la delación en el «primer eslabón de la justicia de Franco»[17]. En la cúspide de la pirámide, por último, se situaba el propio dictador, que a través de uno de sus hombres de confianza, Lorenzo Martínez Fuset, del Cuerpo Jurídico Militar, tenía conocimiento y debía ratificar personalmente la totalidad de las sentencias de muerte de los consejos de guerra. Ahora bien, antes de llegar hasta el Cuartel General del Generalísimo y posteriormente hasta el Palacio de El Pardo, había sido necesario el concurso de una verdadera legión de instructores, informadores, jueces y ejecutores, toda una maquinaria cuyos engranajes trabajaban en la dirección del caudillo para que él rubricase finalmente el «enterado».

La violencia franquista se sustentaba, además, en plena coherencia con otra de las características prototípicas de los regímenes fascistas, sobre la mentira[18]. Tan solo de esa forma cabe valorar las declaraciones de Franco, realizadas ante el inminente final de la Guerra Civil, de que «los que no tengan las manos manchadas de sangre, nada tienen que temer», una consigna que llegó a transmitirse al primer ministro Neville Chamberlain y que fue mencionada en la sede parlamentaria británica. Mentira también la del uso de consejos de guerra —con los que, como ha señalado Peter Anderson, se pretendía transmitir a la comunidad internacional que se actuaba conforme a la Convención de Ginebra de 1929— para juzgar por delito de rebelión militar precisamente a quienes se habían atenido a su juramento constitucional de servir a la República[19]. De «justicia al revés» lo calificaba, en expresión que ha hecho fortuna, el propio Ramón Serrano Suñer en sus *Memorias,* que no dejaban de ser otra mentira con la que trataba de maquillar su responsabilidad, pues era mucho más sencillo escribir contra la represión en 1977 que reconocer que se había tomado parte activa en ella, movido por el deseo de venganza tras la muerte de sus hermanos en el Madrid revolucionario.

El resultado combinado de esta poliédrica represión fue, sin duda, terrible, y ello tanto en términos cualitativos como cuantitativos. En este último sentido, poder establecer algún día con precisión las cifras exactas de las distintas formas de la violencia franquista constituye, por utilizar la noción acuñada por Primo Levi, un auténtico «deber de memoria», algo que va mucho más allá de la despectiva idea de que la historiografía estaba dedicándose estos últimos años a «contar muertos». Y es que «los números son de suma importancia, porque ellos mismos cuentan una historia»[20]. Si nos atenemos a los cálculos de los especialistas, entre 130.000 y 140.000 personas —un 3 % de ellas mujeres— fueron asesinadas por el Estado franquista por razones políticas desde el inicio de la Guerra Civil, de las que aproximadamente 50.000 corresponden al periodo de posguerra, entre 1939 y 1948. A ellas habría que añadir varios miles de víctimas derivadas del hambre, las privaciones y las deficiencias higiénicas de cárceles y campos de concentración, la letalidad resultado de los campos de trabajo y la mano de obra esclava y las represalias locales y sacas nunca registradas oficialmente. Si a ello le añadimos las cifras consolidadas del exilio —al menos unas 300.000 personas—, tenemos en cuenta el perfil sociológico de los represaliados —jóvenes en su inmensa mayoría y, por tanto, en edad laboral— y consideramos que la población total de España en 1935 era de unos 25 millones de personas, la historia que nos cuentan los números es la de una catástrofe demográfica y una descapitalización humana de proporciones descomunales, inédita en cualquier otro país de Europa occidental sin que mediara un contexto de guerra, lo que hasta 1939 incluía, por sorprendente que hoy pueda parecernos, a la Italia de Mussolini y a la Alemania de Hitler[21].

Una depuración a la carta legislativa

Para tamaño ejercicio de violencia, la Dictadura no se limitó al uso de la justicia militar, en forma de consejos de guerra, ni a la retención preventiva del grueso del «cautivo y desarmado» Ejército republicano en campos de concentración —donde sus integrantes quedaban a la espera de ser clasificados según su grado de desafección política—[22], sino que articuló todo un entramado de jurisdicciones especiales. Entre ellas destacaron las leyes que dieron lugar a los tribunales de Responsabilidades Políticas y al Tribunal Especial para la Represión de la Masonería y el Comunismo, que se ocuparon de mantener activos o de reabrir numerosos procesos incluso una vez asesinados los encausados[23]. La continuidad en este punto de la dinámica propia de una Guerra Civil durante la posguerra es palmaria, y viene a demostrar nuevamente la total ausencia de voluntad reconciliadora por parte de las autoridades franquistas. En este sentido, resulta especialmente paradigmática la Ley de Responsabilidades Políticas (LRP).

Aparecida en el *Boletín Oficial del Estado* en el decisivo mes de febrero de 1939, la LRP revestía un carácter verdaderamente constituyente, puesto que condensaba en su articulado buena parte del modelo social y del proyecto de futuro imaginado por la dictadura franquista[24]. Magníficamente estudiada por Manuel Álvaro Dueñas, la LRP no se limitaba a establecer un marco de regulación para la depuración política, como pudiera parecer a primera vista, sino que realizaba una completa reordenación, incluso temporal, de la convivencia de la población, con la creación de facto de ciudadanos de primera y de segunda categoría, vencedores y vencidos.

Así, dotada de la capacidad de viajar en el tiempo, la Ley retrocedía hasta el intento insurreccional de octubre de 1934 para situar el origen de la «subversión de todo orden» sufrida por España, con lo que imputaba al conjunto de la izquierda y a los separatismos la culpabilidad en el desencadenamiento de la Guerra Civil. En consecuencia, todos aquellos que hubieran formado parte de cualquier organización de esta naturaleza —partidos, sindicatos, agrupaciones, etc., prohibidas lógicamente de ahora en adelante— o se hubieran opuesto al Glorioso Movimiento Nacional —por acción o por omisión, pues se contemplaba también la «pasividad grave» o el haber «permanecido en el extranjero más de dos meses»— podían en justicia ser considerados responsables.

Tres tipos de sanciones, acumulables por supuesto en función de la gravedad, esperaban a los condenados: la inhabilitación parcial o total para el ejercicio de determinadas profesiones —con pérdida del empleo no solo en la función pública, sino también en el sector privado—; la imposibilidad de moverse libremente por el territorio, con penas de confinamiento o de destierro de la localidad de residencia; y una penalización económica que podía llegar a la «pérdida total de los bienes». Para que la sensación de ser excluido de la nueva comunidad nacional quedase fuera de toda duda, puesto que la división entre la España y la «anti-España» era la clave de toda la bóveda de la Dictadura, estaba previsto, por último, «en ciertos casos de gravedad suma, declarar la pérdida de nacionalidad de los que no merecen el honor de seguir siendo españoles»[25].

Muy de moda desde principios de siglo, la práctica totalidad de los Estados de entreguerras se sirvieron de la restricción y la desposesión de los derechos de nacionalidad como instrumentos para intentar homogeneizar a sus respectivas poblaciones, si bien donde se dedicó un mayor esfuerzo a dictar los cánones del perfecto ciudadano fue en los países totalitarios. Así, la Alemania de Hitler elaboró una primera reglamentación en este sentido en julio de 1933, afinada con posterioridad por las tristemente célebres leyes de Núremberg (1935), mientras que Mussolini tuvo que esperar a la *svolta totalitaria* de los años treinta para afinar su construcción del nuevo hombre fascista, de la mano entre otras de las leyes antindígenas en las colonias (1937) y antisemitas en la metrópoli (1938). Alumna aventajada de uno y otro, la dictadura franquista se sumaba así a los regímenes que dejaban a parte de sus habitantes sin «el derecho a tener derechos», de tal manera que miles de exiliados republicanos pasaron a engrosar ese «nuevo pueblo, siempre creciente, integrado por apátridas». En las brillantes palabras de Hannah Arendt, apátrida ella misma, se trataba del «grupo más sintomático de la política contemporánea», puesto que «cada acontecimiento político a partir de la Primera Guerra Mundial añadió una nueva categoría al grupo de los que vivían al margen del redil de la ley»[26].

La inspiración totalitaria de la LRP se dejaba sentir igualmente en la distinción que, como en el caso alemán, se establecía en la práctica entre los vencedores, considerados desde entonces como ciudadanos plenos *(Reichsbürgerschaft),* y aquellos vencidos que, pese a conservar la nacionalidad, veían limitados en algún grado sus derechos laborales y de movimiento *(Staatsangehörigkeit).* Por añadidura, a diferencia de los recurrentes criterios raciales, étnicos y religiosos —legitimados con entusiasmo por las ciencias biomédicas de su tiempo—, la casi total ausencia de minorías de este tipo en España provocaba la necesidad de basarse únicamente en factores de militancia política. Indudablemente, estos últimos resultaban más difíciles de acotar, por mucho que el doctor Antonio Vallejo-Nágera estuviera decidido a demostrar «las íntimas relaciones entre marxismo e inferioridad mental» mediante experimentos psiquiátricos con brigadistas cautivos en los campos de concentración y presas republicanas de la cárcel de Málaga, e intentara cubrir así con el barniz del objetivismo científico la creación de una nueva sociedad que segregara a los «psicópatas antisociales»[27].

Es precisamente la activa presencia en el entramado represivo franquista de figuras como Vallejo-Nágera, originariamente vinculado al conservadurismo monárquico, pero sobre todo la radicalización de sus posiciones —pocos años antes, y en atención a la doctrina vaticana, se mostraba totalmente contrario a cualquier medida de «profilaxis social»—[28], lo que demuestra la importancia de la experiencia de la Guerra Civil en la confluencia política que sustentaba a la Dictadura. Fue la guerra la que provocó la fascistización de la derecha tradicional en «la síntesis doctrinal del 18 de Julio, la congruencia de cada una de las fuerzas nacionalistas en un marco de violencia sistemática, y la creación de una forma concreta de cohesión, la de la experiencia de combate y la mitología regeneradora que lo acompañó»[29].

De esta forma, en la LRP, como en toda la legislación inicial del franquismo, los elementos de innovación totalitaria aportados por los sectores falangistas se combinaban con elementos de las tradiciones antiliberales conservadora y católica. Y dicha síntesis, además, tenía lugar con absoluta naturalidad, como fruto de una negociación entre las distintas fuerzas, una negociación en la que había tensiones, obviamente, pero en la que no existían las incompatibilidades que se han querido identificar con posterioridad[30].

Así, Ejército y partido único habrían preferido gestionar en exclusiva, sin duda, la aplicación de esta jurisdicción especial, pero ambos aceptaron el compromiso de que cada tribunal regional de responsabilidades políticas estuviera formado por representantes de uno y de otro, a los que se sumaba un tercer miembro que debía ser magistrado de carrera. Respecto a estos últimos, tampoco para la comunidad jurídica —en su vertiente más corporativa y tradicional, al haberse librado por el camino de sus sectores más progresistas— supuso ningún problema que dejaran de existir molestias procesales como la presunción de inocencia —en uno de los decretos preparatorios de la LRP, al acusado se le denominaba «presente culpable»—, ni que se introdujera una noción hereditaria y colectiva de la culpabilidad —«las sanciones económicas se harán efectivas, aunque el responsable falleciere [...] y serán transmisibles a los herederos»—, algo que chocaba directamente con la idea de la responsabilidad individual de matriz liberal.

La naturaleza mixta de esta jurisdicción, hecha de continuidad y confluencia nacionalista, se dejaba sentir igualmente a la hora de determinar quién emitiría los informes y avales en los que debía basarse la decisión de los tribunales. Durante la Dictadura de Primo de Rivera, los Somatenes locales —en los que, bajo supervisión militar y bendición de la Iglesia, solían agruparse las «fuerzas vivas» de la comarca— habían ya realizado tareas precursoras de recopilación de información sobre las «personas sospechosas» de cada territorio[31]. En la dictadura franquista, a la receta tradicional de «Alcalde [...] Cura Párroco y Comandante del Puesto de la Guardia Civil», se le añadía como nuevo ingrediente el «Jefe local de Falange Española Tradicionalista y de las JONS», con lo que quedaba dispuesto el círculo de poder que iba a componer a partir de ese momento la denominada «sociedad del aval»[32].

La mejor prueba de que todos estos sectores daban finalmente por bueno este reparto de funciones es que la Dictadu-

Imagen del Tribunal Regional de Responsabilidades Políticas de Madrid.

ra nunca necesitó improvisar a los ejecutores de su particular justicia: altos mandos y auditores militares colaboraron unánimemente, como también los falangistas, para los que su esperada «revolución judicial» pasó a ser uno de los capítulos estrella de la jamás estrenada temporada de la «revolución pendiente». Y tampoco faltaron magistrados en ejercicio, llevados por su conservadurismo o por una lectura de la práctica jurídica estrictamente normativista, dispuestos a aplicar la nueva legislación.

En la cúspide de esta constelación de cortes regionales se situaba, por último, un Tribunal Nacional, cuya presidencia era de designación gubernamental y cuyos titulares respondieron igualmente a este perfil de conservador radicalizado. El elegido en primer lugar, Enrique Suñer, era en este sentido una figura especialmente simbólica. Catedrático de pediatría y cargo de confianza durante la anterior Dictadura, Suñer juzgaba que la mayor equivocación de Primo de Rivera había sido mostrarse excesivamente «débil para derramar sangre»[33], no ya de los subversivos rojos y negros habituales, sino sobre todo de los integrantes de la traidora y extranjerizante Institución Libre de Enseñanza (ILE). Como dejaba bien claro la lectura de su obra de 1937 *Los intelectuales y la tragedia española* —una persona tan capacitada para detectar desequilibrios psicológicos como Carlos Castilla del Pino lo consideraba «uno de los libros más canallas que he leído en mi vida»—[34], se trataba de un error que no pensaban volver a cometer. Su nombramiento en febrero de 1939 constituía todo un aviso para aquellos navegantes liberales que esperaban desde el exilio que se requiriera su concurso para la reconstrucción de posguerra.

En diciembre de 1940, Enrique Suñer fue sustituido por otro viejo conocido, Wenceslao González Oliveros, también catedrático universitario, director general de Enseñanza con Primo de Rivera, igualmente obsesionado con la ILE —a la que se refería siempre como «la vulpeja»— y cuyo terrible balance represivo como gobernador civil de Cataluña le permitía ahora hacer doblete: presidente del Tribunal Nacional de Responsabilidades Políticas y vicepresidente del Tribunal para la Represión de la Masonería y el Comunismo (TRMC)[35].

Este último había sido establecido tras la publicación el 1 de marzo anterior de la Ley del mismo nombre, una Ley que resultaba completamente redundante respecto a la LRP, por lo que todo apunta a que su elaboración respondía a la obsesión personal del dictador con las sociedades secretas y la Internacional comunista. Así, en línea con las teorías del sacerdote Juan Tusquets —íntimo amigo del padre José María

Bulart, capellán personal de Franco— y con su propia suscripción al *Bulletin de L'Entente Internationale contre la Troisième Internationale*[36], masonería y comunismo eran oficialmente culpadas nada menos que de la «decadencia de España [...] la pérdida del imperio colonial [...] las perturbaciones que aceleraron la caída de la Monarquía constitucional [...] y la terrible campaña atea, materialista, antimilitarista y antiespañola que se propuso hacer de nuestra España satélite y esclava de la criminal tiranía soviética»[37].

En la composición prevista para este icónico tribunal se reflejaba, una vez más, el equilibrio entre los distintos grupos de la coalición franquista, pues su responsable, nombrado directamente por el caudillo, quedaba rodeado de «un general del Ejército, un jerarca de FET y de las JONS y dos letrados». Paradigma de la fuerte impronta carlista que destilaba toda la concepción judicial de la Dictadura, el primer presidente del Tribunal fue el tradicionalista Marcelino de Ulibarri Eguilaz, encargado ya durante la guerra de la incautación de documentación con fines represivos —centralizada desde 1938 en la Delegación del Estado para la Recuperación de Documentos (DERD)— y persona de la máxima confianza tanto de Franco como de Serrano Suñer, a los que conocía de sus años en Zaragoza. Tras poner a punto su organización, para lo que contó con la colaboración de Luis Carrero Blanco, Ulibarri cedió rápidamente su puesto a otro militar, el general Andrés Saliquet, aunque se mantuvo dentro del equipo del Tribunal. Para el vicepresidente González Oliveros, en cualquier caso, estas idas y venidas no planteaban problema alguno, pues desde que se decretara la unificación de todas las fuerzas políticas: «Ni hay ni, gracias a Dios, volverá a existir el parlamentarismo en España, ni la Nueva Política Española puede vibrar en otra tónica que la fascista, aunque no sea propiamente un "fascismo" copiado del extranjero»[38].

En cuanto a esta última advertencia, cualquier reconocimiento de que la Dictadura encontraba su modelo de Estado más allá de las fronteras nacionales habría resultado arriesgado políticamente, en especial después de tantos años de críticas feroces contra la ILE por su supuesto carácter extranjerizante. No se trataba, tampoco, de una pretensión aislada, pues en línea con su naturaleza ultranacionalista, cada movimiento y cada régimen fascista negó siempre haberse inspirado en experiencias extrañas a sus propias características nacionales, aunque todos ellos partieran del foco mussoliniano original. Por añadidura, para personajes como Vallejo-Nágera, Enrique Suñer o González Oliveros, resultaba mucho más coherente con su trayectoria personal afirmar que la vía española hacia el totalitarismo no era un objeto importado sino una reformulación de su ideario tradicional.

Y, sin embargo, esta inserción de lo nuevo en lo viejo y esta participación de Ejército y magistratura en la farsa de la justicia fascista fueron moneda corriente en toda Europa. Así, el Tribunale Speciale per la Difesa dello Stato, la más alta corte del fascismo italiano, instituida en noviembre de 1926, se componía de una mezcla de militares de carrera y miembros de la milicia fascista —su primer presidente fue el general Carlo Sanna—, acompañados de un instructor de la magistratura militar[39]. Por su parte, el tristemente célebre Tribunal del Pueblo, el Volksgerichtshof, creado por Hitler en abril de

1934, combinaba la presencia de dos jueces profesionales con tres asistentes surgidos de las filas del partido nazi, además de inspirarse directamente en las jurisdicciones especiales establecidas en la conservadora Baviera tras la derrota de la revolución espartaquista. En uno y otro caso, el normativismo imperante en la profesión jurídica y la concepción de los jueces como neutrales *funzionari dello Stato* provocó que la legislación fascista y nacionalsocialista fuera comentada y aplicada sin mayores reparos, incluso antiguos ministros de Justicia conservadores como Franz Gürtner aplaudieron la reinstauración de la pena de muerte y alentaron su aplicación retroactiva contra asociales y comunistas[40].

Desde esta posición inicial, es cierto que los representantes de ambos partidos únicos fueron ganando cada vez más presencia en esta clase de jurisdicciones, que llegaron a su vez a eclipsar a la justicia ordinaria, pero únicamente pudieron hacerlo en el contexto radicalizado de la Segunda Guerra Mundial y en los territorios coloniales —Tripolitania— u ocupados —el Gobierno General en Polonia—[41]. Falange, por el contrario, mantuvo siempre las mismas cuotas de poder respecto a otros estamentos de la estructura jurídica, lo que ha sido interpretado como una muestra de debilidad, pero esta forma mixta de quedar incorporado al aparato del Estado terminó en realidad por demostrarse mucho más eficaz a largo plazo.

Los paralelismos no se detienen en lo sucedido en Italia y Alemania, pues el mimetismo jurídico de las medidas implementadas por la Francia de Vichy resulta palmario. Así, nada más comenzar la Revolución Nacional, los tribunales militares del Estado francés condenaron por traición a Charles de Gaulle, al que desposeyeron de todos sus bienes y de la propia nacionalidad gala. No sería el único, en julio de 1940 comenzó un proceso de revisión de cualquier naturalización atribuida desde 1927, con el consiguiente incremento de la población apátrida. Bien depurada de sus miembros judíos, gracias al nuevo Estatuto antisemita, la magistratura acogió igualmente en agosto de 1941 la creación de las «Secciones Especiales» en las Cortes de apelación, encargadas de juzgar retroactivamente los delitos relativos a las recién prohibidas sociedades secretas, como la masonería, y a movimientos subversivos, tales como el comunismo. Y todo ello porque, como había declarado el mariscal Pétain en agosto de 1940: «No hay neutralidad posible entre la verdad y la mentira, entre el bien y el mal, entre la salud y la enfermedad, entre el orden y el desorden, entre Francia y la anti-Francia»[42]. Indudablemente, cada régimen fascista se quería un verso suelto, pero lo cierto es que todos ellos rimaban en consonante.

El reverso de la moneda

En buena lógica con esta división de sus propias sociedades entre «amigos» y «enemigos», como quiso el jurista Carl Schmitt, las depuraciones y jurisdicciones especiales de los fascismos tenían otro importante elemento en común: lo que con una mano quitaban a sus enemigos, con la otra lo repartían entre sus amigos[43]. De esta forma, sería un error interpretar la LRP, la «Ley fijando normas para la depuración de funcionarios públicos» (10 de febrero de 1939) o la Ley de Represión de la Masonería y el Comunismo (LRMC) como exclusivamente punitivas, puesto que para numerosos sectores políticos y sociales existía una evidente lectura en positivo de todas estas regulaciones y, por extensión, de la misma Dictadura.

Uno de los pilares de la LRP era su vertiente económica, que preveía un amplio programa de incautaciones, comenzadas ya durante la contienda y que seguían una doble vía: por un lado, las procedentes de todas las organizaciones y partidos ilegalizados, cuyo patrimonio pasaba «íntegramente a ser propiedad del Estado»; por el otro, las centradas en los particulares y en sus familias, que al enfrentarse a fuertes sanciones perdían los ahorros de toda una vida, o sus negocios y bienes inmuebles, enajenados o registrados como garantía de que podrían afrontarse los pagos. Ni que decir tiene que el Estado franquista iba a servirse de todo este caudal de expropiaciones para recompensar a sus partidarios, fidelizar a los indecisos y humillar todavía más a sus víctimas.

El partido único fue uno de los mayores beneficiarios a la hora del reparto, en muchas ocasiones una mera regularización de las ocupaciones que las milicias falangistas habían realizado al controlar u ocupar alguna localidad durante la guerra. A medida que los antiguos ateneos, casas del pueblo y sedes de los partidos de izquierda se convertían en las nuevas delegaciones locales y provinciales del Movimiento, una marea de yugos y flechas fue haciéndose omnipresente en el paisaje urbano y rural de todo el país. De la misma forma, las incautaciones de imprentas y maquinaria de la numerosa prensa obrera y republicana sirvieron para conformar la llamada cadena de prensa del Movimiento, una cuarentena larga de periódicos y estaciones de radiodifusión que debía servir de correa de transmisión de las consignas falangistas, y que, si bien iba a gozar de escasa credibilidad, en numerosas provincias españolas constituía prácticamente la única fuente de acceso a la información.

Por su especial simbolismo, algunas de estas incautaciones resultan muy ilustrativas de este proceso de transferencia patrimonial y de sus implicaciones ideológicas. Ya durante la guerra, *La Voz de Navarra,* portavoz del nacionalismo vasco en la región, fue reconvertido en *¡Arriba España!* por los falangistas, que se apropiaron igualmente del diario *El Pueblo Gallego,* fundado por el diputado liberal y galleguista Manuel Portela Valladares[44]. Siguiendo una metodología similar, en febrero y marzo de 1939, los diarios *Solidaridad Obrera* de Barcelona y *El Sol* de Madrid, portavoces respectivamente del sindicato anarquista de la CNT y de los círculos de la burguesía progresista, fueron reconvertidos en *Solidaridad Nacional,* dirigido por Luys Santa Marina y órgano del Sindicato Vertical, y en *Arriba,* órgano oficial de FET y de las JONS, dirigido sucesivamente por José María Alfaro y por Xavier de Echarri[45]. Del mismo modo, el Ateneo de Madrid, la histórica institución de la intelectualidad liberal y republicana, pasó a ser el Aula de cultura de la Delegación Provincial del Movimiento en Madrid, además de sede de los sindicatos falangistas de profesorado de enseñanzas medias y universitarias[46].

Por supuesto, no solamente FET y de las JONS se benefició de este maná inmobiliario: miles de edificios y terrenos cuya titularidad estaba en disputa entre ayuntamientos e Iglesia católica, en especial desde que la Segunda República aboliera la confesionalidad del Estado, cayeron finalmente del lado de la ciudad de Dios. Y lo hicieron, además, acompañados de nuevas e icónicas preseas, como el antiguo Auditorio de la pagana Residencia de Estudiantes, inaugurado en 1933 con una actuación de la bailaora *La Argentinita* acompañada al piano por Federico García Lorca, y destinado ahora a fines mucho más respetables con su entrega al Opus Dei, que no tardó en confiar a Miguel Fisac, su arquitecto estrella, su audaz reconversión —fe, modernidad y fascismo nunca estuvieron reñidos— en la actual Iglesia del Espíritu Santo.

El acaparamiento de bienes inmuebles fue también practicado por los grandes jerarcas de la Dictadura, incluido, como es bien conocido, el propio Francisco Franco. Así, en contraste con la imagen de sobria austeridad militar y ascetismo cristiano del dictador y de su clase política, cultivada por la propaganda del régimen durante años y reproducida después a partir de las mentirosas memorias de sus ministros sin verificación alguna, lo cierto es que todos ellos se aprovecharon de su posición para amasar jugosas propiedades. En muchas ocasiones, sin ni siquiera tener que tomar la iniciativa, pues sabían bien que quienes «trabajaban en su dirección» iban a encargarse de organizar los trámites necesarios para complacerles. El paradigma por excelencia, y para su excelencia, de esta metodología vino con la constitución en 1938 de la Junta pro-Pazo, destinada a adquirir y regalar al Jefe del Estado el histórico Pazo de Meirás, en la que jugó un papel decisivo el empresario Pedro Barrié de la Maza —socio mayoritario del Banco Pastor—, y que fue inscrito irregularmente en el registro a nombre, esta vez a título personal, de Franco en 1941[47].

Junto a esta redistribución de carácter institucional o ligada a los grandes nombres del régimen, existió también otra, más silenciosa, pero capaz de alcanzar por capilaridad a una importante masa social y convertirla directa e indirectamente en cómplice de la depuración. Y es que, si los condenados a pagar compensaciones económicas y sus familias se veían obligados a vender su patrimonio con urgencia y en situación de desventaja, nunca faltaron los compradores oportunistas, ni los notarios y registradores que cumplimentaron los necesarios trámites —un mundo todavía sin explorar por la historiografía aunque muy presente en la memoria popular, y que se asemeja a lo ocurrido con la expoliación de las poblaciones judías—[48], lo que incluyó igualmente la subasta de bienes propiedad de los exiliados, cuya imposibilidad de abonar las contribuciones fiscales derivaba en motivo de expropiación.

En el mismo sentido, si miles de personas eran expulsadas o quedaban inhabilitadas para ejercer cargos en la función pública, no solo en la administración central, sino también en ámbitos como la administración municipal y provincial y en todas las escalas del mundo educativo —en su estudio sobre la depuración del magisterio, Francisco Morente señalaba que uno de cada cuatro maestros fue suspendido, inhabilitado o sancionado—, para muchas otras esto significaba básicamente menos competencia para acceder a todos estos puestos de trabajo, así como la posibilidad de promocionar más rápidamente[49].

Por si los procesos de depuración no bastaran por sí solos para hacer bascular la balanza material del lado de los vencedo-

Auditorio de la Residencia de Estudiantes (arriba) reconvertido en Iglesia del Espíritu Santo (abajo). Madrid.

res, la Dictadura tuvo buen cuidado de terminar de apuntalar legalmente esta construcción de una sociedad de dos velocidades. Un decreto-ley de agosto de 1939, ratificado posteriormente por una orden del mes de octubre, reservaba el ochenta por ciento de las plazas en organismos públicos para excombatientes franquistas, excautivos y huérfanos y personas dependientes de las víctimas de la represión republicana, porcentajes que se esperaba fueran igualmente aplicados en el sector privado. Al margen del ya citado mundo educativo, de enorme importancia y simbolismo, se trataba de facilitar así el acceso de personas políticamente fiables tanto al aparato del Estado —con lo que se garantizaba un funcionariado adicto y con voluntad de ejecutar la legislación— como a otro tipo de puestos de trabajo, quizá de escasa cualificación, como conserjerías o concesiones de venta ambulante de prensa, pero de notable presencia en el espacio público. El cambio en estos oficios se vinculaba, por añadidura, con los imaginarios transmitidos durante la posguerra por géneros literarios muy de moda, como los folletines tremendistas sobre la represión revolucionaria en Madrid, en los que nunca faltaba el matrimonio de porteros «rojos» que se dedicaba a denunciar a la checa a los propietarios de la finca[50]. Para las gentes de orden, resultaba indudablemente más tranquilizador saber que del quiosco del barrio y de la conserjería se ocupaba una viuda nacional, o que el profesor de gimnasia del colegio era, como en *El florido pensil,* don Salvador Aguirre, «caballero mutilado, héroe de la División Azul y medalla de sufrimientos por la Patria»[51].

Al pacto de sangre sellado durante la Guerra Civil, se añadía ahora el pacto en el reparto del botín establecido durante la posguerra. Se forjaba así una fidelidad muy intensa entre el régimen y numerosos sectores de la población, puesto que se adentraba en el terreno de lo personal, más allá de la posible convicción ideológica o de la memoria del combate en la guerra o de la represión republicana. Indudablemente, a todos aquellos que se habían asegurado un trabajo, se habían visto favorecidos en antiguos pleitos de propiedades o se habían beneficiado de algún expolio no les apetecía nada en absoluto que represaliados y exiliados pudieran algún día estar en condiciones de pedirles cuentas. De esta forma, habían ligado inexorablemente su suerte a la supervivencia de la Dictadura, algo que se revelaría fundamental para su resistencia durante los momentos de mayor presión internacional.

Para la sociedad española en su conjunto, el resultado de todo este complejo entramado de represalias oficiales, venganzas personales, favores e intereses cruzados fue devastador. Lo fue desde el punto de vista social y moral, merced a la separación de la comunidad en vencedores y vencidos y a la ruptura de los tradicionales lazos de sociabilidad, vecindad, amistad e incluso familia, pues mientras Manuel Machado estrenaba en 1941 en el Teatro Español la obra *El hombre que murió en la guerra,* el coautor, su hermano Antonio, era póstumamente desposeído de su cátedra del Instituto Cervantes de Madrid en mayo de ese mismo año. Y fue también devastador desde el punto de vista económico, pues cualquier estímulo para la modernización productiva o la innovación resultaba menos rentable que invertir en asegurarse la cercanía al poder político y el acceso a los mecanismos de extracción de la riqueza.

Si todavía alguien pensaba que Franco no tenía intención de perpetuarse en el poder, y que daría rápidamente paso a una restauración monárquica y a alguna forma de transición política, la puesta en marcha de estos tribunales especiales suponía una clara señal en sentido contrario. Absolutamente nadie perdería el tiempo en encargar, a pocas semanas de ganar la Guerra, la redacción de un texto tan complejo como la LRP, ni habría puesto en marcha la DERD —con sede en Salamanca, donde quedó anexo el TRMC—, si no pensara dirigir los destinos del país durante una buena temporada. Antes al contrario, Franco y su círculo de colaboradores demostraban así su voluntad de combinar el uso de la legislación preexistente, como el código de Justicia Militar que se aplicaba en los consejos de guerra —lo que les servía igualmente para intentar presentarse como encarnación de la continuidad del Estado—, con la creación de un sólido entramado legal de nueva planta. Al igual que hiciera Mussolini con el *squadrismo* fascista, la violencia irregular de los falangistas y grupos de acción ciudadana de los primeros compases de la Guerra Civil había sido muy útil para la conquista del poder, y podía ser reactivada puntualmente en momentos de incertidumbre, pero debía dejar ahora paso a un modelo ortodoxo, weberiano, de represión, en el que «el uso de la fuerza solo se considera legítimo en la medida en que es permitido por el Estado o prescrito por él»[52].

Por último, aunque no por ello menos importante, debe recordarse que toda esta legislación jamás fue legítima, puesto que no emanaba de un órgano representativo elegido libre y democráticamente por los ciudadanos, sino de las instituciones de una dictadura o del propio dictador en persona. Y es que ningún Estado puede funcionar sin un sistema normativo y jurídico, pero como recordaba hace ya muchos años Elías Díaz, la mera existencia de leyes no se traduce automáticamente en lo que hoy en día conocemos como «Estado de derecho»[53].

Las bases para la larga duración de la Dictadura

Aunque nunca lograran convencer a los vencidos, las múltiples caras de la represión franquista se mostraron altamente eficaces, siendo claves para el mantenimiento del sistema durante cuatro largas décadas. En las certeras palabras de Javier Rodrigo, «el franquismo echó las bases de su larga duración en la enorme inversión en violencia realizada en la guerra y la posguerra, para después ir administrando sus rentas»[54].

El capital represivo acumulado, efectivamente, provocó que, desde finales de los años cuarenta, la Dictadura no tuviera que recurrir nuevamente al castigo masivo de la población desafecta. Ahora bien, que la intensidad disminuyera no significa que la violencia estuviera ausente durante el denominado «segundo franquismo», por mucho que algunas personalidades sigan tratando de minimizarla o equipararla con la violencia política sufrida durante los periodos democráticos. Y es que, lejos de desaparecer, la violencia franquista sencillamente ajustó sus prácticas a los parámetros, mucho más restrictivos, de la posguerra mundial, pero en esencia no renunció a ni una sola de las características iniciales descritas. En sus múltiples formas, la represión siguió siendo transversal —como atestiguaba la creación en 1968 de la Cárcel concordataria de Zamora—; cínica y preventiva —en un momento de alta conflictividad, en 1963, se juzgó y condenó a muerte a Julián Grimau por supuestos crímenes cometidos durante la Guerra—. Siguió estableciendo leyes y tribunales especiales —el Tribunal de Orden Público (TOP) fue creado en 1963—

y se moduló siempre en función del cálculo entre la autoafirmación y la respuesta internacional —el Proceso de Burgos de 1970 y los fusilamientos de septiembre de 1975—, para lo que continuó siempre buscando, como en la manifestación del 1 de octubre de 1975 en la Plaza de Oriente, la complicidad del conjunto de la sociedad española.

2
Las densas alas del Águila gris: el aparato represor franquista. ¿Éxito o fracaso contra el antifranquismo?

Pablo Alcántara
(Universidad Autónoma de Madrid)

Vázquez Montalbán, el mítico periodista comunista y autor de novela negra, también fue un agudo analista de periodos como la Dictadura de Franco o la Transición. En su *Diccionario del franquismo,* cuya primera edición salió en 1977 y se reeditó en 2019, el escritor catalán decía esto sobre la violencia institucional de la Dictadura:

> Los sistemas de represión practicados en los territorios ocupados por las fuerzas franquistas fueron el inicio de una sistemática persecución de militantes y simpatizantes de las organizaciones políticas democráticas. [...] Jackson, Tamames y Southworth dicen que más de doscientas mil personas fueron ejecutadas durante los años cuarenta por supuestos delitos de «guerra» mientras que miles y miles de españoles fueron encarcelados y procesados por delitos políticos, la policía política, con el concurso no se sabe si controlado o incontrolado de policías paralelas falangistas, ejerció un incalculable trabajo contra todo intento de reorganización política del

> movimiento obrero y de los partidos. [...] Los tribunales especiales (militares o de orden público) no dejaron matiz de política delictiva sin castigo. Y al hablar aquí de represión no aludimos a todas las coacciones morales, culturales o legales de las que se valió el franquismo para aniquilar el altísimo grado de conciencia política alcanzada por las masas en el periodo 1931-1939[1].

Casi cincuenta años después de este escrito, las investigaciones sobre la represión franquista, sobre los aparatos policiales, jurídicos y legislativos de la Dictadura han sido cada vez más numerosas. Trabajos que no solo vienen del extranjero, sino también de nuestro propio país. Gracias a la paulatina apertura de archivos, el testimonio de las víctimas que poco a poco se han atrevido a hablar a raíz de la movilización social contra la impunidad del franquismo, el interés de la sociedad, los medios de comunicación, los partidos políticos y los sindicatos, actualmente hay más estudios académicos y más diálogo; quedan atrás los debates anacrónicos sobre la naturaleza del régimen.

En este capítulo pretendo, a través de estas investigaciones y fuentes de archivo y de hemeroteca, realizar un resumen de lo que fue la represión franquista y sus principales mecanismos de violencia. Me gustaría responder a una pregunta que llevan haciéndose años los historiadores: ¿la oposición hubiera sido capaz de vencer esta represión? Y ver si las palabras de Vázquez Montalbán son ciertas o no.

El franquismo, un sistema represor de principio a fin

> Hay que sembrar el terror [...] hay que dar la sensación de dominio eliminando sin escrúpulos ni vacilación a todos los que no piensen como nosotros. Nada de cobardías. Si vacilamos un momento y no procedemos con la máxima energía, no ganamos la partida. Todo aquel que ampare u oculte [a] un sujeto comunista o del Frente Popular será pasado por las armas[2].

Estas palabras de Emilio Mola, uno de los militares sublevados contra la República, ante los alcaldes navarros en Pamplona un día después de iniciado el golpe de Estado el 18 de julio de 1936, dejan claro que lo que tenían entre manos no era una simple sublevación contra la legalidad vigente, sino una lucha sin cuartel contra todos aquellos que consideraban la «anti-España»: republicanos, socialistas, comunistas, anarquistas, liberales, nacionalistas vascos, catalanes y gallegos. No se puede entender la represión de la Dictadura sin el contexto del golpe de Estado y la Guerra Civil.

Tal y como explicó el historiador Javier Rodrigo en su libro *Hasta la raíz,* la represión fue un elemento consustancial de la Dictadura, cuyos cimientos se asentaban sobre la sangre y el dolor de los que se enfrentaron al golpe militar. En tiempos de paz, necesitó más de 50.000 fusilados para mantenerse en el poder entre 1939 y 1952. Como analizó el historiador Ortiz Heras, en los primeros siete años de posguerra, se produjeron diez ejecuciones diarias; se mantuvieron los paseos y las ejecuciones extrajudiciales a lo largo de la década de los años cuarenta. También más de 500.000 compatriotas tuvieron que exiliarse en Francia, Argentina, México y la Unión Soviética, entre otros países[3].

Otros centenares de miles fueron internados en los 296 campos de concentración que se establecieron alrededor de todo el país, desde los primeros días del conflicto hasta 1948 (incluso hubo campos, como el de Tefía, en Fuerteventura, para recluir a homosexuales, que se mantuvieron hasta los años sesenta), y hacinados en las prisiones, que superaron con creces su capacidad. Algunos de estos presos políticos fueron utilizados como trabajadores esclavos en la construcción de presas, carreteras o monumentos, como el Valle de los Caídos[4].

Esta represión fue planificada a conciencia. Como escribe Nicolás Sesma en su estudio monográfico sobre la dictadura franquista, los sublevados querían no solo la aniquilación física del enemigo, sino que los que quedaran vivos fueran excluidos de la comunidad nacional, a no ser que hicieran propósito de enmienda, mediante mecanismos de reeducación y redención. El régimen contó con una maquinaria bien engrasada, con amplios recursos humanos y financieros, para llevar a cabo la represión y clasificación[5].

Una de las principales características del régimen franquista, que influyó también en la represión, fue su larga duración y la influencia del contexto internacional. En un primer momento, la Dictadura se alineó con el fascismo y el nazismo, asimilando varios de sus rasgos. Al terminar la Segunda Guerra Mundial y bajo el manto de la Guerra Fría, la Dictadura jugó sus cartas al servicio del bloque occidental, sobre todo, de Estados Unidos.

Esto hizo que se modulara la represión. Pero frente a cierta historiografía revisionista que habla de una represión «dura» de posguerra y una represión blanda en el ecuador y final de la era franquista, es necesario decir que la violencia política contra quienes hicieron frente a la Dictadura nunca desapareció. Como declaró el historiador Julio Aróstegui:

> La represión, el designio de eliminación, y no meramente la derrota, del enemigo enfrentado en una guerra civil, su progresiva y persistente aniquilación más allá de esta, fue el objetivo y la caracterización más comprehensiva que puede atribuirse al régimen del general Franco durante todo el tiempo de su existencia[6].

Durante los años cuarenta, el principal enemigo del régimen fueron los guerrilleros, muchos de los cuales, en un principio, habían huido de la represión, se habían escondido en el monte y se fueron organizando a medida que los aliados iban ganando el conflicto mundial. Comunistas, socialistas y anarquistas crearon agrupaciones guerrilleras, que también vinieron desde el exilio. Incluso se intentó realizar un gran ataque a través de la frontera francesa (la Operación Reconquista). Esto tuvo como consecuencia que el franquismo utilizara todos sus resortes para hacerles frente.

Se desplegaron fuerzas mixtas de soldados, guardias civiles, agentes de la Brigada Político-Social (BPS) y falangistas, que se comportaban como un verdadero ejército de ocupación, daban palizas, torturaban, asesinaban y humillaban de forma pública. Se castigó a las personas que colaboraban con los guerrilleros, se llevaron a cabo cambios forzosos de residencia, controles de los habitantes de los pueblos. Se prohibieron las fiestas, se cerraron las granjas, se militarizó el territorio. Hasta principios de los años cincuenta, cuando se consiguió liquidar esta oposición armada, se mantuvo este estado de cosas, tanto a nivel rural como urbano. También se practicaron tácticas de guerra sucia, mediante sobornos, uso de confidentes y traidores, matanzas de familiares, etc. Fruto de esta política murieron 2.173 guerrilleros y hubo 3.387 capturados y 19.444 enlaces detenidos[7].

Al ver que fracasaba la lucha armada, la oposición antifranquista viró su campo de movilización hacia los movimientos de masas, como el obrero y estudiantil. A mediados de los años cincuenta y, sobre todo, en los sesenta, comenzaron a darse las primeras huelgas de trabajadores y movilizaciones universitarias de entidad. En los setenta comenzaron a aparecer nuevos sectores antifranquistas, como el movimiento vecinal, los intelectuales, artistas, profesionales liberales, etc. Apareció también el fenómeno del terrorismo.

Esta dinamización de la oposición hizo que el aparato represivo también tuviera que dar un giro en sus métodos de actuación. El contexto internacional y, en especial, el europeo, hacía difícil que el franquismo pudiera llevar a cabo el exterminio físico de forma generalizada, pero sí podía castigar de forma extensiva. Para ello realizó un proceso de normalización de la represión. Quitó competencias al Ejército en cuestiones de jurisdicción, con la creación de tribunales civiles de excepción (como el Tribunal de Orden Público) y la utilización de las fuerzas policiales para hacer frente a las movilizaciones[8].

Los malos tratos y el uso del estado de excepción estuvieron a la orden del día. También el uso de bandas parapoliciales y de extrema derecha, como los Guerrilleros de Cristo Rey o Fuerza Nueva. Los militantes antifranquistas sufrieron en esos años no solo la tortura y la cárcel, sino también el despido de su trabajo, la expulsión de la universidad, el destierro.

Algunos fueron ejecutados, como Julián Grimau, Francisco Granados, Joaquín Delgado y Salvador Puig Antich. También lo fueron los tres miembros del FRAP, José Luis Sánchez Bravo, Ramón García Sanz y Humberto Baena; y los miembros de ETA Ángel Otaegui y Juan Paredes, entre otros muchos. Otros más fueron asesinados en manifestaciones, como Pedro Patiño o los obreros de Granada y Ferrol. Algunos fueron asesinados a manos de la Policía, como el estudiante Enrique Ruano. Sin embargo, a pesar del uso de esta represión, el sistema franquista entró en una crisis irreversible, al no entender los nuevos movimientos de lucha antifranquista, ya que muchos eran jóvenes que no habían vivido la Guerra Civil, que no estaban fichados y que contaban con redes de solidaridad a nivel nacional e internacional.

Desde el inicio hasta el final de la Dictadura, la oposición se centró en la represión, la denunció y exigió que se le pusiera fin junto con los aparatos represivos que la llevaban a cabo. También el Cuerpo Diplomático extranjero reveló la violencia política cometida por los franquistas, sobre todo, durante los años finales del régimen[9].

El entramado policial franquista, al servicio de la represión

La Dirección General de Seguridad y la Brigada Político-Social

Aunque la Dirección General de Seguridad (DGS) y las policías políticas ya existían antes de la dictadura franquista, fue en este periodo cuando tuvieron su mayor actividad.

Desde la creación del Estado moderno, los diferentes gobiernos tuvieron entre sus preocupaciones la de crear un servicio policial centralizado y modernizado para hacer frente no solo a la delincuencia común, sino también a los grupos de oposición política.

El mayor intento por crear este servicio fue la DGS. A mediados del siglo XIX, en los reinados de Isabel II y los inicios de la Restauración, se dieron las primeras tentativas de instaurar este servicio centralizado policial. Pero no sería hasta 1912, tras el asesinato del presidente del Gobierno, José Canalejas, cuando este servicio se establecería de forma permanente[10]. Sin embargo, sería el régimen franquista el que, con la intención de centralizar e institucionalizar su sistema represivo, haría mayor uso de este aparato para acabar con la disidencia política.

El 23 de septiembre de 1939 se promulgó la ley por la que se reestructuraba el servicio. Se establecieron cuatro secretarías. La Secretaría General, encargada de la administración del servicio, de la asesoría jurídica y de la Escuela Superior de Policía. La Secretaría Técnica, dividida en cuatro comisarías: la de orden público, la de fronteras, la de identificación y la de información. Este servicio estaba emparejado con la Inspec-

La Real Casa de Correos albergó a la DGS y a la BPS, y fue el epicentro de las torturas durante la dictadura franquista.

ción General de las fuerzas de la Policía Armada y de Tráfico, de la que dependían las dos secretarías restantes: la Militar y la de Tráfico. La DGS se establecería en el edificio de la Real Casa de Correos, en la céntrica Puerta de Sol, hasta 1983[11].

La DGS se encargó sobre todo de estructurar los servicios policiales a nivel nacional, a través de las Jefaturas de Policía regionales y de los gobernadores civiles, que, como jefes políticos del régimen en las regiones, se encargaban del orden público. También tenían relaciones con las policías internacionales, como la PIDE, de la dictadura portuguesa, o la CIA y el FBI estadounidenses. Por tanto, eran quienes dirigían la represión política y el control de la sociedad, la moral pública. Por ejemplo, se dedicaban a vigilar lo que ocurría en los centros de trabajo, en las universidades con la oposición antifranquista, cómo se iba vestido a la playa o la celebración del carnaval en los pueblos y ciudades (algo que estuvo prohibido durante el franquismo). Uno de sus jefes más famosos fue Carlos Arias Navarro, que más adelante sería alcalde de Madrid, ministro de la Gobernación y presidente del Gobierno en los últimos años del dictador y en el primer gabinete de la Monarquía de Juan Carlos I.

La Brigada de Investigación Social (conocida popularmente como Brigada Político-Social) fue una de las ramas policiales más importantes dentro de la DGS. Se encargaba de sus servicios la Secretaría de Orden Público. Aunque durante periodos como la Restauración o la Dictadura de Primo de Rivera ya existían policías políticas contra los movimientos obreros y sociales, fue durante el franquismo cuando tuvo mayor actividad, ya que basaba su política de seguridad en hacer frente a sus opositores, sobredimensionando las amenazas que estas fuerzas pudieron suponer[12].

Ya desde los inicios de la Guerra Civil, los franquistas hicieron todo lo posible por reestructurar los servicios policiales, depurándolos de miembros que apoyaron a la República y promulgando en mayo-junio de 1938 órdenes de busca y captura de «marxistas actuantes como policías rojos». Acabado el conflicto, a los agentes, tanto los antiguos como a los nuevos, se les hacía un cuestionario sobre sus actividades durante la Segunda República y la Guerra Civil (si habían pertenecido a sindicatos u organizaciones del Frente Popular o si habían ayudado a los sublevados si se encontraban en zona republicana) y les pedían una carta de compañeros de trabajo, de miembros de Falange, alcaldes del lugar donde estaban para demostrar que eran «personas de derechas», de bien, y que no eran ni republicanos ni masones[13].

En 1941 se promulgó la Ley de Policía que puso los cimientos de la BPS como una policía encargada «de llevar a cabo la vigilancia permanente y total, indispensable para la vida de la Nación», aunque ya en abril de 1939 aparecían informaciones en la prensa sobre esta Policía. Sería una fuerza de orden público al servicio total de la Dictadura, encuadrada ideológicamente con el régimen. Se obligaba a los agentes, desde 1942, a jurar los principios del Movimiento Nacional y en 1946, los opositores al Cuerpo General de Policía debían acreditar su adhesión al régimen.

Hubo diferentes perfiles de agentes, dependiendo de su procedencia y forma de actuar. Agentes que ya habían hecho frente al movimiento obrero durante la Dictadura de Primo de Rivera y la Segunda República; otros que habían actuado como «quintacolumnistas», es decir, realizando tareas de espionaje para los rebeldes en las ciudades del lado republicano; o los teóricos que, además de detener a militantes antifranquistas, escribían libros y propaganda de la Dictadura. Por último, estaban los agentes que se infiltraban en las organizaciones clandestinas y sus aprendices. Todos estos policías tenían características similares: apoyaban de forma incondicional al régimen franquista, eran de derechas, utilizaban la represión y las torturas[14].

Primero la Gestapo nazi durante los años de posguerra y después la CIA y el FBI en los años cincuenta, en el contexto de la Guerra Fría, ayudaron a la creación, modernización y perfeccionamiento de la actuación de la BPS. En 1953 se creó la División de Investigación Social, para centralizar los trabajos represivos. Su primer jefe fue Vicente Reguengo, que estuvo en Estados Unidos recibiendo cursos de instrucción de la Policía estadounidense.

El servicio operaba en todo el país, día y noche en tres turnos de trabajo y estaba compuesto por siete grupos a través de las Brigadas Regionales: I (asuntos laborales), II (actividades catalano-separatistas), III (actividades comunistas), IV (actividades anarquistas, trotskistas y sociales) V (escoltas y sectas) VI (servicio de guardia) y VIII (servicio de universidad). Toda su actividad, tanto la vigilancia como las detenciones, se reflejaba en los Boletines de Investigación Social, cuyo precedente eran los Boletines de Información Antimarxista, escritos por el policía Eduardo Serafín Comín Colomer[15].

Los testimonios de tortura de hombres y mujeres antifranquistas se cuentan por cientos, ya que todos los que pasaban por las manos de estos policías lo más probable es que sufrieran los insultos, los golpes y los electroshocks en las comisarías y en la Real Casa de Correos de la Puerta del Sol. Estos luchadores se preparaban para soportarlo leyendo manuales sobre cómo hacer frente a la tortura. Desde la prensa clandestina se tenía claro que la BPS, una «verdadera Gestapo», era el principal órgano policiaco en la lucha contra las organizaciones clandestinas. En los centros de trabajo y en las universidades uno de los objetivos era su disolución. Cabe destacar que siempre denunciaron sus métodos de tortura[16].

La Policía Armada

Los diferentes gobiernos anteriores al franquismo siempre habían querido tener unas fuerzas de orden público encargadas del control de las calles, de las manifestaciones y de la

La Policía Armada, al igual que la Guardia Civil o los servicios secretos, fue fundamental para mantener la represión del régimen.

protesta social. Durante el siglo XIX y principios del XX esta tarea casi siempre se había asignado a la Guardia Civil o al Ejército. La Segunda República intentó modernizar el sistema con la creación de la Guardia de Asalto. Sin embargo, después de la Guerra Civil, este cuerpo se disolvió, ya que muchos de sus agentes habían participado en las milicias obreras o se habían pasado al lado sublevado.

Por ello, el franquismo quiso borrar el recuerdo de este cuerpo y crear uno nuevo. Con la Ley de Policía de 1941 nacía la Policía Armada y de Tráfico. Era una estructura eminentemente militar. Su organización se adecuaba a las ocho regiones militares existentes y bajo el mando de cada una de ellas había un teniente coronel. Además, se la consideraba no solo una fuerza para hacer frente a las manifestaciones, sino también para tener un papel activo en un conflicto bélico, como fuerza de tropa de cobertura. Su primer jefe fue Antonio Sagardía Ramos, con un claro expediente golpista. Se retiró del Ejército republicano con el grado de comandante. Cuando el golpe de Estado se inició en Navarra, se trasladó desde Francia a Pamplona para ponerse a las órdenes de Mola. Dirigió una columna en la campaña del norte y una división durante la campaña de Cataluña. Sus unidades tenían fama de usar la represión más funesta contra la población civil. Una de sus frases fue «prometo fusilar a diez catalanes por cada hombre muerto de mi unidad». Acabada la guerra, en 1940 visitó Alemania, donde conoció a Himmler[17].

La máxima responsabilidad de este cuerpo era el mantenimiento del orden público en las ciudades y la represión de cualquier tipo de conflictividad en las calles. Para ello, se necesitaba personal de comprobada lealtad ideológica. Tras un proceso de depuración, donde centenares de guardias republicanos fueron dados de baja, se permitió mantener el cargo a aquellos que habían dado señales de su compromiso con la nueva Dictadura. Con este fin, se indagaba en sus antecedentes familiares y políticos, como pasaba con la BPS. Además, necesitaban un certificado firmado por el alcalde de su residencia, el comandante de puesto de la Guardia Civil y el jefe local de Falange. Terminado el conflicto bélico, se realizaron varios procesos de oposición, donde miles de agentes entraron en el nuevo cuerpo. Incluso hubo momentos en que no se hizo ningún tipo de examen, sino que se permitió a antiguos militares y miembros del partido único la entrada directa[18].

La represión en las calles cayó sobre todo en las compañías móviles, agrupadas en banderas y dirigidas por un comandante. La bandera la formaban tres compañías de fusiles y una de especialidades, con un total de 472 efectivos. También había unidades de caballería, que se utilizaban fundamentalmente por su presencia física y por su capacidad de intimidación, puesto que los caballos servían para disolver, canalizar o detener a la multitud. También había un batallón de conductores, que iban en motocicletas, coches o furgones para trasladar a los agentes y a los detenidos. Este cuerpo policial no dejaría de tener carácter militar hasta 1986 con la Ley de Fuerzas y Cuerpos de Seguridad.

La oposición antifranquista criticó desde un primer momento la estructura de la Policía Armada, a la que consideraba una copia del «modelo nazi», y en la que se estaban metiendo todos los antiguos falangistas. A medida que este cuerpo comenzó a adentrarse en las fábricas y en los centros universitarios, los estudiantes y los obreros se enfrentaron a ello y criticaron su establecimiento permanente en los lugares de trabajo y estudio, siendo una de sus máximas reivindicaciones sociales y democráticas[19].

La Guardia Civil

Durante los primeros momentos del siglo XIX, en el campo se producían problemas de orden público, no solo robos de bandoleros, sino también partidas de carlistas, levantamientos campesinos, etc. Para ello, el Gobierno moderado de Narváez decidió crear un cuerpo que se dedicara al mantenimiento de la paz social. Así, bajo la dirección del aristócrata militar, el duque de Ahumada, se creó el Instituto Armado, el primer cuerpo policial de carácter nacional que tuvo permanencia (se había creado la Superintendencia de Policía, pero se había disuelto poco tiempo después) [20].

Este organismo pronto recibió la crítica de organizaciones campesinas, obreras, republicanas y progresistas por el uso indiscriminado de la fuerza, de la represión y de las torturas para hacer frente a la movilización social. En tiempos de la Segunda República, la Benemérita participó en episodios de violencia estatal como la Matanza de Casasviejas en 1933. Durante la Guerra Civil, el cuerpo se dividió en dos: algunos de sus agentes y mandos se pasaron al bando republicano y otros al sublevado. De hecho, una vez terminado el conflicto, Franco pensó en disolver el cuerpo, como hizo con la Guardia de Asalto. Pero pronto se dio cuenta de que la Guardia Civil era un cuerpo con una importante implantación territorial, y que los agentes conocían el terreno a la perfección. Terminó por convertirse en un cuerpo fundamental para hacer frente a lo que se conoce como «guerra antipartisana» o guerra irregular contra las agrupaciones guerrilleras que se formaron por todo el país nada más empezar el conflicto armado, tal y como señala el historiador Arnau Fernández Pasalodos sobre el Instituto Armado durante los años de la posguerra.

El director general de la Guardia Civil durante los primeros momentos de la dictadura franquista, Eliseo Álvarez-Arenas, declaró que era necesaria «la guerra sin cuartel» contra «los enemigos del campo» hasta lograr «su total exterminio». Para ello, la Benemérita utilizaría todas las armas a su alcance, como las detenciones, los malos tratos y la utilización de la ley de fugas, por la que se dejaba huir al detenido y se le disparaba por la espalda. Esto venía de otros periodos históricos, pero en el franquismo se generalizó. Se pusieron en marcha también los campos de concentración, la infiltración dentro de los grupos guerrilleros, las brigadillas de civiles que apoyaban a la Dictadura, la represión contra familiares y aquellos que apoyaban desde los pueblos a los guerrilleros, la violencia sexuada.

Todo con el visto bueno del Gobierno, que, a pesar de las críticas internacionales, apoyaba la política de «mano dura», como declaró el entonces ministro de la Gobernación, Blas Pérez González[21].

Este conflicto duró más de una década, hasta 1952 aproximadamente. En 1948 se derogó el estado de guerra, casi diez años después del final oficial de la Guerra Civil. Y es que, a lo largo de los años cuarenta, los comunistas, socialistas y anarquistas que se fueron al monte formaron grupos de guerrilleros que tenían importantes apoyos entre las poblaciones rurales. La Benemérita, a pesar del respaldo estatal, tenía muchos problemas de financiación, aunque fue depurada de agentes sospechosos de ser republicanos y masones (entre 1941 y 1944 fueron expulsados 1.400 agentes) y se llenó de antiguos combatientes y de falangistas. Los bajos salarios, la falta de equipamiento, el miedo a ser asesinados o a que sus familiares fueran represaliados, hizo que muchos miembros del Instituto Armado mostraran una actitud pasiva frente a las guerrillas y tuvieran que ser azuzados por sus mandos para actuar.

No fue hasta el final de la Segunda Guerra Mundial, con la no intervención de los aliados contra Franco, la desmoralización y división de las partidas guerrilleras, la pérdida de apoyo en los pueblos y el abandono de las organizaciones antifranquistas de la lucha armada, que las guerrillas desaparecieron. El franquismo estimaba en 3.400 las víctimas del conflicto, entre guerrilleros y civiles. Sin embargo, estos datos son solo de los años 1943-1952, cuando la actividad guerrillera ya aparece en el verano de 1936. Historiadores como Jorge Marco consideran que la cifra de víctimas estaría entre 6.500 y 8.000[22].

Aunque tras el final de la actividad guerrillera la Guardia Civil no tuvo tanto protagonismo en la represión de la Dictadura, ya que la oposición al franquismo pasó mayoritariamente del campo a la ciudad, siguió desempeñando un papel muy importante en zonas como Asturias o el País Vasco. Participó en los conflictos de la minería asturiana, en la represión contra las mujeres que apoyaban a los mineros en huelga, por ejemplo, con acciones como la rapada de pelo de Anita Sirgo y Tina Pérez en 1963 que llevó a cabo el capitán de la Benemérita, Antonio Caro.

También estuvieron en el punto de mira de grupos terroristas como ETA, por sus actuaciones en la represión contra el pueblo vasco. Participaron en el asesinato de obreros en manifestaciones, como el caso de Pedro Patiño en Getafe en 1971. El general Carlos Iniesta Cano, director de la Guardia Civil en los últimos años de la Dictadura, fue uno de los más beligerantes contra el antifranquismo y pidió en diversas ocasiones la intervención de las fuerzas armadas en suelo vasco para solucionar los problemas de orden público[23].

La oposición antifranquista denunció todos estos métodos represivos. Denunciaban cómo sus agentes más crueles eran promocionados y cómo se les infiltraba dentro del movimiento guerrillero y campesino durante los años de posguerra. Testimonios de torturas por parte de la Benemérita aparecían en la prensa clandestina (la fotografía de Anita Sirgo, ya mencionada, se difundió a nivel internacional)[24].

Servicios secretos y elementos parapoliciales

Además de los servicios policiales, el franquismo también se sirvió de otros de espionaje, que existían ya desde la Guerra Civil, para vigilar las actividades de la oposición antifranquista. Pero sería en los años sesenta, con el aumento de la lucha contra el régimen en las universidades, cuando se perfeccionaron.

En 1968 se montó la Organización Contrasubversiva Nacional (OCN), que dirigió el coronel José Ignacio San Martín, bajo la supervisión de Luis Carrero Blanco, entonces vicepresidente del Gobierno. En un principio su creación se pensó para el ámbito universitario, pero pronto se extendió a otras esferas del antifranquismo.

El 10 de marzo de 1972 este servicio se reemplazó por el Servicio Central de Documentación (SECED), por el propio Carrero Blanco. Sus atribuciones eran asesorar al presidente de Gobierno en la dirección contrasubversiva, coordinar la acción exterior del organismo o realizar informes sobre la situación antisubversiva. Había cuatros sectores dentro del organismo para vigilar al antifranquismo: sector educativo, sector laboral, sector religioso-intelectual y sector político-económico. También había un gabinete de acción psicológica, que impartía cursos de información para los agentes[25].

Todos los servicios policiales y secretos se basaron también en la población civil para controlar a la sociedad y a la oposición. Muchos porteros de fincas, bedeles o taxistas se convirtieron en confidentes del régimen. Por ejemplo, en la detención de los abogados laboralistas de la calle de Atocha en 1975 fue el portero de la casa el que dio información sobre sus actividades clandestinas y la propaganda que tenían en el despacho[26].

Las organizaciones ultraderechistas serían utilizadas por el aparato del Estado franquista como fuerza de choque, sobre todo, en los recintos universitarios. En los años sesenta, con el auge de la oposición antifranquista entre la juventud, los grupos violentos de extrema derecha también comenzaron a proliferar. En 1963 se creó el Frente de Estudiantes Sindicalistas (FES), Círculos José Antonio, Falange Auténtica. Ese mismo año apareció Defensa Universitaria, de la mano de la OCN, como fuerza de choque anticomunista, que hacía frente con violencia a los universitarios rebeldes. En 1969 cambiaron su nombre por el de Guerrilleros de Cristo Rey, que protagonizarían varios de los episodios violentos durante el tardofranquismo y la Transición.

En 1966 el notario Blas Piñar creó la revista *Fuerza Nueva,* que al poco tiempo se convirtió en partido político y tuvo un papel destacado tras la muerte de Franco en mantener a su alrededor a los sectores más ultras de la Dictadura. También se creó el Círculo Español de Amigos de Europa (CEDADE) una de las organizaciones neonazis más importantes en los años setenta y ochenta. En 1972 se creó la Asociación Universitaria Nacional (AUN) que se infiltró en organizaciones de izquierdas y boicoteó sus acciones, reventó asambleas, etc.[27].

El entramado judicial franquista, apoyo legal a la represión

Unas leyes al servicio de la coacción

Con el fin de mantener este aparato represivo, la dictadura franquista se valió de un corpus jurídico para legalizar y legitimar sus actuaciones. Desde el inicio del golpe de Estado del 18 de julio, se proclamaron bandos de guerra con este objetivo. Diez días después, el 28 de julio de 1936, se proclamó el bando de guerra que declaraba el estado de guerra en todo el territorio controlado por los sublevados. En dicha declaración, se establecían como delitos sometidos a la jurisdicción militar los de «rebelión, sedición, resistencia a la autoridad». Se declaraba rebelde a cualquiera que propagara «noticias falsas» sobre los militares, que portara armas de fuego, que se manifestara sin permiso de la autoridad militar. Se sometía a censura a la prensa[28].

De los bandos pronto se pasó a las leyes, sobre todo, cuando estaba a punto de finalizar oficialmente la Guerra Civil. El código de justicia militar y la declaración del estado de guerra permitieron la utilización indiscriminada de la justicia militar. El 9 de febrero de 1939 se decretó la Ley de Responsabilidades Políticas. Una ley que se aplicaba con retroactividad, ya que incluía supuestos delitos que hubieran tenido lugar en octubre de 1934 y afectaba a quienes hubieran participado en la «subversión»; se consideraba culpable a los que habían formado parte del Frente Popular o de un sindicato; y a quienes hubieran organizado manifestaciones o huelgas. Las penas iban desde la inhabilitación para cargos públicos hasta restricciones de movimientos, pérdidas de bienes y, por supuesto, la cárcel y la pena de muerte[29].

El 1 de marzo de 1940 se promulgó la Ley de Represión de la Masonería y el Comunismo, en la que se tipificaban de una forma más explícita las penas. Se consideraba delito pertenecer a la masonería y el comunismo, promover organizaciones clandestinas, haber participado en congresos comunistas o masones, etc. En 1947, para hacer frente a la guerrilla, se creó la Ley para la Represión del Bandidaje y el Terrorismo, que dejaba claro cuáles eran los delitos de «terrorismo» y sus penas[30].

En los años cincuenta, con el interés del franquismo por intentar aparentar ser un sistema homologable a los países occidentales, se estableció un marco jurídico en el que predominaría la justicia civil sobre la militar, aunque obviamente el estilo represivo siguió imperando. En 1959 se creó la Ley de Orden Público, que delimitaba cuáles eran los delitos contra el régimen: los paros colectivos, los que originasen tumultos en la vía pública, las manifestaciones no autorizadas, etc. Se estableció un número máximo de días de detención en dependencias policiales, que eran tres. Sin embargo, también se puso en marcha el mecanismo del estado de excepción, que permitía saltarse cualquier tipo de mínima legalidad a los agentes, permitiendo la detención sin orden judicial y de forma indefinida, la intromisión en las viviendas y el correo, etc.

Se decretaron unos 11 estados de excepción hasta la muerte del dictador[31].

Pero no solo se iba contra los delitos políticos, sino también contra aquellos que atentaban contra la moral nacionalcatólica. En 1970 se derogó la Ley de Vagos y Maleantes de 1933 y se promulgó la Ley de Peligrosidad y Rehabilitación Social. Con esta nueva normativa, no solo se quería perseguir a los delincuentes comunes y a las prostitutas, sino también «a los que realizaban actos de homosexualidad», a los que se podía meter en centros de reeducación, psiquiátricos o en prisión[32].

Para finalizar, pocos meses antes de morir el dictador, se promulgó el Decreto-Ley 10/1975 sobre Prevención del Terrorismo, por el cual se imponía la pena de muerte para los delitos de terrorismo que causaran la muerte a agentes de la autoridad. A través de esa normativa, aplicada con retroactividad, se llevaron a cabo los últimos fusilamientos del franquismo.

La justicia militar

Esta normativa legislativa permitió actuar a la jurisdicción militar, que se mantuvo vigente para delitos políticos durante toda la Dictadura, aunque en los años sesenta perdiera cierta relevancia con la creación del Tribunal de Orden Público.

Mediante los bandos de guerra anteriormente mencionados, se permitió a los militares impartir justicia contra civiles en los territorios ocupados por los sublevados. Se producían los llamados juicios sumarísimos, mediante consejos de guerra, en los que no había ningún tipo de garantía procesal. La mayoría de los encausados entraba en prisión al abrirse la causa, los testimonios se conseguían mediante tortura y muchas veces el reo se enteraba de qué se le acusaba el mismo día de la vista judicial. El abogado defensor estaba al servicio de los jueces militares, que, salvo excepciones, no defendían los derechos del acusado. Se calcula que hubo más de un millón de estos consejos de guerra a lo largo de toda la Dictadura[33].

Con la Ley de Responsabilidades Políticas, promulgada en 1939, se formó el Tribunal Nacional de Responsabilidades, donde a pesar de haber miembros civiles (miembros de Falange), el peso recaía sobre todo en los militares, que eran los únicos que podían presidir el Tribunal, y los expedientes estaban regidos por el Código de Justicia Militar[34].

Al año siguiente se crearía el Tribunal Especial para la Represión de la Masonería y el Comunismo, que estuvo en funcionamiento entre 1940 y 1963. Su primer presidente fue Marcelino Ulibarri, que había sido secretario de Franco y jefe de la Delegación Nacional de Recuperación de Documentos, encargada de la incautación de la documentación de organizaciones republicanas, con el fin de crear un fichero para perseguir a aquellos que habían pertenecido a organizaciones afines a la República. Su nombramiento no fue casual, querían relacionar el Tribunal con todo ese entramado burocrático y hacer más fácil la actividad represiva. En sus primeros años, entre 1941 y 1953, el Tribunal llegó a condenar a 8.919 personas en 940 procesos[35].

Uno de los jueces militares más conocidos durante el franquismo fue el coronel Enrique Eymar. Caballero mutilado por la Patria, como se le llamaba, por haber sido herido en la

Guerra de Tetuán en 1924 e Inválido Total en 1929, durante la Segunda República llegó a ser teniente coronel. Tras el final de la Guerra Civil, en julio de 1939 fue procesado, pero su causa fue sobreseída, ya que lo más probable es que el militar hubiera participado en actividades de la quinta columna que apoyaba a los franquistas en Madrid. Uno de sus hijos fue fusilado por los republicanos en Paracuellos del Jarama.

A partir de ese momento comenzó su ascenso en la carrera judicial militar. En 1940 fue nombrado juez de Prisioneros, en 1943 fue elegido juez especial de Delitos de Espionaje y Comunismo. En 1958, el propio Franco lo nombró juez especial de Actividades Extremistas. Entre medias, diversas medallas al mérito militar y civil, como la Medalla de Oro al Mérito Penitenciario en 1946 y la Medalla al Mérito Policial en 1949[36].

Este juez era muy conocido entre la militancia antifranquista. Para la CNT «era un funesto coronel», «enemigo encarnizado» de la organización sindical. Cuando Franco lo nombró juez especial en 1958, el PCE le dedicó en su diario varios artículos explicando sus «sádicas tácticas», impidiendo a los detenidos que vieran a sus abogados y permitiendo el uso de la tortura policial. Ilegalidades que los militantes antifranquistas denunciaban en los juicios, sin ningún éxito[37].

El Tribunal de Orden Público (TOP)

A finales de los años cincuenta y principios de los sesenta, el franquismo quería mejorar su imagen a nivel internacional. En aquellos momentos, el antifranquismo realizaba campañas internacionales contra la represión de la Dictadura o las penas de muerte. Un punto de inflexión fue el juicio, los malos tratos y la ejecución del dirigente comunista Julián Grimau a principios de 1963, que generó una ola de solidaridad internacional con la lucha contra el régimen de Franco.

Al ver peligrar su propaganda de un régimen moderno, la Dictadura viró su estrategia en sus políticas de orden público, aunque solo fuera en lo discursivo. Ya hablamos anteriormente de la Ley de Orden Público. También se realizaron cambios en la cuestión de las jurisdicciones, de quién juzgaría los delitos políticos. Por ello, el 2 de diciembre de 1963 se creó el Tribunal de Orden Público, que funcionó hasta enero de 1977.

Hubo dos antecedentes de este organismo, que no habían sido conocidos hasta hace pocos años. En febrero de 1956, con motivo de las movilizaciones estudiantiles en Madrid, se creó —por parte de la Sala de Gobierno del Tribunal Supremo— el Juzgado Especial de Orden Público. El motivo fue que muchos de los universitarios detenidos eran hijos de gerifaltes del régimen, que no querían que fueran juzgados por militares. Tuvo una vida efímera, hasta julio de ese mismo año, ya que el juez nombrado para dicho cometido, Acisclo Fernández Carriedo, tras juzgar a los jóvenes declaró que su trabajo había terminado y dimitió. Unos meses después, el 25 de mayo de 1957 se creó el Juzgado Especial de Propaganda Ilegal del Territorio Nacional. El juez que se haría cargo de dicho tribunal sería Jacinto Blanco Camarero. Funcionó hasta diciembre de 1963[38].

El TOP se estableció en Madrid, en el Palacio de las Salesas. Juzgaría delitos en todo el territorio nacional. Solo una

El Tribunal de Orden Público, de origen civil, juzgó a miles y miles de militantes antifranquistas, al igual que la justicia militar, en los años sesenta y setenta.

vez se trasladó fuera de la capital, a Valencia, a principios de 1966, para realizar un macrojuicio contra 24 procesados del PCE. Sus presidentes fueron tres: Enrique Amat Casado, entre febrero de 1964 y diciembre de 1965, José de Hijas Palacios, entre enero de 1966 y octubre de 1967, y José Francisco Mateu Canovés, entre noviembre de 1967 y enero de 1977. Este Tribunal llevó a cabo 22.660 procedimientos, siendo juzgadas 535.000 personas aproximadamente. Dictó 3.890 sentencias, aplicando 8.118 penas a 6.748 condenados. La mayoría de los culpables eran condenados a entre seis meses y seis años de prisión, aunque hubo personas a las que se les impuso hasta veinte años de cárcel. El TOP aplicó en total 11.958 años de cárcel. La mayoría de condenas se dieron en los tres últimos años del juzgado[39].

Según el estudio de Sara Núñez y Raúl Ramírez, el 53 % de las sentencias era contra la oposición obrera, el 23 % contra nacionalistas (sobre todo, contra militantes de ETA), el

15 % contra universitarios y el 9 % contra diferentes grupos de intelectuales, profesionales liberales, etc. El principal objetivo fue el PCE, que eran el 70 % de los condenados dentro de las corrientes comunistas (representaban el 90 % del total). Para el tribunal esta organización era «un ente tendente a la mutación por la fuerza de la vigente estructura española». Dentro de los comunistas, estaban los maoístas (el 20 %) y los trotskistas (el 8 %). Dentro de la oposición, tras los comunistas, estaban los socialistas (el 7 %) y los anarquistas (el 3 %). Las sentencias eran sobre todo por propaganda ilegal, asociación ilícita, manifestación y reunión, desórdenes públicos, tenencia de armas[40].

Ante el auge de la lucha antifranquista en las universidades, se creó el Juzgado Especial de Delitos en Centros de Enseñanza, que tuvo una duración muy exigua, de abril a julio de 1968, aunque llegó a juzgar a más de 2.000 estudiantes[41].

A pesar de toda esta jurisdicción civil contra la represión política, la jurisdicción militar jamás desapareció para juzgar a la oposición antifranquista. De hecho, en los primeros años del TOP (entre 1963 y 1966) más de 1.000 civiles fueron juzgados por tribunales castrenses. La mayoría de los delitos de terrorismo pasaron por consejos de guerra. De hecho, los últimos fusilados del franquismo fueron juzgados por militares.

Desde su creación, el TOP fue criticado por el antifranquismo como un lavado de cara del régimen. Se afirmaba que sería el Gobierno el que controlaría a la judicatura, que las penas por delitos sociopolíticos seguirían siendo abrumadoras y que lo que se pretendía era impedir el restablecimiento de las libertades públicas. La supresión de este Tribunal fue, desde el mismo momento en que se creó, una de las reivindicaciones democráticas del antifranquismo, mediante manifiestos, cartas de intelectuales, movilizaciones, pancartas, etc.[42].

El entramado propagandístico de la represión

El Gabinete de Enlace

El franquismo se preocupó por controlar las organizaciones antifranquistas y sus movilizaciones, así como los medios de comunicación, a nivel nacional e internacional. La Dictadura, sobre todo en los años sesenta, cuando intentaba abrirse internacionalmente, quiso vigilar lo que se decía del régimen y de la oposición antifranquista en la prensa exterior.

Para ello, en noviembre de 1962, el Ministerio de Información y Turismo creó la Oficina de Enlace, que cambió de nombre en 1974 por Gabinete de Enlace. En un principio estaba previsto que este organismo simplemente recogiera información para el Ministerio. Sin embargo, debido a la importancia que esta tenía para las autoridades policiales, comenzó a coordinarse para trabajar para la DGS, el Ministerio de Gobernación, la Guardia Civil y la Policía. Llevó a cabo tareas de vigilancia y control social de la oposición. Esa vigilancia se basó no solo en recabar información en los medios de comunicación, sino también en escuchas y análisis de personas, así como de colectivos vinculados al antifranquismo.

Su estructura se basaba en un jefe de Enlace, que tenía relación directa con el ministro; una junta de enlaces donde había personal de la DGS, del Alto Estado Mayor, la Guardia Civil; un departamento de investigación dividido en Sección de Estudios y Sección del Gabinete de Escuchas en Fonía y Grafía; un Negociado de Difusión de Boletines y otro de Coordinación y colaboradores; y una secretaría. El departamento de escuchas recaba información de la radio nacional y extranjera, y también de los teletipos. Así conocían la actividad de los exiliados y de la oposición interior[43].

Censura y propaganda

La censura desempeñó un papel fundamental en el control de los medios de comunicación durante la dictadura franquista. Para el Gobierno de Franco fue una cuestión tan importante que incluso se llegó a crear una Ley antes de acabar la Guerra Civil, en 1938. Esta normativa, creada por Serrano Suñer, daba al Estado la competencia para editar, designar a los directores de los medios, reglamentar la profesión y para fiscalizar la actividad de la prensa, mediante consigna y, por supuesto, la actividad censora.

También fue clave la propaganda, con la creación de la Oficina de Prensa y Propaganda, que a su vez creó la agencia de noticias EFE, el noticiario cinematográfico NO-DO y Radio Nacional de España[44]. Todo este aparato se puso al servicio del régimen para defender la represión de la dictadura franquista.

En 1966, el ministro de Información y Turismo, Manuel Fraga Iribarne, decretó la Ley de Prensa, en un supuesto intento de liberalizar los medios de comunicación, no mediante la censura previa, sino posterior. Esto generó una situación de autocensura de los medios, ya que el régimen persiguió —como siempre— cualquier opinión disidente que pudiera haber contra ellos. En los diez años de existencia de la normativa, se incoaron 1.300 expedientes, un 30 % de los cuales acabaron en una sanción, que pasaron por multas de centenares de miles de pesetas y la suspensión de entre dos y cuatro meses de la publicación del medio. Además, se cerraron periódicos como el diario *Madrid* en los años setenta[45].

Los medios privados afines al régimen también tuvieron una labor destacada a la hora de defender la Dictadura. *ABC* amparó, por ejemplo, la ejecución de Julián Grimau, diciendo que había sido jefe de una checa durante la Segunda

MADRID, MARTES 21 DE ENERO DE 1969 - NUM. 19.606
TRES PESETAS

ABC

DIRECTOR: TORCUATO LUCA DE TENA. DEPOSITO LEGAL: M - 13 - 1958 - 112 PAGS.

CUATRO COMUNISTAS, DETENIDOS

Uno se suicidó arrojándose desde un séptimo piso

La oficina de Prensa de la Dirección General de Seguridad ha facilitado ayer la siguiente nota a la agencia Cifra:

"En la noche del pasado día 17 fueron presentados por la Policía en la Jefatura Superior de Policía de Madrid Enrique Ruano Casanova, estudiante de quinto de Derecho, con domicilio en Conde de Aranda, número 24, quinto; María de los Dolores González Ruiz, estudiante de quinto de Derecho, domiciliada en la calle de Arapiles, número 17, quinto, letra C; Abilto Villena Pérez, estudiante de Ciencias Políticas, con domicilio en General Mola, número 16, sexto, y José Bailo Ramonde, traductor en Editorial Marova, con domicilio en la avenida de Manzanares, 24, bajo, letra B, acusando a los dos primeros de haber arrojado en la vía pública propaganda de las Comisiones obreras, según comparecencia de un policía armado que los vio, sin ningún género de dudas, siguiéndolos hasta un bar en el que se encontraban acompañados de los otros dos, comprobando que llevaban documentos relacionados con actividades clandestinas de carácter comunista.

COMENZO LA ERA NIXON

La prensa se puso al servicio de la violencia política de la dictadura, justificándola y manipulando lo que pasaba con los luchadores antifranquistas, como con el caso de Enrique Ruano.

República o justificaron el asesinato de Enrique Ruano a manos de la Policía diciendo que tenía una enfermedad mental y que se había suicidado. La militancia antifranquista demostró que todo era falso y las investigaciones históricas así lo corroboraron[46].

¿Pudo este aparato represivo con el antifranquismo?

Como hemos visto a lo largo del capítulo, el antifranquismo abordó a través de diversos medios (prensa, textos teóricos, pancartas, panfletos, movilizaciones) la cuestión de la represión franquista y de sus diferentes variantes, desde las fuerzas de orden público hasta las fuerzas armadas, las fuerzas parapoliciales o la judicatura, ya fuera militar o civil.

En los últimos años los historiadores e investigadores se han preguntado por el papel que desempeñó la oposición antifranquista en el final del régimen franquista y del tránsito de la Dictadura a la democracia. Frente a una visión un tanto apologética sobre este periodo, en el que se analiza que fueron las élites las que dirigieron el proceso y la sociedad civil fue un simple decorado, diversas investigaciones de Alberto Sabio, Nicolás Sartorius, Pere Ysàs, Carmen Molinero, Xavier Domènech o Enrique González de Andrés explican cómo los movimientos sociales (obrero, estudiantil, intelectuales, profesionales liberales, etc.) influyeron de una manera importante en los cambios producidos tras la muerte de Franco[47].

En este último apartado pretendo reflexionar sobre el papel que tuvo la oposición respecto a la represión y si esta violencia institucional consiguió acabar con la lucha contra la Dictadura.

Desde el inicio hasta el final de la misma, siempre hubo una oposición. A pesar de las detenciones, las torturas, las cárceles y las condenas a muerte, las organizaciones clandestinas nunca desaparecieron. Primero fueron los movimientos guerrilleros y sus apoyos entre la población rural en los años cuarenta y principio de los cincuenta. Después, los obreros y estudiantes a partir de mediados de los cincuenta. Más tarde se unieron los artistas, intelectuales, profesionales liberales, abogados y, para finalizar, volvieron a aparecer las organizaciones que propugnaban la lucha armada. En todos estos sectores hubo militantes antifranquistas, que luchaban tanto por derechos laborales como por derechos democráticos, incluso por transformar la sociedad de forma radical.

¿Cómo consiguieron mantenerse estos colectivos a pesar de que el aparato represivo del franquismo hizo todo lo posible por acabar con ellos? Hay que analizar diversos datos. Primero, los medios materiales con los que contaban las propias fuerzas de orden público. Como explican en sus trabajos Arnau Fernández para la Guardia Civil, Julián Delgado para la Policía Armada, Antoni Batista para la BPS o David Ballester para la Policía franquista en general, los agentes tenían salarios bajos (aunque aumentaban de forma considerable con las recompensas por detener a militantes antifranquistas), armas antiguas, indumentaria desfasada y no se modernizaban como otras policías de países cercanos. De hecho, no es casualidad que Estados Unidos, a través de la CIA y el FBI, ayudara a los miembros de las fuerzas de orden público españolas a mejorar sus técnicas y métodos de actuación en los años cincuenta. Y esos medios iban incrementándose a medida que crecía la oposición[48].

La otra cuestión es cómo la oposición antifranquista fue preparándose poco a poco para hacer frente a la represión. Desde los años cuarenta, las organizaciones clandestinas señalaban a sus «verdugos» a través de los periódicos clandestinos e informes para la dirección de los partidos y sindicatos. Se crearon manuales contra la tortura policial, donde se preparaba a los militantes antifranquistas sobre cómo esconder la propaganda, cómo organizar las reuniones clandestinas o cómo realizar asambleas. Y también cómo hacer frente a las torturas psicológicas y físicas si eran detenidos[49].

A partir de los años cincuenta, con la aparición de los nuevos movimientos antifranquistas, la BPS, la Policía Armada, la Guardia Civil y los servicios secretos se pusieron manos a la obra para analizar, reprimir y acabar con todas estas organizaciones. Sin embargo, muchos de estos militantes no estaban fichados por las fuerzas de orden público, como sí lo estaban los guerrilleros de los años cuarenta, que habían estado en organizaciones obreras y republicanas durante la Segunda República y la Guerra Civil. Además, la ampliación a diversos sectores sociales del antifranquismo hizo que, a pesar de que se detuviera a militantes y dirigentes de las organizaciones clandestinas, estas consiguieran mantenerse, gracias a que la represión se convirtió en reacción para muchos nuevos militantes que se comenzaron a movilizar y gracias también al apoyo internacional.

Carles Vallejo, dirigente obrero catalán, torturado por la BPS en Barcelona lo expuso perfectamente en una entrevista recogida por David Ballester en su libro *Una historia de la Policía española:*

> Tenían una visión no solo a corto plazo, los policías eran inteligentes, aunque los había muy brutos, en todos los sentidos, pero no debemos menoscabar la profesionalidad policial, tenían un buen sistema policial de investigación, de archivos, de aparato de delatores, de gente infiltrada. Hay que reconocer que hacían bien su trabajo, porque desmontaron continuamente muchas organizaciones. Es verdad, que después volvían a renacer, y poco a poco, también se fue aprendiendo a funcionar en clandestinidad[50].

Es decir, las fuerzas de orden público, mediante las infiltraciones, las delaciones, las detenciones, los malos tratos y la cárcel consiguieron desarticular en muchas ocasiones las organizaciones clandestinas. Sin embargo, los militantes de estas organizaciones fueron comprendiendo mejor cómo hacer frente a la represión. Y esta violencia institucional generó también su efecto contrario, ya que esta represión, denunciada en juicios, en la prensa clandestina e internacional, en la propaganda, hizo que muchos dieran un paso al frente contra la Dictadura. Además, nuevas organizaciones antifranquistas como ETA se vinculaban a organizaciones como el PNV, algo que no era cierto. También se consideraba que Comisiones Obreras (CC. OO.) era un apéndice del Partido Comunista (PCE), cuando había más organizaciones en su seno.

Por tanto, para responder a la pregunta del epígrafe, está claro que las fuerzas policiales pusieron todo su empeño en acabar con la oposición antifranquista, a pesar de las dificultades económicas. Sin embargo, aunque consiguieron detener a muchos de sus miembros, estas organizaciones lograron resistir y tuvieron un papel destacado en los años de la Transición. Así, podemos decir que el aparato represivo franquista no logró alcanzar del todo sus objetivos. Pese a todo, como cuentan investigadores como Sophie Baby, David Ballester y Mariano Sánchez, este aparato consiguió mantenerse en el paso de la Dictadura a la democracia. Y muchos de sus métodos se siguieron conservando.

3
Represión de baja intensidad en el movimiento estudiantil antifranquista

Alberto Carrillo-Linares
(Universidad de Sevilla)

El franquismo, como cualquier sistema político y, particularmente los dictatoriales, se sostuvo —además de por la creación de unas élites beneficiarias que hicieron de basamento de aquel junto con el apoyo más o menos activo de sectores adheridos ideológicamente—, por la puesta en marcha de una compleja maraña de mecanismos represivos y persuasivos que abortaron abruptamente, *manu militari et clericali,* el proceso de modernización iniciado con la débil Segunda República (1931-1936). De este modo se trató de neutralizar cualquier pretensión transformadora del *establishment* impuesto feroz y violentamente con el golpe de Estado y la Guerra Civil (1936-1939), el acto más cruel e inhumano en grado superlativo. Pero después no llegó la paz, llegó el Triunfo, la Victoria, recordada insistentemente con mayúsculas por el aparato propagandístico del régimen y no menos por las fuerzas y cuerpos de seguridad y otras fuentes de poder y autoridad social.

Con la Dictadura no llegó la paz, se avino un tipo de guerra diferente, basada en la creación sistémica de miedo, la exploración y activación del terror paralizante, la persecución, represión y encarcelamiento de aquellos que ansiaran un mundo diferente, en libertad e igualdad. Fue una guerra que no se libró en las trincheras ni en los frentes de batalla, sino en las comisarías, en los cuarteles, en la administración, en las fábricas y juzgados, en la escuela y la universidad, en los colegios profesionales, en los clubes culturales y en el campo y en las minas, en los espacios públicos y de representación, así como en los privados. En este sentido la aspiración totalitaria del régimen franquista, de control y dirección *total* de actos y pensamientos, vinculada a su mismo origen, no desapareció con los años. Sutil y camaleónicamente se fue adaptando a los tiempos para hacer frente a las nuevas circunstancias y necesidades, que por otro lado mostraban cada vez a las más claras la pérdida generacional que sufría el franquismo y los franquistas.

Durante la Guerra Civil ya fue común el uso de la propaganda del miedo, del terror apabullante y neutralizador, una forma de guerra psicológica, empleada por el franquismo antes de serlo. Las charlas radiofónicas de Gonzalo Queipo de Llano, a través de las ondas de Unión Radio Sevilla, constituyen un depravado uso de la propaganda durante el conflicto, mediante la que anunciaba y anticipaba, normalizando así, la violación de las mujeres en las poblaciones que se fueran ocupando militarmente[1]. Los falangistas y soldados de primera línea hicieron el resto. La larga y dura guerra, con el exilio y la muerte física o moral de los defensores de la República, trajo una Dictadura en cuyo ADN político estaba el uso sistemático y recurrente de la fuerza y la violencia, ejes constitutivos del régimen.

Literalmente se trataba de *limpiar España* de «antiespañoles», esto es, liberales, socialistas, anarquistas, comunistas, republicanos en general, monárquicos liberales o cualquiera que no comulgara con la Dictadura, y nunca mejor dicho, por la importante colaboración y parcelas de control entregadas a la Iglesia católica. Para ello era necesario evitar que la cultura y las formas liberales resurgieran de sus ascuas, que debían ser aisladas convenientemente para que sus rescoldos se extinguieran de manera controlada y definitiva.

Además del aislamiento social se procuró un buen repertorio legislativo e institucional, con unas rígidas leyes en materia de los llamados delitos políticos (cuando no morales), que hasta 1963 fueron vistos en jurisdicción militar. También se dispuso de una presencia del Estado ostensiblemente visible a través de la Policía o los militares, los desfiles, los monumentos, la cartelería y los discursos públicos, de los gobernadores civiles, alcaldes, etc.[2]. El control de la conciencia y de los comportamientos públicos y privados, por medio de un omnipresente catolicismo oscuro y cerrado sobre sí mismo, con un discurso amenazador y terrible, se reforzaba en el domicilio a través de la familia, y en la escuela (primaria y secundaria), a través de los libros de texto y los profesores; de la parroquia, con el confesionario, los sermones desde el púlpito o las charlas informales y coloquiales de adoctrinamiento. Y todo ello cargado de castigo para los y las que se avinieran a expresar queja o disconformidad, una espada de Damocles visible desde cualquier punto en el que se situara la persona.

La sensación de vigilancia y presencia debía renovarse en cada rincón y en ocasiones existía tal control extremo que certificaba la impresión[3]. Los chivatos y confidentes (vecinos, bedeles, serenos, obreros, estudiantes, porteros de edificios, profesionales de diversos oficios, etc.), las declaraciones forzadas ante la Policía, junto con los infiltrados en la sociedad, en las organizaciones clandestinas, los movimientos sociales o en la misma universidad, permitían actuaciones policiales con métodos brutales y extralegales que extendían el pánico y la idea de impunidad. Por esta vía se pretendía la desmovilización social, la tendencia a la apatía y el rechazo a la política, por miedo o por aceptación de lo dado para evitar complicaciones y poder sobrevivir en un entorno desfavorable.

El llamado franquismo sociológico, o el engrose de las organizaciones del régimen, no pueden entenderse sin esta fundamental variable psicológica y física, basada en la coacción y la amenaza. Aceptar, desde el punto de vista histórico, la militancia e identificación con el franquismo y sus organizaciones (Falange —SEU, Sección Femenina...—, Iglesia, etc.) sin más es un disparate interpretativo que se olvida de la naturaleza humana y sus circunstancias. Es imposible entender el franquismo y su alcance sin tener muy presente el papel de la represión, de ahí la importancia de esta para cualquier análisis histórico del periodo o la comprensión teórica del sistema político y su praxis.

Aquel marco legal, institucional, social, psicológico, de supervivencia en fin, explica la relativa calma en los años cuarenta y cincuenta, muy cercanos a los acontecimientos traumáticos y sangrantes del conflicto armado[4]. El miedo, entonces a flor de piel, es un instinto animal de supervivencia, el primero de todos; sin él, en este contexto, el resto de los instintos, y más allá los derechos, no sirven para nada, por el riesgo permanente de pérdida de la vida. Así, de los pocos decididos antifranquistas que quedaron en España tras la guerra, apenas hablaban algunos y menos actuaban[5].

En cualquier caso, los umbrales de la conducta humana no son universales, lo que explica a su vez los diferentes comportamientos individuales ante la Dictadura, la asunción del riesgo y el mayor o menor efecto paralizante del miedo ante la acción. Son estos umbrales variables de la conducta, con sus elementos estimulantes asociados, los que explican el desbloqueo de la tendencia paralizadora y de movilización dirigida impuesta por el franquismo y, consiguientemente, el inicio de una respuesta social cada vez más amplia, lo que a su vez generaba en los activistas un poderoso sentimiento de posibilidad, de seguridad, de confianza y sentido de pertenencia, y con ello, una pérdida de miedo al no sentirse solos y aislados en una lucha en la que se cree vitalmente.

De hecho, considerando el total de la población, se podría decir con escaso margen de error que fueron las excepciones las que explican la oposición activa al franquismo, algo más propio de minorías selectas y rectoras; detrás se sumaron diversos círculos dinámicos de apoyo y solidaridad; y más allá quedó, inactiva o seminactiva, una parte importante de la población, temerosa y paciente con el curso de los acontecimientos, muy acostumbrada al seguidismo político. El trabajo de la oposición acabó por dejar huella en sus aspiraciones sociales y políticas que asumió la masa amorfa como propias en el transcurso de los años sesenta y setenta y más claramente tras la muerte de Franco, como constataron los procesos electorales abiertos durante el lustro siguiente a la muerte del dictador (1977-1982). La relación entre élites y bases sociales fue cardinal en aquel proceso de cambio y reajuste de relaciones de fuerza.

Se trató de una generación, la de la posguerra, marcada a hierro y fuego por la conflagración y la penuria del primer franquismo. Durante aquella década fue más frecuente la represión directa y violenta, casi como una continuación de la guerra en tiempos de la victoria, siempre aleccionadora desde la práctica del franquismo. La evolución del mismo desde mediados de los años cincuenta, cuando trató de mostrar una cara amable al mundo, hizo, no que aquella desapareciera, sino que se desarrollara otra más fina, que dejara menos señales en los cuerpos, más sutil pero enormemente molesta en la vida cotidiana de las personas y en sus estados de ánimo y, por tanto, con posibilidades de ser efectiva al disuadir racionalmente (evaluación de riesgos y posibilidades) el impulso contestatario (mucho más vital e intuitivo).

La emergencia en los años sesenta de los movimientos sociales de oposición como el estudiantil, masivos, visibles en las calles y poco a poco en los medios, y con acciones diarias, liderados por una nueva generación, con más disponibilidades biográficas, menos asustadiza y más despegada del recuerdo factual, de la tensión y la retórica «guerracivilista», los convirtió en el objetivo prioritario y unos de los colectivos sobre los que más se ejerció la represión. Frente a los puños y las pistolas se recurrió más a la administración de lo ordinario y a diferentes usos contra ciudadanos con derechos recortados. Me refiero a la represión de baja intensidad. En mi caso la emplearé para aludir al movimiento estudiantil antifranquista, sus tipos, su evolución y sus consecuencias, aunque su empleo fue frecuente en otros ámbitos. Un tipo represivo poco explorado para el análisis de la dictadura franquista por quedar ensombrecido ante otras formas mucho más brutales, contundentes y denunciables, que tampoco desaparecieron[6].

A modo exploratorio establezco algunos tipos represivos en un cuadro general para identificarlos con el problema de la baja intensidad, pero aún queda mucho camino para reconstruir con mayor precisión el alcance real y los efectos concretos de este modo represivo empleado durante el franquismo porque sus ramificaciones pudieron ser muchas: desde el número de personas afectadas, el volumen y diversidad del acto represivo, las consecuencias psicológicas, morales, profesionales, familiares, económicas, sociales, culturales, etc.; los agentes e instituciones implicados, las colaboraciones necesarias, etc. Realmente fueron muchas las variables que se cruzaron en este campo y apenas hemos sistematizado nada.

Neutralizar mediante el miedo

La represión de baja intensidad, que suele recurrir a los espacios administrativos y de gestión para desarrollarse, se centra en dos ámbitos fundamentales y trabaja sobre ellos: el psicológico, que genera miedo, y el de la vida cotidiana, que hace la existencia más difícil y tortuosa; en ambos se pretende neutralizar al adversario político mediante el miedo a una posibilidad de castigo o la constatación del mismo. Se ha referido también como burorrepresión: sanciones administrativas o uso de la administración con fines represivos y de castigo por motivos políticos[7]. Se trataba de emplear los recursos de la administración para amedrentar, castigar, sancionar o dificultar (incluyendo plazos, trabas y el consabido «vuelva usted mañana») a personas que se habían destacado de algún modo por su oposición a la Dictadura; utilizar las posibilidades de la administración para atemorizar y penar a los opositores.

No hay gritos ni palizas, es un modo de operar por parte del Estado y sus administradores silencioso y discreto que aunque se aplica de modo individual, se utilizó masivamente en los últimos diez años de Dictadura, y a veces antes, pues trataba de frenar el activismo social en los movimientos contestatarios. Afectó lo mismo a líderes que a militantes de base o simpatizantes, a simples sospechosos o a personas con escasa actividad política, hombres y mujeres, obreros, abogados y otras profesiones liberales, estudiantes, docentes, etc. Con frecuencia afectaba a opciones culturales, a derechos básicos como el de reunión o de libre expresión, al trabajo, a las posibilidades de obtenerlo, a los desplazamientos, al acceso a instituciones o a los viajes, por ejemplo. El hostigamiento fue un recurso habitual para condicionar los comportamientos sociales y políticos, un modelo de represión muy común entre los universitarios que se opusieron al franquismo.

No existe, que yo sepa, una clasificación tipológica de la represión de baja intensidad durante el franquismo, que de manera muy simple se complementaría con la represión de alta o media intensidad[8]. En cualquier caso, un uso sistemático y concurrente de medidas punitivas y represivas de baja intensidad puede dar lugar a otras de nivel intermedio o superior, con resultados fatales, tanto desde el punto de vista físico como psicológico. Y, además, no todas las personas resisten por igual las medidas de castigo ni les afectan de idéntico modo los intentos por crear miedo. Una bofetada puede ser, en términos represivos, poca cosa para un detenido o detenida, especialmente para personas con cierta experiencia en esa situación, pero puede generar pavor en otras, más por el terror a lo que podría venir, a la incertidumbre sobre el maltrato que se le pueda infringir y sus consecuencias. La tortura implica un mayor grado de perversión que un simple maltrato físico, conceptuado como «malos tratos», como un tortazo o un empujón, pero este, continuado y contumaz, en una comisaría y sin garantías legales puede alcanzar el grado de tortura.

En este sentido, no es fácil establecer categorías universalmente válidas porque los umbrales del dolor y el sufrimiento son diferentes en cada persona y porque no producen los mismos efectos en cada ser humano. Por tanto, habría que tener en consideración la intención del maltratador o el torturador; y en este caso se usa el masculino porque fue más frecuente la acción represiva ejercida por varones, con la excepción de las cárceles de mujeres, pero es un lugar común entre los testimonios de represaliados y represaliadas reconocer que se sentían más seguros bajo custodia militar o en prisión que en las comisarías, con la Brigada Político-Social, la Policía Armada o la Guardia Civil. Por principio, se considera el maltrato físico y psicológico como una forma de represión de media y alta intensidad, aunque no es descabellado en ciertas ocasiones incluirla en la de baja intensidad, desde la que se parte hacia otras de mayores consecuencias. El grado de ensañamiento es un concepto que debe estar igualmente presente en estas categorizaciones[9].

De otro lado, la represión más dura (muerte, torturas, palizas, amenazas de muerte, lanzamiento desde un coche en movimiento, vejaciones y humillaciones, aislamientos por tiempo prolongado, ausencia continuada de sueño, etc.) está personalizada por agentes concretos identificables, mientras que la de baja intensidad suele ser mucho más impersonal, en especial la que recurre a la administración como fuerza de castigo: en ocasiones no se sabe exactamente quién es el represor que queda diluido en la espesura administrativo-burocrática, y la sensación de desorientación e impotencia en este sentido es mayor. No hay una individualización de las responsabilidades tan sencilla —en ocasiones, sí— como una tortura en comisaría: el represor puede ser cualquiera en el escalafón, cercano o lejano en el espacio. Parece que no hay a quien denunciar, si no al sistema mismo; el dedo acusador —y la concreción del enemigo y su responsabilidad— es mucho más impreciso, lo cual aumenta la sensación de desazón y sentimiento de incapacidad en la persona represaliada.

Evolución de la represión en su contexto histórico

La represión dura, los maltratos y torturas no desaparecieron con la posguerra, pues ciertos hábitos y ademanes se encontraban bien incrustados en las fuerzas y cuerpos de seguridad del Estado que, además, estaban blindados por superiores jerárquicos, jueces, administración, legisladores y sentimientos gremiales. En general, los estudiantes sufrieron menos en ese sentido que los responsables políticos o los líderes obreros destacados, pero no fueron ajenos[10].

En momentos en los que se vivía una fase de cierta calma relativa en el universo estudiantil, de aletargamiento (antes de 1965), cualquier cambio de tendencia o suceso que pudiera alterar la paz universitaria era abortado sin contemplaciones. La aparición de los primeros expedientes colectivos al calor de la aprobación del Reglamento de Disciplina Académica en 1954 y las sucesivas disposiciones legales en la materia, especialmente la de 1956, dio cuenta de la nueva fase que se avecinaba en el movimiento estudiantil y de las nuevas formas represivas, que se ajustaban a una universidad cada vez más masificada, con los riesgos de contagio que esto pudiera provocar[11].

La disuasión para evitar las acciones colectivas contenciosas fue tan recurrente como inefectiva en el largo plazo. Los incidentes madrileños de febrero de 1956 se saldaron con detenciones, multas, encarcelamientos, expedientes colectivos, pérdidas de matrícula, etc., pero sus efectos fueron más allá, teniendo importantes repercusiones políticas a escala nacional y efectos sobre activistas en distritos menores[12]. Y esto no hizo sino incrementarse con las protestas en Barcelona en 1957 y 1958, donde cada vez sonaban más las siglas políticas en la universidad. Paralelamente, en Madrid comenzaron a escucharse algunas siglas nuevas, como la Agrupación

Socialista Universitaria (ASU). Ello fue parejo al aumento de expedientes y sanciones académicas que se sumaban a las multas, detenciones y privaciones de libertad[13].

En definitiva, el ejemplo de demostración colectiva se debía evitar, aunque el fondo no fuera necesariamente político, porque mientras se iba perdiendo en miedo se ganaba en audacia y valor con el aprendizaje de estrategias y repertorios de acción que se fueron extendiendo como la espuma entre universitarios inquietos, campus cada vez más dinámicos y distritos en creciente masificación, incluso en universidades consideradas más periféricas. Así, en 1958 en las Facultades de Medicina de Cádiz y Sevilla, se procedió a una sanción colectiva de varios cursos con la pérdida de matrícula de todas las asignaturas por faltas masivas de asistencia a clase en protesta por la aparición de la Ley de Especialidades Médicas[14].

Y el problema era aún mayor, y la respuesta más contundente, cuando se atisbaba la cuestión política o posibles vínculos con el movimiento obrero, al que los estudiantes miraban con cierta devoción[15]. Los acontecimientos de Asturias en 1962, con los mineros en huelga, provocaron respuestas estudiantiles cada vez más amplias y coordinadas, incrementándose la represión sobre los escolares[16]. Por esos años tampoco faltaron las denuncias de malos tratos. En *Acción Universitaria,* portavoz oficial del Frente de Liberación Popular (FLP), se podía leer en 1964:

> Once estudiantes madrileños han sido detenidos por los agentes de la Brigada Político-Social. Todos ellos han sido maltratados y sometidos a toda clase de vejaciones por la Policía.

> Actualmente se encuentran en la prisión de Carabanchel esperando ser juzgados por «delito» de propaganda ilegal. Según la Policía la causa de la detención es el haber escrito consignas anti-SEU en la Facultad de Ciencias. Se los acusa también de pertenecer a la FUDE [Federación Universitaria Democrática Española][17].

Por su parte, la *Social* se enorgullecía del buen trabajo policial realizado en los interrogatorios a los referidos estudiantes, de los que obtuvieron importante información, en la que calificaron como Operación Pintura, la acción pintora realizada por un grupo de escolares en la noche del 7 de febrero de 1964 en la Facultad de Ciencias de Madrid:

> En los primeros momentos trataron de ocultar el nombre de sus compañeros y su afiliación a la FUDE pretendiendo hacer creer que lo realizado era una broma, para la que se habían concertado con otros compañeros de estudio.
>
> Los conocimientos adquiridos a través de las observaciones realizadas por el grupo correspondiente de la indicada Dependencia [Brigada Regional de Investigación Social], permitieron a los funcionarios interrogadores demostrar a los detenidos la falsedad de sus afirmaciones, logrando después de una paciente labor investigadora y trabajando sobre las direcciones que figuraban en varias tarjetas y una agenda, conocer sus amistades y relaciones.
>
> [...] Ampliada la base de interrogatorio se consiguió determinar exactamente el nombre de los estudiantes que intervinieron en el pintado [sic], no solo de fachada sino en el interior de la Facultad y en los bancos públicos próximos al Paraninfo y en algunos otros lugares cercanos[18].

En cualquier caso, todas estas protestas —hasta prácticamente 1964— apenas tuvieron continuidad en el tiempo, salpicaduras en algunos distritos universitarios, con escasos activistas y agitadores y limitado seguimiento. La creación de la Confederación Universitaria Democrática Española (CUDE) a finales de 1963 fue clave para abrir las puertas a una nueva etapa en la lucha estudiantil contra el franquismo, fijándose las bases de una coordinación a nivel nacional que, con diferente nomenclátor, ya no se abandonó hasta el final de la Dictadura, haciendo posible, no solo cierta simultaneidad en la acción y coherencia en la lucha sino también la continuidad en el acto contestatario, extendiendo por medio de la normalización el fenómeno por todas las universidades y aumentando así la base de apoyo.

Por reacción, desde el Gobierno se pusieron en marcha diversas medidas de contención que afectaban a cada vez a más universitarios y tenía a su vez un impacto creciente sobre la opinión pública y algunos medios de comunicación, lo que supuso necesariamente un desgaste irreversible del franquismo y su autojustificación: no había ni consenso, ni paz, ni seguridad, ni orden, ni futuro, ni presente en el que creer. El miedo en las nuevas generaciones se había transformado en valor y arrojo voluntarioso por vivir en una España diferente.

El año 1965 fue la prueba de fuego, con la caída del SEU. Y los años siguientes, los del proyecto de construcción del Sindicato Democrático hasta 1968, notaron un incremento exponencial en la actividad universitaria y, consiguientemente, en la represión; es lo que definí como el *despertar del letargo* del movimiento estudiantil antifranquista. Como novedad, a partir de estos años el fuego fue más cruzado e intenso, interviniendo diferentes departamentos, ministerios y autoridades en un intento por domar la avalancha contestataria. Creo que fue desde este momento justo cuando la represión de baja intensidad cobró más presencia en los círculos universitarios, acusándose aún más en las fases siguientes, la de la atomización del movimiento (1968-1973) y en la ultrapolítica (1973-1977).

Portada del *Boletín Informativo,* del Sindicato Democrático de Estudiantes, núm. 2, marzo de 1970. Delegación Exterior (París).

Como señalé, la represión de baja intensidad se simultaneó con otra más dura, física y violenta, comenzando por las cada vez más frecuentes cargas policiales, a pie, con perros policía, de la caballería de la Policía Armada o de los camiones cisterna, según se fue haciendo más grande y visible la reprobación. De hecho, la Policía Armada, que habitualmente intervenía en las algaradas estudiantiles, nunca perdió su condición de cuerpo militar, al que estuvo adscrito desde la Ley de 8 de marzo de 1941, por la que se reorganizaban los servicios de Policía[19]. Una ley aprobada en los momentos más azules y profascistas del régimen, con una clara dominación de los sectores falangistas, envalentonados por el transcurso de la Segunda Guerra Mundial y el peso específico que tenían dentro del régimen[20]. Pero todavía en la reforma del Reglamento de la Policía Armada, de 3 de septiembre de 1975, se recogía en el art. 5:

> Las Fuerzas de Policía Armada tendrán carácter y organización eminentemente militar y sus componentes estarán sujetos íntegramente al Código de Justicia Militar y a la potestad de las autoridades y Tribunales de la jurisdicción castrense. Se regirán por la Ley de 8 de marzo de 1941 y los preceptos de este Reglamento…[21].

Y debe recordarse que siete años antes, en enero de 1968, el Consejo de Ministros aprobó la creación de un servicio especial de vigilancia, dependiente de la Dirección General de Seguridad, destinado en el interior de los centros de la Universidad de Madrid, la conocida como «Policía de Orden

Universitario» (POU), «a disposición del rector y de los decanos, con expresa dedicación a garantizar en los edificios universitarios la seguridad y el orden necesarios para un normal desenvolvimiento de las actividades docentes», según recogía la nota justificativa emitida por el Ministerio de Educación y Ciencia, publicada el mismo día que aparecieron los agentes de paisano con un distintivo en la solapa de su condición de policías. Era el paso previo para la creación de un cuerpo especial de «agentes propios» a disposición de las autoridades académicas[22]. Aunque desde 1963 la cuestión universitaria se canalizó a través de jurisdicción civil, con la puesta en funcionamiento del Tribunal de Orden Público (TOP), en ocasiones, en función del tipo de delito del que era acusado el detenido, o su situación personal (realización del servicio militar obligatorio), las causas se veían en el ámbito castrense por la jurisdicción militar[23]. La incapacidad para absorber todas las causas que llegaban al Tribunal hizo que en marzo de 1968 se abriera un Juzgado Especial para Delitos en Centros de Enseñanza, dependiente del TOP, con jurisdicción en todo el territorio nacional[24]. El TOP fue un instrumento represor que superaba el nivel de la baja intensidad[25].

Además, las sentencias condenatorias del TOP conllevaban penas económicas y prisión, de modo que un número indeterminado de estudiantes, mujeres y hombres, dieron cuerpo a una segunda oleada de exiliados para evitar las penas[26]. Junto a las múltiples formas represivas existentes, se solapaban cada vez más los expedientes académicos con diversos tipos y grados de sanciones. La fragmentación política salida del fin del proyecto unitario del Sindicato Democrático de Estudiantes dio lugar a la proliferación de grupúsculos de extrema izquierda que introdujeron directamente los debates políticos —y más allá— en la vida cotidiana de la universidad.

A partir de 1968 el problema del antifranquismo quedó enmascarado en otro de mayor calado, el anticapitalismo, del que sería hija la propia Dictadura, y ello hizo que se diera un salto cualitativo en el tipo de reivindicaciones, que dejaron de ser esencialmente académicas para orientarse a otras de naturaleza económica o política en *stricto sensu*. Con la radicalización desde el curso 1967-1968 vinieron nuevos repertorios de acción mucho más contundentes y de esta manera la represión, en intensidad y extensión, también se dilató, como las mismas universidades que notaron desde entonces un incremento poblacional muy destacado. La política había entrado de lleno entre los muros universitarios y la represión se puso a la altura del nuevo reto que se le planteaba, una tendencia que no se abandonó hasta después de muerto Franco.

Tipología de la represión de baja intensidad

Como adelanté, la represión de baja intensidad tiene con frecuencia una apariencia pacífica, por la limpieza del acto administrativo. En muchas ocasiones (no siempre, dependiendo del tipo de medida represiva) la responsabilidad directa se pierde en la maleza de la burocracia de ahí que adquiera un perfil más impersonal y hoy sea más difícil rastrearla. Tanto es así que en 2025 no tenemos datos precisos aún de la dimensión de este tipo represivo, que no implicaba necesariamente el ingreso en prisión, interrogatorios en las comisarías, procesos judiciales, ni conllevaba denuncias por malos tratos o torturas, lo que suponía un carácter más difuso e impreciso, tanto en la concreción del concepto como en la delimitación de los casos[27]. No solo ha quedado ensombrecido por los brutales actos conocidos y denunciados de represión sobre antifranquistas, ante los que estos sucesos parecían «poca cosa», sino que no hay registros administrativos uniformados y centralizados donde poder acudir para reconstruir el asunto de una manera sistemática y precisa. Hay que seguirle la pista, casi de forma individual, a los y las afectadas para, a partir de sus casos, elevar categorías de mayor rango analítico.

Indudablemente los testimonios personales son de gran utilidad, pero no alcanzan para el mapeado completo a escala nacional y en un periodo de tiempo extenso, aunque bien sirven para ilustrar casos concretos y las consecuencias supuestamente «menores» de esta represión. Es un verdadero trabajo de investigación con entidad propia que bien merecería estudios más completos, si la documentación y los archivos lo permitieran, arrojando así luz sobre la semioscuridad. Además, no hay que olvidar que hubo colaboraciones entre las diversas instancias (civiles, militares, eclesiásticas) por lo que las pistas, en ocasiones, pueden estar dispersas en fondos documentales de orígenes variados y sin aparente relación más allá de que forman parte del mismo Estado franquista.

A todo esto se añade la ya sempiterna obstrucción en España a la investigación histórica de los periodos más recientes y comprometedores, con una legislación demasiado restrictiva, unos legisladores cobardes y en ocasiones archiveros y archiveras dotados/as de un exceso de celo en la interpretación de las leyes, lo que incrementa aún más las dificultades para investigar y acceder a los documentos y demás fuentes imprescindibles para realizar el trabajo con diligencia. Material de procedencia policial, judicial, militar y de los servicios de inteligencia, cuando no de otras administraciones, como las propias universidades, que deberían estar absolutamente liberados para la investigación científica, permanecen inaccesibles, perdidos en sótanos y almacenes y cuartos cerrados, cuando no voluntariamente ocultos a los ojos de los estudiosos. La nefasta interpretación de las últimas disposiciones sobre protección de datos, aplicadas a casos históricos, ha sido la gota absurda que colma el vaso. Todo ello sigue haciendo muy difícil la calibración milimétrica del proceso represor y sus varias dimensiones.

A grandes rasgos, y con las reservas indicadas, establezco siete grandes categorías tipológicas para este tipo de represión con sus actores principales, considerando exclusivamente los ámbitos a los que más afectaba o para los que estaban pensados (nunca únicos ni exclusivos porque los estudiantes se integraban y vivían en todos ellos), y pondré algunos casos a modo de ejemplo: 1) efectos psicológicos, 2) vida privada/libertad de movimientos, 3) vida familiar; 4) vida social; 5) vida académica; 6) vida militar; 7) vida laboral/económica. Su objetivo no era matar sino hacer la vida agobiante e imposible a los activistas con idea de alejarlos de la tentación.

Tipo (ámbito al que afecta)	Caso	Represor principal
Psicológico	Amonestaciones privadas (telefónica, escrita, verbal).	Autoridades académicas.
	Publicación pública de amenazas o sanciones.	Autoridades académicas: rectores, decanos, directores de escuela.
	Retirada de carnet (escolar, DNI, etc.) para identificación.	Policía.
	Llamadas amenazantes e intimidatorias de autoridades a los domicilios particulares.	Autoridades académicas y gubernativas.
	Amenazas e intimidaciones verbales o escritas (carteles, escritos, etc.).	Autoridades académicas, gubernativas, grupos de choque, Policía, etc.
	Seguimientos y vigilancias de cuerpos de seguridad: pérdida de privacidad (con sensación de tal o no). Intromisión en la privacidad. Escuchas telefónicas, interceptación de correspondencia, etc.	Policía, Guardia Civil, Ejército, Servicio de Información del Movimiento, CESED.
	Publicación de los nombres de estudiantes sancionados en prensa generalista y tablones públicos (universidad).	Autoridades académicas y gubernativas.
	Detenciones y pasos por comisaría (breves).	Policía, Guardia Civil.
	Golpes intimidatorios en el cuerpo sin lesiones (bofetadas, maltrato físico, etc.). Gritos, amenazas y chantajes.	Policía, Guardia Civil, Ejército.

Vida privada / libertad de movimientos	Seguimientos y vigilancias de cuerpos de seguridad: pérdida de privacidad (con sensación de tal o no). Intromisión en la privacidad. Escuchas telefónicas, interceptación de correspondencia, etc.	Policía, Guardia Civil, Ejército, Servicio de Información del Movimiento, CESED.
	Vigilancia de chivatos (bedeles, profesores y estudiantes), infiltrados (policías, militares, servicio secreto, etc.) y colaboradores varios.	Sociedad civil, Policía, Guardia Civil, Ejército, CESED.
	Detenciones y pasos por comisaría (breves). Registros e incautaciones de bibliotecas y otros materiales.	Policía, Guardia Civil.
	Denegación de certificado de buena conducta para el carnet de conducir o viajar.	Policía, Guardia Civil.
	Restricción de países autorizados para viajar (pasaporte).	Policía, Guardia Civil.
Vida familiar	Llamadas amenazantes e intimidatorias de autoridades a los domicilios particulares.	Autoridades académicas y gubernativas.
	Sanciones privadas (con notificaciones a la familia).	Autoridades académicas y gubernativas.
	Sanciones académicas: anulación de matrícula de una asignatura o curso, prohibición de entrada en centros de enseñanza, expulsiones diversas, inhabilitación para cursar estudios, etc.	Autoridades académicas: ministro, rectores, decanos, directores de escuela.
	Publicación de los nombres de estudiantes sancionados en prensa generalista (escarnio y señalamiento público).	Autoridades académicas y gubernativas.
	Sanciones económicas (diferentes cuantías).	Autoridades gubernativas y judiciales.
	Detenciones y pasos por comisaría (breves).	Policía, Guardia Civil.

Vida social	Publicación de amenazas en tablones públicos (universidad).	Autoridades académicas.
	Publicación de los nombres de estudiantes sancionados en prensa generalista (escarnio y señalamiento público).	Autoridades académicas y gubernativas.
	Restricción de países autorizados para viajar (pasaportes).	Policía, Guardia Civil.
Vida académica	Amonestaciones privadas (telefónica, escrita, verbal).	Autoridades académicas.
	Sanciones académicas: anulación de matrícula de una asignatura o curso, prohibición de entrada en centros de enseñanza, expulsiones diversas, inhabilitación para cursar estudios, etc.	Autoridades académicas.
	Prohibición de matrícula oficial.	Autoridades académicas.
	Cierre de facultades, escuelas o universidad.	Autoridades académicas: rectores, decanos, directores de escuela.
	Cierre de locales estudiantes: aulas de cultura, Delegaciones, etc.	Autoridades académicas, policiales.
	Persecución de carteles y otros medios comunicativos (revistas, panfletos, etc.) Dificultades a las ediciones propias.	Autoridades académicas, policiales.
	Dificultades y prohibición de actos culturales (música, teatro, cine, literatura, conferencias), reuniones estudiantiles o asambleas. Vetos y legislación.	Autoridades académicas, gubernativas, Policía.
	Denegación de certificado de buena conducta para continuar estudios (servicio militar obligatorio).	Autoridades académicas, Policía, Guardia Civil, Ejército.

Vida militar	Denegación de prórroga por estudios para la realización del servicio militar obligatorio (milicias universitarias o no).	Autoridades académicas, Policía, Guardia Civil, Ejército.
	Destinos a estudiantes señalados: Sáhara.	Ejército.
Vida laboral / económica	Sanciones económicas (diferentes cuantías).	Autoridades gubernativas y judiciales.
	Denegación de certificado de buena conducta para trabajar o sacarse el carnet de conducir.	Policía, Guardia Civil.

El primer nivel que debía ser tocado por la represión era el psicológico, promoviendo así la desilusión y el miedo de la persona, al tomar conciencia particular de los riesgos asumidos[28]. De esta forma, era mejor si el o la estudiante se desactivaban políticamente «por voluntad» que hacerlo mediante el ejercicio de una fuerza externa excesivamente agresiva, que no solo no estaba produciendo el efecto deseado, sino que avivaba la llama de la contestación y sirvió siempre como argumento acusador y demostrativo contra la Dictadura; pero, además, los partidos políticos y los estudiantes organizados se dieron cuenta de su rentabilidad en la lucha[29].

El sentirse señalado públicamente, con mayor efecto sobre personas más tímidas o acomplejadas; los empujones en las comisarías, las amenazas verbales, la sensación de estar siendo vigiladas, las amenazas públicas, etc., debían generar un movimiento de contracción en los estudiantes. A ello se le añadían (sobre todo en las primeras fases de la protesta, con unas universidades poco pobladas y de cercanía) las presiones y llamadas personales de las autoridades a los domicilios de los padres, dando cuenta de las actuaciones de sus hijos, con el fin de incrementar la presión desde el ámbito familiar, en un contexto de ruptura generacional, por lo demás, importante[30]. En la tensa situación de febrero-marzo de 1965 el gobernador civil de Sevilla, y posterior ministro de Trabajo (1973) y ministro-secretario general del Movimiento (1974), José Utrera Molina, llamó al padre de Manuel Ramón Alarcón, estudiante de Derecho, amonestándole «para que ejerciera una mayor vigilancia sobre el comportamiento político de su hijo», aconsejándole que «mientras duraba esta situación de tensión, su hijo no debía aparecer por la universidad»[31]. Los efectos que podían tener estas comunicaciones y presiones son evidentes.

Cuando un estudiante se encontraba bajo vigilancia y observación de sus movimientos y relaciones personales, generaba notas informativas de los cuerpos y fuerzas de seguridad que describían actitudes y encuentros; a veces, el contenido de lo conversado, por hallarse cerca confidentes de la Policía o agentes infiltrados directamente, aunque esto último era menos común. Una actuación destacada o la participación secundaria o accidental en un acto (sentada, encierro, etc.) podían dar lugar a la retirada del carnet con fines de identificación. Ya «se estaba fichado» y ese simple hecho provocaba una cierta angustia. En ocasiones se producían breves pasos por las comisarías, que, en cualquier caso, nunca eran agradables sino más bien todo lo contrario. Hay testimonios que relatan los golpes de la Policía sin mayores traumas. Las cargas a caballo, con las porras o coches-cisterna entrarían en un nivel medio-alto de represión; la cárcel, con la privación completa y prolongada de la libertad, la considero igualmente una forma de represión mayor, no así algunas detenciones temporales en comisaría, más con función intimidatoria que investigadora[32].

También, cuando el fenómeno contestatario no tuvo un carácter tan masivo como ocurrió a partir de 1968, se recurrió a la publicación en tablones de los centros de las amenazas de decanos y directores de escuelas o los nombres de los sancionados, para que tuviera un carácter ejemplarizante en el resto de estudiantes. Era una universidad de proximidad, donde resultaba sencillo que se conociesen los estudiantes entre sí y entre el profesorado, lo que podía dar lugar a un mayor impacto emocional. Al incrementarse la base de la protesta aparecieron o se activaron grupos de extrema derecha que actuaban con cierta impunidad en las universidades atemorizando en aulas y pasillos generalmente con actitudes violentas proclives al inicio de la espiral acción-reacción-acción.

Las autoridades exploraron, como adelanté, la opción de la presión familiar con sanciones que afectaran a ese núcleo privado. Se entendía que la familia tenía ascendencia sobre los jóvenes, lo cual era importante en la concepción franquista de la autoridad y el orden, y por eso se intentaba involucrarla con las notificaciones o las sanciones monetarias que, en buena lógica, recaían finalmente sobre las economías domésticas. El desorden y la inquietud que producían las sanciones o las detenciones provocaron muchas veces atmósferas represivas en los hogares agrietando aún más las brechas generacionales y culturales. Recogía una publicación estudiantil:

> A mediados del año pasado le metieron en la cárcel. Le pusieron una multa que acabó pagando su padre, cosa que le recuerda todos los días durante la comida y la cena, acompañada de una serie de consideraciones, siempre las mismas, sobre lo difícil que está ganarse la vida. [...] El enano, de vez en cuando, se cabrea y se pone a decir barbaridades, siendo inmediatamente expulsado de casa para siempre (de momento, el «para siempre» no suele pasar de un par de días)[33].

No se descuidó tampoco la posible presión social, aireando los nombres y circunstancias de los sancionados o represaliados. Para ello se recurrió con cierta asiduidad a la publicación en importantes diarios locales de las relaciones de estudiantes multados, expedientados, encarcelados, etc.[34]. Igualmente se procuró reducir la movilidad y las relaciones con otras personas. La declaración del estado de excepción de enero de 1969, con origen directo en los disturbios universitarios, vino acompañada de una oleada de confinamientos de estudiantes por toda España, a algunos los enviaron a sus domicilios, con la idea de que allí podrían ser corregidos, y a otros a lugares alejados como forma de castigo doble.

En principio se podría pensar que el núcleo mayor de la represión se dio desde el ámbito puramente académico, aunque se comprueba fácilmente que no fue así, que lo habitual es que hubiera fuego cruzado, y a veces simultáneo, desde distintos flancos. En el espacio universitario los rectores, decanos, directores de centro y directores de colegios mayores disponían de un reglamento específico para la llamada «disciplina académica». Se dieron todos los casos posibles, desde las más livianas reprimendas privadas o públicas, hasta el veto a iniciativas o asambleas de los universitarios, aprovechando una legislación restrictiva, la prohibición de actos organizados por los estudiantes o las trabas a las publicaciones propias, todo ello tan importante en el núcleo duro del movimiento estudiantil. Era la forma natural de expansión, de transferencia de conocimiento, de relación.

Un concierto, un recital de poesía, una conferencia o una obra de teatro eran mucho más que unas simples expresiones artísticas, reflejaban un mundo ansiado y generaban expectativas positivas y emociones estimulantes en los activistas de primera fila, pero también en los círculos que operaban en torno a ellos. Prohibir un recital de poesía de Machado o un concierto de Raimon era una verdadera declaración de intenciones. Y en ocasiones se iba más allá. Por ejemplo, en 1967 se llegó a ordenar el cierre de la universidad para evitar un recital de poesía de Miguel Hernández, en un evento enmarcado en las actividades divulgativas de la Semana de Renovación Universitaria, al calor de la II Reunión Coordinadora y Preparatoria (RCP) celebrada en Pamplona, una actividad coordinada a nivel nacional que se celebró en Madrid, Barcelona, Bilbao, Valencia, Valladolid, Zaragoza[35].

La actividad había sido organizada desde los departamentos de Actividades Culturales, que, junto con las delegaciones, fueron los cuarteles generales del movimiento estudiantil, lugar de actividad y conspiración permanente, por donde solían pasar las multicopistas. Ello las convirtió en otro de los objetivos académicos y policiales, que periódicamente procedieron al cierre de locales. Pero también se cerraron facultades enteras. En Zaragoza, en abril de 1972, se llegó a tapiar, literalmente, con ladrillo y cemento la puerta de acceso a la Facultad de Ciencias; este hecho fue titulado por el diario *Aragón Exprés* como «el muro de los desatinos»[36].

Las dificultades a las revistas estudiantiles, las trabas administrativas, la persecución de publicaciones y carteles murales,

El muro de los desatinos

...QUE TAPIADA CON BLOQUES DE HORMIGON ...A DE LA FACULTAD DE CIENCIAS

...añana ha sido de absoluta ...a en la Universidad

NOTA DE LA ASOCIACION DE PADRES DE ALUMNOS DE LA UNIVERSIDAD DE ZARAGOZA

Doble página publicada en *Aragón Exprés* con la imagen (arriba a la derecha) de la entrada de la Facultad de Ciencias cerrada con un tabique de ladrillos.

muy en boga por entonces, por lo accesible, la visibilidad y lo económico del medio, fueron el día a día en algunos centros. Otras veces las dificultades eran burocráticas o se estrangulaban los fondos financieros del SEU[37]. No todas las autoridades actuaron igual. Según *Gaceta Universitaria,* el decano de Ciencias de la Universidad de Sevilla, Francisco González García, un veterano de guerra, «perseguía ferozmente» el periódico mural *El Tigre,* que gozaba de «mucho prestigio» entre los estudiantes[38]. Los choques y tensiones por proteger o retirar los carteles estudiantiles fueron de lo más común.

La mayor de las medidas represivas académicas contra un universitario (docentes y estudiantes) procedía de la aplicación del Reglamento de disciplina académica que recogía desde faltas leves hasta las graves, pasando por las menos graves, escalafón que regulaba el nivel de intensidad del acto represivo. Pero muchas veces se determinaban sanciones sin seguir el procedimiento estipulado, dando más urgencia e importancia a la aplicación de la medida sancionadora que a las garantías procesales[39]. Como medida preventiva primaria se solía prohibir la entrada temporal de algunos estudiantes a centros de enseñanza o a la universidad en su conjunto, especialmente a los más destacados e identificados por la Policía. Las prohibiciones menores impedían a los estudiantes entrar en sus centros durante un breve periodo de tiempo; de ahí se ampliaban las fechas o el ámbito espacial al que afectaba. En los años setenta, con el incremento de las movilizaciones, eran centenares de estudiantes los que sufrieron estas medidas. En Valencia, a principios de septiembre de 1973, el rector Rafael Báguena notificó a trescientos doce estudiantes

—ochenta y dos mujeres— la «prohibición de entrada y presencia en los centros y en las aulas de la universidad hasta nueva orden», en aplicación del Reglamento de disciplina[40]. De ahí se pasaba a mayores.

La anulación de la matrícula, como hemos visto, fue otra de las armas empleadas por las autoridades académicas, que en ocasiones también afectaron a cientos de estudiantes de manera simultánea pues el fuego ya era a discreción y no resultaba sencillo individualizar las responsabilidades en acciones colectivas como las que se producían por doquier. Se podía ir desde la anulación de la matrícula de una asignatura o de un curso, a la expulsión temporal o a perpetuidad de un distrito o la prohibición para trasladar el expediente a otra universidad durante uno o varios años.

Además, para más inri, lo habitual es que recayeran varias sanciones (económicas, académicas, militares, etc.) sobre una misma persona y por los mismos hechos: la participación en una manifestación, un encierro, huelga, sentada, lanzamiento o posesión de propaganda, etc. Y, casi naturalmente, se solapaban las sanciones de forma que la expulsión de la universidad por dos años, más la pérdida del curso en marcha, podía suponer, de hecho, la separación de un estudiante de la universidad por unos cinco años, pues una vez cumplida la sanción académica, y al no disponer de la prórroga por estudios, se sumaba el castigo de la incorporación obligatoria a filas, al servicio militar, por otros dos años. La beneficiosa opción de la milicia universitaria (un servicio militar un poco más cómodo para los estudiantes) desaparecía automáticamente para los universitarios díscolos. Y aquí los certificados de buena conducta fueron un instrumento valiosísimo contra los disidentes. Su uso fue masivo y sus consecuencias indeterminadas. Desde que un estudiante era sancionado o incluido en una lista negra hasta que se le expedía el certificado de buena conducta podían pasar más de cinco años, en algunos casos la situación se mantuvo hasta la Transición política a la democracia.

Un caso recurrente y poco explorado: los certificados de buena conducta

Hay un caso de represión de baja intensidad que merecería trabajos mucho más sistemáticos. Me refiero a la exigencia del certificado de buena conducta, imprescindible para el normal desenvolvimiento de la vida de las personas, pues su uso era preceptivo para muchas actividades de la vida cotidiana, como el trabajo, la realización de viajes o la obtención del carnet de conducir. Un solo documento que tenía efectos sobre la vida privada, social, la libertad de movimientos, el derecho y la posibilidad de trabajo, la vida militar o el poder, sencillamente, conducir un coche. En el ámbito del trabajo, desde los colegios profesionales o los despachos de abogados laboralistas se denunció dicha exigencia, pero no se pudo eliminar hasta después de muerto Franco. Otro tanto pasaba con la expedición de pasaportes, condicionada, su emisión y la limitación de los países a los que viajar, a la tenencia o no del certificado o los antecedentes políticos.

En el caso de los estudiantes varones tenía, además, otro efecto frontal: el tenerlo o no implicaba la eliminación de los beneficios a la hora de pedir las prórrogas o incorporarse al Ejército como voluntarios. La obligación de realizar el servicio militar como consecuencia de una expulsión de la universidad y la consiguiente denegación de la prórroga, solía ser pena sobre pena. Por otro lado, los beneficios que otorgaba la condición de universitario en la milicia universitaria se evaporaban inmediatamente.

La milicia se había creado en 1940, organizada un año más tarde, y en funcionamiento en 1942, y suponía, sobre el servicio regular, beneficios en las condiciones y los plazos (menos tiempo y divididos en varios periodos, fundamentalmente veraniegos), se podía salir de sargento o alférez, o con un reconocimiento de aptitud para el desarrollo de algunas profesiones. Había diversos campamentos distribuidos por la geografía española, para facilitar la incorporación de los estudiantes: Montejaque (Ronda, Málaga), Las Navas (Zaragoza), Robledo (La Granja, Segovia), Seva (Vic, Barcelona), Los Castillejos (Reus, Tarragona), Santa Fe del Montseny (Gerona) y Estrecho de Quinto (Tierz, Huesca)[41]. Era muy popular entre los universitarios y por eso se atacó desde ese punto. Igualmente se jugó con los destinos militares más severos como castigo a los activistas políticos, y sospecho que un buen número de estudiantes fueron movilizados para realizar el servicio militar, mientras fue territorio español, a Sidi-Ifni, en el África Occidental Española, hoy Marruecos. El peor de los destinos posibles y una historia sobre la que no se sabe prácticamente nada.

El incremento de las movilizaciones desde mediados de los años sesenta, con una participación creciente de estudiantes cada vez más jóvenes, llevó al Gobierno a aumentar las medidas represoras. En esta línea y en el contexto de la II Reunión Coordinadora y Preparatoria (RCP) y las protestas que le acompañaron, se convocó una huelga general en el ámbito universitario para el día 11 de abril de 1967. Tres días más tarde el Consejo de Ministros, a propuesta del presidente del Gobierno (Franco), aprobaba un decreto que se utilizaría con profusión desde entonces para invalidar beneficios militares a los señalados por mala conducta[42]. Comenzaba recogiendo: «Las vigentes disposiciones [...] exigen la comprobación de buena conducta tanto para el ingreso y permanencia en el voluntariado como para la obtención y disfrute de prórrogas de incorporación a filas de segunda clase (estudios)». Y disponía:

> Art. 1. La mala conducta escolar o la participación en disturbios, incidentes o actos que alteren el orden público constituirá impedimento para realizar ingreso y permanencia como voluntario en las Fuerzas Armadas, así como para la obtención y disfrute de prórrogas de incorporación a filas por razón de estudios y provocará el cese inmediato en el disfrute de las mismas, con la consecuencia de la incorporación a filas lo más pronto posible.

Con esta disposición se hizo un llamamiento explícito para intensificar las relaciones entre varios departamentos ministeriales a través del intercambio de información sobre las actividades políticas de los estudiantes. Desde ese momento se confeccionaron periódicamente decenas de listas, en número aún indeterminado por la imposibilidad de acceso a la fuente, con cientos o miles de referencias nominales de uni-

Chicho Sánchez Ferlosio, estudiante de Filosofía y Letras expedientado. Servicio militar en Sidi-Ifni (1962). Cortesía de Ana Guardione.

versitarios. Fueron las referidas como *Relación de Estudiantes a los que no se les concederá Certificado de Buena Conducta para ingreso en Ejército* y que se elaboraban entre la Brigada Político-Social y la mayoría del resto de servicios de información que aportaran datos. En los expedientes personales de la Policía se hacían constar informaciones del tipo:

> Figura en la Relación de Estudiantes de 25 de junio de 1971 a los que no debe concederse el certificado de buena conducta para unir a su expediente de solicitud de incorporación a filas 2.ª clase, ingreso en las Milicias Universitarias o como Voluntario en los Ejércitos. Tampoco se le concederá pasaporte sin previa consulta a la Dirección de Seguridad[43].

De esta colaboración entre autoridades académicas y policiales, militares y gubernativas, salían listas negras de estudiantes implicados políticamente, que circularon de universidad en universidad; o se aportaban nombres a los cuerpos y fuerzas de seguridad del Estado para ser sometidos a vigilancia por parte de la «político social», los servicios de Información del Ejército, la Guardia Civil o, desde 1968, el servicio de inteligencia adscrito en un primer periodo al Ministerio de Educación (hasta 1972), la Organización Contrasubversiva Nacional (OCN), luego el SECED y andado el tiempo el actual CNI. Todo ello son archivos posibles para la reconstrucción de este episodio sobre la represión de los universitarios y el movimiento estudiantil[44].

El alcance de la represión

Es muy difícil evaluar el alcance exacto de la represión de baja intensidad no solo por lo que supuso sino también por lo que impidió, por el corte en las posibilidades de desarrollo de una vida normal, más o menos en libertad, en la medida en que aquello fuera posible. Ahogó enormes opciones de desarrollo personal, cultural y social, o la posibilidad de realizar viajes al extranjero, etc., que nunca podrán ser calibradas. Y definitivamente no acabó con la protesta antifranquista, del mismo modo que esta no acabó con el franquismo, pero lo hizo inviable por la preparación y orientación de, entre otros grupos, la juventud.

La represión se utilizó desde la propia universidad por las autoridades, valedoras en su mayoría del *statu quo,* sin que tuviera ningún efecto definitivo. Todo lo contrario, no sirvió para desmovilizar y llevó al empleo de medidas represivas más drásticas, habida cuenta de la incapacidad del régimen para ceder sustancialmente o contener la embestida. La llegada de estudiantes represaliados de otros distritos significaba la

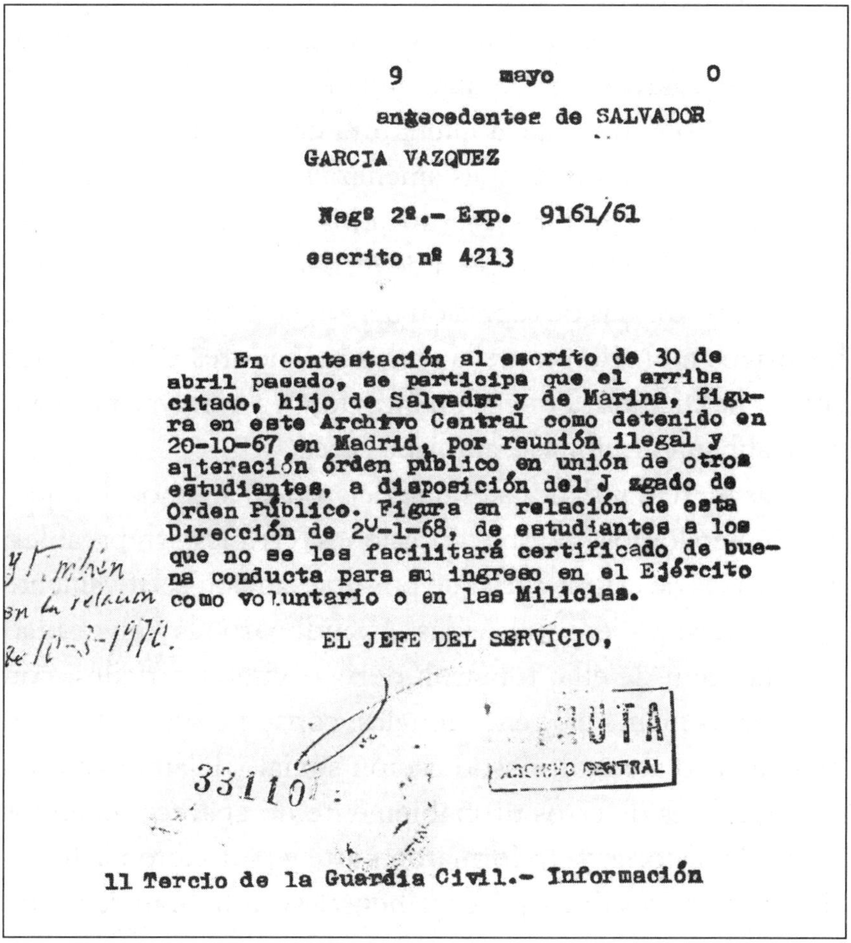

9 mayo 0

antecedentes de SALVADOR GARCIA VAZQUEZ

Negª 2ª.- Exp. 9161/61

escrito nº 4213

En contestación al escrito de 30 de abril pasado, se participa que el arriba citado, hijo de Salvador y de Marina, figura en este Archivo Central como detenido en 20-10-67 en Madrid, por reunión ilegal y alteración órden público en unión de otros estudiantes, a disposición del Juzgado de Orden Público. Figura en relación de esta Dirección de 2-1-68, de estudiantes a los que no se les facilitará certificado de buena conducta para su ingreso en el Ejército como voluntario o en las Milicias.

y también en la relación de 10-3-1970.

EL JEFE DEL SERVICIO,

33110

ARCHIVO CENTRAL

11 Tercio de la Guardia Civil.- Información

Ficha policial sobre el certificado de buena conducta correspondiente a Salvador García Vázquez, estudiante gallego de Económicas. Mayo de 1970.

incorporación de personas con cierta autoridad y un halo de prestigio entre los más avanzados social y políticamente; y con experiencia en la lucha. Los conocidos como *paracas* fueron diplomáticos de la disidencia en la universidad franquista.

Desde todos los departamentos posibles se realizaron prácticas represivas y coercitivas de baja intensidad de manera cruzada, duplicada y superpuesta. Las actuaciones policiales o gubernativas puede que amilanaran a algunos, pero el movimiento al final de la Dictadura era de tal envergadura que resultó insuficiente. Las amenazas y golpes, la vigilancia obsesiva, la denegación de certificados de buena conducta, las sanciones económicas, la pérdida de beneficios militares, etc., como otras formas de represión mayor, en términos sociales e históricos no hicieron mella en los luchadores y luchadoras contra la Dictadura que se mantuvieron y renovaron exponencialmente. El final se antojaba cerca.

Las marcas individuales que dejaron en algunos de aquellos universitarios fueron en ocasiones terribles, irreparables: hubo casos de estudiantes que por una sanción relativamente baja no recondujeron sus vidas. Abandonaron la universidad y se alejaron de ella, tomaron derivas vitales difíciles, con problemas mentales y emocionales, consumo descontrolado de drogas o alcohol, desubicación social y lejanía familiar. Los nombres de estos probablemente no aparecerán en los libros de historia, pero formaron parte y padecieron la historia de la represión. Aparentemente, solo habían recibido unas bofetadas.

4
Sin doblar, sin domar y sin domesticar. La represión sobre el movimiento obrero durante la Dictadura

Cristian Ferrer García
(Universidad de Zaragoza)

El movimiento obrero, pilar clave en la caída de la Dictadura

Durante la Dictadura de Franco, el movimiento obrero fue uno de los principales focos de resistencia contra el régimen. A lo largo de casi cuatro décadas, los trabajadores tuvieron que hacer frente a una dura represión que buscaba silenciar cualquier intento de organización o protesta. Sin embargo, a pesar de la vigilancia constante y las medidas represivas, la clase obrera española fue capaz de aprovechar los resortes que la legislación franquista dejaba libres para articular un movimiento de oposición que acabó siendo fundamental en la caída de la Dictadura.

Este capítulo se centra en esa resistencia, que fue construyéndose desde las fábricas y los barrios, e incluso desde las cárceles, donde muchos líderes sindicales y militantes pasaron largos años. La voluntad de control del régimen sobre el mundo del trabajo era total, tratando de emular la doctrina fascista que elaboraron los aliados de la Dictadura. Sin embargo, los intentos de cooptación no lograron borrar la cultura obrera que trascendió la Guerra Civil y que pervivió en el imaginario colectivo.

A través de momentos trascendentales como las huelgas de tranvías en 1957 y la «huelgona» de 1962 en Asturias, veremos cómo los trabajadores fueron capaces de poner en jaque un sistema que parecía invulnerable. También exploraremos cómo las cárceles, y en especial el Penal de Burgos, se convirtieron en verdaderas universidades políticas para muchos militantes, y cómo la represión fue mutando según la situación política y económica del país. El objetivo es ofrecer una visión clara y accesible de uno de los capítulos más importantes de la historia reciente de España: la lucha de la clase obrera contra la Dictadura.

Cortar el gen rojo. La represión a las primeras vías de organización obrera

Conciencia, cultura y tradición de clase en la posguerra española

La llegada de la Dictadura, al contrario de lo que dijo la historiografía franquista con aire de triunfalismo, no acabó ni mucho menos con la polarización social. La división entre vencedores y vencidos tuvo un claro componente de clase que en la práctica generó espacios diferenciados de socialización y de vida. Mientras que la mayor parte del espacio geográfico era para los vencedores y un entorno hostil para los vencidos, las fábricas y algunos barrios periféricos eran percibidos como islas de libertad en las cuales se articulaban las redes sociales de las capas subalternas y opuestas al régimen.

Estas redes sociales, que aglutinaban a diversas generaciones, fueron un factor importante de politización y de toma de conciencia para sectores sociales más jóvenes, que no habían vivido la guerra y que veían cómo la extracción social marcaba sus ingresos a final de mes y también la forma en que eran percibidos por parte de la sociedad. A través de ellas se difundió una cultura obrera, una tradición común que permanecía en el imaginario colectivo de toda una clase. Este sentimiento de pertenencia explica cómo la tradición de arrojar granos de maíz a la puerta de los pozos mineros asturianos tras la convocatoria de huelga, acusando de gallina al que se atrevieran a cruzar el umbral, voló sin necesidad de alas ni de palomas mensajeras hasta las fábricas barcelonesas durante los años cincuenta y sesenta, que recurrieron a la misma acusación tácita en empresas como la Hispano Olivetti cuando se ordenaban los paros.

Autores como José Antonio Pérez o Xavier Domènech han elaborado profusas investigaciones acerca de cómo, con frecuencia, las fábricas eran concebidas como «parcelas de impunidad»[1]. Estas fábricas, vistas por el franquismo como elementos hostiles, fueron un elemento perfecto para la transmisión de una cultura política profundamente antifranquista y que engarzaba perfectamente con las tradiciones obreras militantes de preguerra.

El control en las fábricas se ejercía de varias maneras. El Sindicato Vertical, único sindicato permitido por el régimen, era la principal herramienta de vigilancia. A través de este sindicato, el Gobierno pretendía neutralizar cualquier tipo de organización independiente que pudiera surgir entre los trabajadores. Pero las fábricas, especialmente en las grandes ciudades industriales como Barcelona, Madrid o Bilbao, se convirtieron en focos de resistencia. Los trabajadores más veteranos, que habían vivido la Segunda República y la Guerra Civil, recordaban bien la tradición de lucha sindical, y muchos de ellos empezaron a tejer redes clandestinas favorecidos por el predicamento que tenían entre los trabajadores más jóvenes.

> Entro allí, éramos casi todas muy jovencitas y hay dos o tres mujeres que plantan cara a algún encargado de cuando en cuando, y esto me gusta, claro. Entonces buscas la relación con esta gente. Tenían un pasado y no se avergonzaban de él. Es decir, eran mujeres que habían vivido otra situación y que yo creo que tenían una consciencia muy clara de la clase a la que pertenecían y del trabajo que estaban haciendo, y que no se dejaban manejar[2].

Esta manifestación de transmisión de una identidad concreta ha sido ampliamente trabajada por el profesor Xavier Domènech, quien es muy crítico con la visión tradicional que aboga por la cesura y la génesis de una nueva clase:

> Cuando nos acercamos a la realidad de la formación de esta nueva clase, nos encontramos con una relación entre con-

tinuidades y rupturas mucho más compleja de lo que la afirmación inicial nos podía llevar a pensar. Los trabajadores de los años cincuenta y sesenta no eran seres aparecidos de la nada, contaban con un pasado en su lugar de origen que sí parecía inquietarles de alguna manera. Evidentemente este pasado no era un pasado de clase para aquellos que venían del campo español, o al menos no era un pasado de clase en los términos de clase obrera industrial a los que nos estamos refiriendo aquí, pero era un pasado vital que conformaba en parte sus percepciones sociales, políticas y culturales. A su vez, estos nuevos trabajadores se socializaron como tales en las fábricas donde se encontraban trabajadores de otras generaciones y de los cuales recibieron pautas de comportamiento y valores, propios de la tradición de la clase obrera industrial anterior a la Guerra Civil[3].

El propio concepto de identidad obrera es, en sí, problemático en la historiografía, especialmente en la más reciente. Esto se debe en gran medida a la escasez de investigaciones que tratan el término específico cuando hacemos referencia a la totalidad de cultura de una clase social en concreto y a su identidad, y no solo a una cultura política tal y como lo critica Carlos Forcadell[4]. A través de estos cauces es difícil tratar de crear un paradigma que se adapte totalmente al molde de un sector social que, en la España del franquismo, era diverso.

El gran movimiento migratorio, especialmente del campo a la ciudad, que se da en los años cuarenta y cincuenta, fruto de la carestía general, la falta de trabajo y la represión, nos impide establecer una identidad exclusiva y total que defina al detalle los rasgos culturales de esta clase social. ¿Quiere decir esto que no exista la clase obrera como sujeto social? No, ni mucho menos. Precisamente el estudio de la clase social en su totalidad, asumiendo esos rasgos de diversidad y su origen, permite apreciar la cultura propia, adquirida y transmitida, que conforman a la clase como tal. En ese sentido es Xavier Domènech en la obra antes citada quien nos da una definición mucho menos problemática de identidad obrera:

> El conjunto de tradiciones, creencias y representaciones que conforman a la clase como clase. Es decir, entenderemos por identidad obrera solo aquellos fenómenos culturales que definen la representación de los miembros de una clase determinada como clase social dentro de las representaciones colectivas de la sociedad[5].

De esta interpretación podemos entender que esta identidad no se adquiere exclusivamente por un contacto cultural o relacional, sino que es precisamente el papel que desempeñan dentro de la producción lo que hace que estos trabajadores adquieran una serie de rasgos comunes, una primera consciencia de sí mismos en tanto que clase, y que es común a todos ellos independientemente de su tradición cultural concreta. A esta primera consciencia —que, en términos gramscianos, podemos definir como espontánea, exclusivamente por su papel productivo y su experiencia personal—, se le añade la participación del elemento de dirección consciente a través de los militantes veteranos que actúan en la clandestinidad y que participan en la socialización de los trabajadores.

En terminología marxista estaríamos hablando del paso de una conciencia de clase «en sí», inherente a los trabajadores que son conscientes de los elementos que los definen como clase, a una conciencia «para sí» a través del contacto con los elementos de dirección consciente. Así definía Gramsci el papel de este elemento consciente:

> Los mismos dirigentes hablaban de la espontaneidad del movimiento y era justo que hablaran así: esa afirmación era un estimulante, un energético, un elemento de unificación en profundidad; era ante todo la negación de que se tratara de algo arbitrario, artificial, y no históricamente necesario. Daba a la masa una conciencia teorética de creadora de valores históricos e institucionales, de fundadora de Estados. Esta unidad de la espontaneidad y la dirección consciente, o sea, de la disciplina, es precisamente la acción política real de las clases subalternas en cuanto política de masas y no simple aventura de grupos que se limitan a apelar a las masas[6].

De esta manera considero que se puede clarificar el debate rompiendo con la tesis de «la ingenuidad» de una nueva generación de trabajadores, desconocedores de su pasado, y también con la idea de que es una transmisión exclusivamente cultural cuando tiene plena relación con el contexto material y social en el que desarrollan su vida.

Esta socialización se da en dos espacios principales, por un lado, tenemos el barrio o pueblo, y por otro, la fábrica. Ambos espacios, que abarcan cuantitativa y cualitativamente sectores distintos de la clase, actúan plenamente relacionados entre sí y, con frecuencia, sin capacidad por parte del franquismo de incidir en los mismos si no es mediante medios represivos. Esta cuestión, que entra en contradicción con la aspiración del Estado corporativo que defendían desde Falange a través de la Organización Sindical Española (OSE), fue un auténtico quebradero de cabeza.

A pesar de que, desde la aprobación del Fuero del Trabajo en 1938, el régimen franquista abogó por un claro intento de encuadramiento corporativo, inspirándose en la *Carta di Lavoro* italiana, no consiguió en ningún momento romper con la concepción de la fábrica como un espacio ajeno y hostil al régimen, un lugar de conflicto constante donde el corporativismo perdía su razón de ser:

> Es importante destacar que la primera dirección de la OSE fue plenamente consciente del rechazo de la mayoría de los trabajadores hacia el sindicalismo vertical; el propio Delegado Nacional, Gerardo Salvador Merino, reconocía la «hostilidad manifiesta» de los trabajadores y este fue uno de los factores que determinaron sus líneas de actuación[7].

El encuadramiento sindical no funcionaba, la hostilidad en las fábricas era manifiesta y las reivindicaciones económicas sectoriales comenzaron a sobrepasar los límites del sindicalismo vertical para empezar a reivindicar derechos políticos a través de comisiones de trabajadores. Esta organización se dio con más fuerza en los lugares donde el arraigo de la identidad obrera era más potente y donde las movilizaciones de carácter espontáneo tuvieron mayor intensidad, como fue el caso de las cuencas mineras asturianas, el «cinturón rojo» de Barcelona y la industria bilbaína. A pesar de ello, en núcleos industriales de segundo orden como eran Zaragoza, Pamplona o Valencia, desde bien temprano encontramos también estas estructuras organizativas, impulsadas ya con un elemento de consciencia mayor por los militantes, principalmente comunistas, que estaban organizados en el territorio. Esta situación, que prueba la tesis gramsciana de la relación entre espontaneidad y dirección consciente, permite explicar cuál es el hilo de unión que, a veces soterrado, lleva desde la potente movilización que se da durante la Segunda República y el gran poder del sindicalismo durante la guerra hasta la creación de estructuras específicas de oposición obrera a la Dictadura en las fábricas y que se crean adaptadas a las circunstancias de clandestinidad.

Un ejemplo fueron las comisiones obreras que surgieron a mediados de los años cincuenta, como los trabajadores de la Camocha, en Gijón, en 1957. El 14 de enero de 1957, en la mina de La Camocha (Asturias), se conformó una comisión obrera en medio de la creciente insatisfacción laboral. Esta comisión estaba integrada principalmente por mineros de base, sin representantes del Sindicato Vertical, y tenía como objetivo principal mejorar las condiciones de trabajo, exigiendo aumentos salariales y mejores medidas de seguridad. La comisión actuaba en la clandestinidad, pero logró organizar huelgas y protestas que fueron respondidas con dura represión. A pesar de ello, su acción puso de relieve la incapacidad del régimen para controlar totalmente la movilización obrera.

Durante las largas jornadas de trabajo, era habitual que los obreros discutieran sobre las condiciones laborales, la política o las noticias que llegaban de fuera del país, momentos que los compañeros más politizados aprovechaban para relacionar sus condiciones de vida con la denuncia al régimen franquista.

La vigilancia en las fábricas era constante, pero no siempre era efectiva. Las autoridades intentaban detectar cualquier indicio de organización clandestina o protesta, pero los trabajadores sabían cómo sortear estos controles. Muchas veces, las reivindicaciones surgían de manera espontánea, como pequeñas huelgas o paros de producción, que desafiaban a la dirección de las empresas y, en última instancia, al régimen.

A lo largo de los años, las fábricas se convirtieron en el terreno de una lucha sorda pero constante entre los trabajadores y el régimen franquista. Aunque la represión era intensa y muchos líderes sindicales terminaron en la cárcel o el exilio, la resistencia no se apagó. Las fábricas eran mucho más que centros de producción: eran espacios de socialización, de resistencia y de lucha por la dignidad de la clase trabajadora.

¿Trabajadores o productores? Los intentos del régimen por cooptar a la clase obrera

Durante los primeros años de la Dictadura, atendiendo al imaginario fascista que reinaba por aquel entonces en las mentes de los jerarcas del régimen, se apostó por destruir los mimbres de la sociedad española para construir *ex novo* una nueva red de relaciones sociales que sirvieran de apoyo al régimen. Esta demolición se cebó especialmente con los sectores de la clase trabajadora, con un fuerte componente identitario después de años de luchas colectivas, a la que se hostigó, reprimió y desarticuló con gran virulencia. Esta represión tenía como objetivo generar, en una doble vía, un sentimiento de miedo a la represión y de criminalización de la organización independiente de la clase obrera.

Uno de los principales objetivos que se marcó el régimen en esta línea fue despojar a los trabajadores de esa identidad política y sindical, y convertirlos en «productores». A través de mecanismos como el Sindicato Vertical, Franco y su aparato estatal intentaron transformar a la clase obrera en una pieza más de la maquinaria productiva, alejándola de cualquier idea de lucha o movilización a través del encuadramiento forzoso de los obreros en esta estructura. Esta despolitización del proceso productivo y la criminalización de la lucha de clases no fue ni mucho menos homogénea, especialmente con el desarrollo de una burguesía nacional altamente vinculada al régimen durante las últimas dos décadas de Dictadura. El franquismo y el empresariado patrio eran conscientes de que el asentamiento del nuevo Gobierno pasaba necesariamente por la represión de los conatos de rebeldía, el control de la mayoría trabajadora y la prohibición de cualquier tipo de organización clasista.

La Organización Sindical Española, conocida más comúnmente como el Sindicato Vertical, se presentaba como un sindicato que abarcaba a todos los trabajadores y empresarios de cada sector, sin distinciones de clase. Pero en la práctica, era una herramienta de control diseñada para evitar cualquier tipo de organización independiente. Se trataba de un sistema rígido, donde los trabajadores no podían elegir libremente a sus representantes y las decisiones se tomaban siempre en beneficio del régimen. Aunque en la superficie se promovía la unidad entre empresarios y obreros, en realidad se imponía la subordinación de los trabajadores a los intereses del Estado y del capital.

Este sistema, que pretendía ser un canal para resolver conflictos laborales, pronto demostró sus limitaciones. En lugar de generar confianza entre los trabajadores, el Sindicato Vertical era visto como una extensión de la Dictadura, y las demandas obreras eran continuamente ignoradas. Las reformas laborales que se impulsaron, como la Ley de Convenios Colectivos de 1958, buscaban crear la apariencia de que los trabajadores podían negociar sus condiciones laborales. Sin embargo, estas negociaciones se daban siempre dentro de los márgenes establecidos por el régimen, lo que hacía que el sindicato oficial perdiera legitimidad entre los trabajadores.

A pesar de los intentos por cooptar a la clase obrera, los trabajadores fueron encontrando formas no solo de resistir sino de usar también las estructuras verticalistas en su beneficio a través de la formación de candidaturas conjuntas de obreros antifranquistas y el ascenso a puestos de responsabilidad sindical tanto en los centros de trabajo como en las estructuras de la Organización Sindical Española, lo que les permitía articular denuncias de tú a tú a los jerarcas del régimen. «Estamos hablando de un Sindicato Vertical porque ¿cómo pueden convivir los patronos y los obreros? Es como meter en un saco un gato y un perro, cada uno lucha por sus intereses», le dijo Ramón Górriz, obrero del metal y dirigente de Comisiones Obreras en la empresa de GIESA, Zaragoza, a Isaías Monforte Estremiana, delegado provincial del Sindicato Vertical. La tensión en estas reuniones era tal que el propio Monforte se hizo famoso por amenazar con convertir una asamblea de trabajadores en la sede del Sindicato Vertical en un baño de sangre[8].

Esa hostilidad era percibida desde el régimen, que no dudó en quitarse la careta del corporativismo para señalar explícitamente a las clases sociales victoriosas en la guerra. Las familias burguesas, muchas de ellas posicionadas rápidamente en el nuevo régimen y que miraban con igual recelo a la clase obrera que los falangistas, se vieron altamente beneficiadas con el trato de favor recibido.

Los hijos de la burguesía se educaron en una cultura en la que se les concedía antes el acceso a productos restringidos como los coches o ciertos alimentos ausentes de las cartillas de racionamiento oficiales mientras que los hijos de los trabajadores quedaban al margen de cualquier reconocimiento, incluso en el ámbito escolar, donde quedaban excluidos de cualquier mínimo reconocimiento. Esta represión que va más allá de lo puramente estadístico y es sibilina y demonizadora, generó un estigma hacia sectores de la población que, en la práctica, pasaban a ser ciudadanos de segunda por mucho que la propaganda hablara de un Estado ajeno a las clases sociales. Quizá porque el Estado úni-

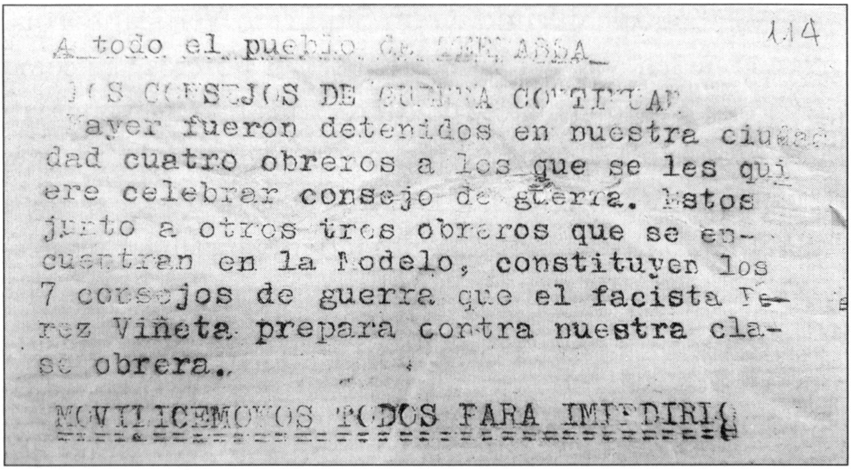
A todo el pueblo de [illegible]

[illegible]S CONSEJOS DE [illegible] CO[illegible]

ayer fueron detenidos en nuestra ciu-
dad cuatro obreros a los que se les qui
ere celebrar consejo de guerra. Estos
junto a otros tres obreros que se en-
cuentran en la Modelo, constituyen los
7 consejos de guerra que el facista Pe-
rez Viñeta prepara contra nuestra cla-
se obrera.

MOVILICEMONOS TODOS PARA IMPEDIRLO

Panfleto en papel cebolla de la Juventud Comunista de Tarrasa denunciando los consejos de guerra.

camente gobernaba mirando por unas mientras atizaba a las otras.

Estas dos formas de vivir la posguerra, la de los vencedores y la de los vencidos, fue precisamente la semilla de una oposición al régimen regada con su propia sangre, sudor y lágrimas. Una semilla que brotó desde el convencimiento de que se podía y se debía dar la vuelta a la tortilla y que imposibilitó desde el primer minuto el clima de paz social que ansiaba la Dictadura.

La marginación en los espacios de sociabilidad de la clase obrera, el aislamiento y el abandono de sus barrios, la represión y el desprecio a los trabajadores, todo sirvió para abonar el campo del antifranquismo, para que volvieran a brotar las tradiciones de clase, su cultura política y las ideas que nunca llegaron a olvidarse en el imaginario colectivo de una clase social.

Los espacios de socialización obrera y la difusión de la cultura militante. De la fábrica al barrio

La lucha obrera durante la Dictadura no se limitaba solo a las fábricas; se extendía también a los barrios y otros espacios de la vida cotidiana. Para muchos trabajadores, el barrio se convertía en una continuación de la fábrica, un lugar donde compartían sus experiencias y donde las ideas militantes se propagaban de forma natural. Esta interrelación entre el espacio de trabajo y el espacio de vida fue clave para mantener viva la resistencia, especialmente en los momentos más duros de la represión.

En las ciudades industriales, como Barcelona, Bilbao o Madrid, los barrios obreros se configuraron como verdaderos núcleos de socialización y politización. Los barrios de la periferia, donde convivían la falta de servicios con las penurias económicas de sus habitantes, fueron lugares donde la solidaridad entre vecinos y trabajadores se traducía en redes de apoyo y organización. En estas zonas, los trabajadores compartían no solo el espacio físico, sino también sus frustraciones con el régimen y la esperanza de un futuro mejor. Las Asociaciones de Cabezas de Familia, precursoras de las posteriores Asociaciones de Vecinos —aunque en muchos casos bajo la vigilancia del régimen—, servían como espacios donde se discutían problemas locales, que pronto se conectaban con las reivindicaciones laborales.

Gran parte de estos barrios crecieron a gran velocidad al acoger la migración proveniente del mundo rural y de las zonas más empobrecidas de España. Es el caso del área metropolitana de Barcelona y la gran cantidad de trabajadores andaluces, extremeños, aragoneses o castellanos que emigraron en busca de una alternativa a la precaria situación que vivían en sus lugares de origen, pero también para huir de la represión política. Estos migrantes que buscaban borrar sus pasos para evitar la represión no llevaban aparejada necesariamente una renuncia de su cultura militante, para muchos la principal vía de socialización fue buscar la organización política que les tenía marcados en su lugar de origen para incorporarse a las dinámicas militantes nuevamente en el lugar de destino.

Una curiosidad interesante es que en muchos de estos barrios obreros, los bares y las pequeñas tiendas locales desempeñaban un papel crucial en la difusión de las ideas militantes. En un tiempo donde el acceso a la prensa era limitado y la censura del régimen controlaba los medios de comunicación, estos pequeños establecimientos se convertían en puntos de encuentro donde se discutían las noticias que llegaban de manera clandestina y que eran impresas en multicopistas clandestinas escondidas en las casas de los militantes más comprometidos.

A pesar del riesgo represivo, los panfletos pasaban de mano en mano y los bares se llenaban de conversaciones sobre las huelgas o las últimas detenciones. Este tipo de socialización, que hoy puede parecer trivial, fue esencial para mantener viva la llama de la resistencia y para generar respuestas movilizadoras al margen de los paros explícitos en los centros de trabajo. Mucha de esta actividad tendrá respuestas como la huelga de tranvías de Barcelona de 1957, que fue un estallido popular ante el aumento del precio del transporte público, o las movilizaciones de solidaridad ante la detención de militantes de 13 dirigentes de las CC. OO. en Zaragoza el 7 de abril de 1968. En esta última, la recaudación de dinero, alimentos y cartas de solidaridad alcanzaron todos los barrios de la ciudad con rapidez, permitiendo a los presos incluso celebrar con una gran paella el 1º de Mayo en la cárcel de Torrero.

En definitiva, la fábrica no era el único espacio en el que se gestaba la resistencia. Los barrios obreros se convirtieron en escenarios de lucha, donde los lazos de solidaridad y la cultura militante se reforzaban. La vida cotidiana de los trabajadores, sus rutinas y las relaciones que construían en sus barrios desempeñaron un papel clave en la organización de las protestas y en la creación de una identidad colectiva que desafiaba al régimen.

La organización clandestina en las cárceles. Los casos de Burgos y Carabanchel

El paso por la cárcel marcó el desarrollo de la mentalidad del grueso del antifranquismo[9]. Alrededor de los penales se articuló una pléyade de actividades, tanto dentro como fuera de los muros, destinados a hacer de la entrada en prisión de los militantes antifranquistas un juicio abierto a la Dictadura. No sin falta de razón, aunque con cierto componente de sorna, al Penal de Burgos se le acabó conociendo como la «Universidad del PCE».

Acerca de la convivencia en las cárceles, los propios protagonistas como Miguel Galindo explican hasta qué punto la organización de los presos políticos era ya un entramado complejo a finales de los años cincuenta y los años sesenta:

> La convivencia estaba estructurada en una eficaz y admirable organización de solidaridad a base de comunas de entre cinco y diez personas, encabezadas por un administrador (al que se le solía llamar «la madre») y en los que obligatoriamente se tenía que acoger a uno o dos compañeros enfermos, al tiempo que se compartía toda la ayuda que individualmente se solía recibir, si bien la organización garantizaba además los complementos de comida y medicamentos necesarios y una modesta asignación mensual de dinero igual para todos para no tener que depender de la familia[10].

Pero Burgos no fue un caso aislado. La labor de los militantes presos no cesaba una vez caían entre rejas sino que cambiaba hacia otros derroteros. Manuel Machín, obrero del metal zaragozano, durante su paso por la cárcel de Carabanchel, desempeñó un importante papel como «madre» de una comuna compuesta por personajes tan destacados como Chicho Sánchez Ferlosio o Federico Jiménez Losantos entre otros[11]. Su labor era gestionar todos los recursos que recibían los distintos presos para repartirlos entre todos los compañeros, independientemente de la cantidad que recibían unos u otros. En estos momentos de necesidad donde, parafraseando a Karl Marx, el obrero estaba más necesitado de respeto que de pan, se va a manifestar otra de las máximas que el filósofo germano popularizó en su *Crítica al Programa de Gotha*

Presos del Penal de Burgos escuchando una misa en la década de 1940.

tomándola de los socialistas franceses: «De cada cual según sus capacidades a cada cual según sus necesidades»[12].

La importancia que tenía el paso por el Penal de Burgos para el desarrollo de los militantes del PCE fue algo que queda fuera de toda duda. Gran parte de los militantes adquirieron entre las rejas la formación política y cultural que no podían obtener en su territorio: «No era exagerado el calificativo que se le venía dando al Penal de Burgos como "la universidad política del PCE" por la biblioteca que se disponía y por la programación de las materias y cursos que se impartían por parte de los presos políticos»[13].

Aún con todo, no son pocos los testimonios que aluden las dificultades que suponía la entrada a la cárcel y la rígida disciplina a la que eran sometidos. Entre ellos, de especial dramatismo para los aragoneses que entraron tras la caída de

1958, fue la directriz que marcó el Comité Central del PCE de apartar a Antonio Rosel Orós del partido al haber desacatado el mandato de exiliarse a Francia antes de ser detenido[14].

La situación de clandestinidad llevaba con frecuencia a un clima de tensión entre los propios militantes que derivaba en ocasiones en el rencor hacia aquellos camaradas que no habían sido firmes en comisaría y habían acabado delatando a algún compañero. Los que «cantaban» quedaban automáticamente excluidos de la membresía del partido y de la comuna en la cárcel, convirtiéndose de facto en parias señalados por la dirección. Estos miembros experimentaron auténticos traumas, además de la marginalidad en la cárcel con el sentimiento de culpa de haber delatado a compañeros[15].

Sin descuidar la importancia que tuvo la formación política estricta en el marxismo y la organización reivindicativa, no fue menor la importancia que tuvo el cultivo de una cultura propia en las cárceles. La difusión de esa nueva generación de poetas[16] presos que tuvieron una gran repercusión a nivel internacional generó una cultura propia marcada por el llamamiento a la solidaridad y la lucha en pro de la amnistía de dichos presos[17].

La difusión de esta cultura, así como de las experiencias cotidianas que vivían los presos, tenía lugar a través de Radio España Independiente con el programa «La voz del Penal de Burgos». Este programa era coordinado desde prisión por Miguel Galindo y permitía, entre otras cosas, utilizar la estancia en la cárcel para insuflar moral a toda la militancia que seguía en libertad para seguir combatiendo la Dictadura. Para las fuerzas policiales fue un quebradero de cabeza buscar el repetidor o la emisora desde la que se transmitían estos testimonios que los presos hacían llegar a «La Pirenaica», siendo continuos los rastreos en las inmediaciones. Lo cierto es que esos testimonios, que volaban directos primero a Moscú y después a Bucarest, son un buen indicio para entender la práctica política de los propios presos en los penales. Los presos políticos intervenían también entre el personal del penal siendo con frecuencia los propios funcionarios los que facilitaban las cartas al servicio de correos[18].

La capacidad de difusión de estos testimonios tendrá estrecha relación con las luchas llevadas a cabo por los presos para mejorar sus propias condiciones de vida dentro de las cárceles y la intervención política realizada con los propios funcionarios[19]:

> En los años setenta los presos políticos de Carabanchel habían alcanzado una notable autonomía en la gestión del tiempo. Tal cosa se hizo posible gracias a un proceso de luchas y reivindicaciones, plantes, huelgas de hambre y escritos al director, con los que los «políticos» van conquistando el espacio de la cárcel[20].

Es innegable que estos movimientos reivindicativos cumplieron en buena medida sus objetivos gracias al apoyo incondicional que recibían desde fuera de sus celdas. Los movimientos de solidaridad, encabezados por las conocidas como «mujeres de preso», fueron uno de los principales altavoces de la situación de los presos políticos en un momento en el que el régimen se quería presentar como un país libre de detenidos por cuestiones ideológicas.

El propio PCE era consciente de la necesidad de articular un movimiento solidario amplio encabezado por las mujeres o madres de los detenidos y, a través de su papel como familiares cercanos, conseguir movilizar al resto de sectores de la población:

> En la campaña proamnistía, las mujeres tienen que desempeñar un papel de particular importancia. A las mujeres comunistas en primer lugar, corresponde unir y movilizar a las más amplias masas de mujeres de sentimientos generosos, católicas y no católicas, obreras, campesinas, intelectuales, de todos los sectores de la población, no solo para que se manifiesten ellas en pro de la amnistía, sino para que hagan sentir en sus casas, a sus maridos, a sus padres, a sus hermanos, el deber imperativo que tienen hoy todos los españoles honrados de aportar su contribución a la campaña por arrancar la liberación de los presos y de las presas antifranquistas. En torno a una causa tan hondamente humana como la de la amnistía, es posible agrupar a millones de mujeres españolas de todas las clases y de todas las creencias[21].

Las mujeres de preso fueron evolucionando a la vez que lo hacía la propia autopercepción que tenían de su papel reivindicativo. Tras una primera etapa durante los años cuarenta en la que eran estigmatizadas y actuaban de forma individual, evolucionaron hacia un papel colectivo y reivindicativo. En palabras de Irene Abad:

> Puede establecerse una clara evolución desde la «marca social» que supuso ser «mujer de preso» durante la década de

> 1940 a la «autodefinición» que caracterizó la incursión política de estas mujeres dentro de la oposición al franquismo y que encontró su punto de inflexión en el inicio de la campaña por la amnistía de los presos y exiliados políticos del franquismo.
>
> Es preciso especificar que esta definición social del término iba acompañada de unas características propias de la presencia de estas mujeres en los ámbitos políticos. Es decir, que mientras el periodo de «marca social» estuvo impregnado de un absoluto silencio por parte de las «mujeres de preso», el segundo de los periodos, el de la «autodefinición» estuvo vinculado a la movilización femenina en pro del preso político[22].

Siguiendo la tesis de Irene Abad, las mujeres de preso pasan del miedo a quedar vinculadas a los encarcelados a la utilización de esta categoría como justificación de la incursión. Este paso de lo particular a lo colectivo acaba incitando a que la movilización solidaria y proamnistía se realice también por personas ajenas al vínculo familiar[23].

Este movimiento fue el precedente de lo que posteriormente fue el Movimiento Democrático de Mujeres en 1965 con «dos orientaciones básicas: la liberación de la mujer y el fin de la represión»[24], en una relación evidente con las problemáticas crecientes e invisibilizadas que azotaban al género femenino en una Dictadura caracterizada por obviar las necesidades de las mujeres y su situación en la sociedad.

En esa misma línea, es importante realizar un apunte acerca de la situación de las mujeres en las prisiones femeninas durante el franquismo. Las presas se veían sometidas a su salida de los penales a un triple estigma casi imposible de sobrellevar: «El de ser rojas, expresas y mujeres»[25]. Juana Doña, militante comunista, explicó en sus memorias cuál fue la perspectiva que tenían aquellas antiguas convictas tras la llegada de la democracia española:

> Se contaban epopeyas de las cárceles masculinas y las heroicidades de sus protagonistas, se rompía el cerco de la censura y en la más negra clandestinidad se divulgaban acciones y sufrimientos protagonizados por los luchadores-hombres. Rara vez se hablaba o escribía sobre las heroicidades de las luchadoras-mujeres[26].

Hoy en día la importancia de estudiar la especificidad de la situación en los penales de las presas políticas, si bien se han sentado los primeros cimientos[27], sigue siendo una cuenta pendiente. Es importante ahondar en las condiciones de vida y las luchas de la militancia antifranquista femenina presa y su relación con el antifranquismo en general y el movimiento obrero en particular.

Los efectos de la represión en la movilización obrera: localización y atomización

El final de la década de los sesenta y principios de la década de los setenta coincide con la proclamación de diversos estados de excepción, aunque esto no debe inducirnos a error y entender que la represión fue una cuestión excepcional. La represión, al igual que la movilización antifranquista, fue evolucionando y mutando para adaptarse al contexto nacional e internacional en el que se aplicaba y, en los momentos de desacompasamiento, el régimen recurrió a estas medidas excepcionales para reforzar los mecanismos represivos sobre la población civil. Aun así, el objetivo del franquismo no va a ser que esta represión disminuya, sino que se institucionalice a través de nuevos mecanismos y organismos públicos destinados a desarmar los principales resortes de la oposición.

El cambio de década viene acompañado de un gran incremento de la represión estatal al sindicalismo, fuertemente ligado a un aumento de la movilización de masas antifranquista. Entre 1969 y 1973, dieciséis trabajadores murieron a manos de las fuerzas policiales en distintas movilizaciones. Esta represión se hizo más fuerte con la cada vez más evidente crisis del régimen y aupó el valor de los sindicalistas ante la perspectiva de la consecución de reformas políticas. Ante esto, a partir de 1969, la declaración del «estado de excepción» será algo común y, hasta cierto punto, el Gobierno franquista tuvo éxito en su intento de poner tope al auge del sindicalismo que se venía viendo desde unos años atrás hasta 1971, cuando las reformas instauradas con el propósito de evitar estos estados de excepción surtirán efecto. Con esto el régimen consiguió no declarar ningún estado de excepción hasta 1975 y dar una apariencia de normalidad con la que pretendía granjearse el apoyo de Europa. La represión no se suprimió, sino que se institucionalizó y legalizó, mediante las distintas reformas de 1971 (Ley de Orden Público, Ley de Procedimiento Administrativo, reforma del Código penal...) que aumentaron la dureza de las condenas y la cuantía de las multas. Un comunicado de la Coordinadora General de Comisiones Obreras dice lo siguiente:

> En 1973 vemos cómo esta represión lejos de reducirse no hace sino que aumentar ante el nuevo repunte que sufre el movimiento obrero. La muerte de un obrero en abril de ese mismo año en la localidad barcelonesa de San Adrián de Besós tuvo una gran repercusión y se tradujo en un especialmente reivindicativo 1º de Mayo. La Coordinadora General de Comisiones Obreras abrirá un boletín informativo en mayo aludiendo que «las medidas represivas desencadenadas hoy contra la clase obrera y el movimiento de masas, no consiguen los propósitos del régimen, de intentar contener el avance de la lucha de los trabajadores[28].

La represión fruto de los estados de excepción, que desarticuló en buena medida las capacidades de la dirección de CC. OO. y el PCE, provocó que los años siguientes fueran de especial dificultad para la articulación de grandes movilizaciones. Esto llevó a las organizaciones clandestinas a cambiar la táctica de movilización produciéndose un aumento de la atomización y la localización de los conflictos, circunscribiéndose mayoritariamente a reclamaciones de tipo económico. El proceso de la entrada del fordismo en España a través de la instauración de cronometrajes, pluses de productividad y elementos de control sobre la producción durante el desarrollismo operan a nivel psicológico en la clase, pero, contrariamente a lo que se ha analizado en algunas investigaciones, no implica necesariamente un pliegue hacia reclamaciones netamente económicas por parte de la clase obrera española.

Si se saca de la ecuación el auge represivo y la persecución a las protestas de tipo político, la conclusión que sacamos es que los trabajadores pasan a centrarse únicamente en cuestiones de tipo económico en sus centros de trabajo. En la España de los años setenta era imposible disociar ya la movilización por cuestiones económicas de la denuncia a la falta de libertades políticas. Ello no invalida que una parte importante de la clase obrera se viera atraída por los cantos de sirena del desarrollismo y de ahí que desde las organizaciones clandestinas se impulsaran movilizaciones de tipo económico para favorecer, en el fragor de las mismas, la articulación de denuncias políticas. Como se verá más adelante, el factor principal que explica el retroceso movilizador es el aumento de la capacidad represiva autootorgada por parte del Estado, que aumenta su capacidad de vigilancia, institucionaliza penas y agrava el descrédito y la persecución política de los dirigentes clandestinos.

Entre 1971 y 1973 la actividad política del antifranquismo experimentó un retroceso flagrante. El régimen tenía fichados, cuando no detenidos, a la práctica totalidad de los dirigentes del movimiento obrero zaragozano que se vio obligado a cambiar de táctica: «La consigna era estar en los centros de trabajo, extremar las precauciones, todos estábamos escapados o escondidos, pero ninguno anulado»[29].

El PCE fue uno de los protagonistas fundamentales en la lucha contra las condenas del Proceso de Burgos de 1970, algo que pagó duramente su militancia. En Zaragoza, entre 300 y 400 personas salieron en manifestación por la calle de Alfonso I antes incluso de conocerse el fallo del tribunal militar[30]. Para el PCE, «el Proceso de Burgos ha sido incontestablemente la batalla y la victoria más importante, contra el régimen franquista»[31]. En diferentes puntos del país, las manifestaciones se acompañaron de conflictos obreros que fueron duramente reprimidos por el aparato franquista generando la difícil situación que se vivió entre 1971 y 1973.

Cuadro 1

Detenidos y procesados por el Tribunal de Orden Público en España entre 1968 y 1972, útil para ver el bache que supone el año 1971 en las movilizaciones.

Año	1968	1969	1970	1971	1972
Detenidos	687	303	346	180	311

Fuente: elaboración propia con los datos del *Resumen estadístico de los detenidos en 1970,* págs. 79-81. Documento extraído del archivo personal de Juan José del Águila.

Estos años convulsos sentaron las bases para la aparición de divisiones en el seno del sindicato, provocando que la dirección de la Intercomisión de Ramas no llegara a todas las empresas en las que Comisiones Obreras tenía presencia o, en ocasiones, provocaba que en una misma empresa coincidieran varios grupos autodenominados como CC. OO.

Fueron años en los que se profundizó en la política de alianzas del PCE y, con ella, en el eurocomunismo. Este viraje político produjo numerosas escisiones políticas a su izquierda, defendiendo una visión ortodoxa y la importancia de mantener el partido comunista como un «partido de cuadros», frente a la visión de Carrillo de articular un «partido de masas». Este cambio estratégico dio sus frutos en lo que respecta a aumentar la base social. Esto fue por la asunción de una heterodoxia política que hasta esos años había sido un tema tabú, y que tuvo grandes consecuencias durante los años de la Transición a la hora de minimizar el papel de las células de empresa como organización básica del partido para favorecer las agrupaciones territoriales con un claro fin electoralista. En su voluntad de emular al PCI en Italia y de convertir al PCE en un partido donde tuvieran cabida sectores muy diferenciados, la dirección del partido en París puso especial interés en acercarse al mundo católico y en aglutinar a su alrededor a capas cada vez más heterogéneas de la sociedad española.

Esta táctica, asumida por los tres principales exponentes del eurocomunismo occidental, se plasmó en la diversidad de la extracción social de la militancia de estos partidos a partir de los años setenta. Buen ejemplo de ello es el Partido Comunista de Francia:

> El porcentaje de obreros entre los militantes todavía era superior en los años sesenta al peso de estos en la sociedad —57 y 38 %, respectivamente—, mientras que al acabarse la década de los setenta la relación se había invertido y el peso del obrero en la militancia era menor que en la población activa —31 y 35 %, respectivamente—. Destaca el peso de los profesores en el partido, que entre 1966 y 1979 doblaron su peso, del 5 al 10 %[32].

La cuestión de la entrada de elementos de las capas medias en el Partido Comunista aun así no estuvo exenta de debate en muchos lugares. En España, en estos años coincide con la salida de grupos de militantes que se reclamaban defensores de la ortodoxia leninista y de la necesidad de reforzar el componente obrero del partido, aun con matices y particularidades de cada caso concreto. Como ejemplo de mayor repercusión está el Partido Comunista Portugués (PCP). Su secretario general, Álvaro Cunhal, con gran experiencia en labores de dirección clandestina, explica la necesidad de no perder de vista el componente obrero en las tareas de dirección en su manual para las organizaciones del partido:

> La mayoría obrera en los organismos de dirección es una importante garantía para que el partido se mantenga fiel a una ideología y a una política de clase, sea capaz de analizar las situaciones y los problemas desde un punto de vista de clase, no sufra la influencia ideológica de la burguesía y mantenga firmemente los objetivos revolucionarios de la liquidación del capitalismo y de la construcción de una sociedad socialista.
>
> Cuadros intelectuales integrados en un colectivo revolucionario de mayoría obrera logran, con el tiempo y la experiencia, la conciencia de clase del proletariado. Pero si los cuadros intelectuales predominan mayoritariamente en organismo de dirección, se corre el riesgo de que, manteniendo preconceptos negativos de la clase de origen, hagan prevalecer criterios y orientaciones no conformes con la naturaleza de clase, la ideología y los objetivos del partido[33].

En España, esta vinculación a las profesiones intelectuales se vio en las movilizaciones de los trabajadores de enseñanzas medias y de los profesores no numerarios (PNN) de las universidades a partir de 1971. Era una muestra de que la influencia del PCE entre las «profesiones liberales», como eran los docentes y los abogados, era cada vez mayor. Esta cercanía de la estructura del partido a los ambientes culturales provocó no pocos enfrentamientos con los sectores «obreristas».

Mención aparte merece la estrecha relación que tuvo el movimiento obrero con los abogados laboristas. Fruto de las detenciones, esta simbiosis se venía fraguando desde 1958 aunque fue a finales de la década de los sesenta, con un mayor desarrollo de las movilizaciones y las estructuras obreras, cuando hubo un mayor acercamiento.

Cortar la cabeza a la hidra: el Proceso 1001 y el final de la Dictadura

Desde la modernidad no han sido pocos los gobiernos que, ciñéndose al hombro la piel del León de Nemea, se han presentado como garantía de eliminación de la hidra de Lerma como si fueran el mismísimo Hércules redivivo. Esta mitografía interesada, que presenta y demoniza a las clases subalternas como seres informes, monstruosos, ha sido ampliamente estudiada por la *History from below* con la obra de referencia de Peter Linebaugh y Marcus Rediker como máximo exponente[34].

A este respecto, el régimen fue consciente de que el antifranquismo como supramovimiento social, que se apoyaba en muy diversas patas (o que se articulaba a través de muy diversas cabezas, por seguir con la metáfora clásica), acababa impregnando todas las capas subalternas de la sociedad.

De esta forma, en su lucha contra el movimiento obrero, cabeza que nos ocupa en este capítulo, el objetivo principal del régimen fue siempre la cúpula, Comisiones Obreras, como principal organización opositora al régimen, es decir, su Coordinadora General y la figura de Marcelino Camacho como secretario general de la misma.

La detención ocurrida en el convento madrileño de los Padres Oblatos el 24 de junio de 1972 requiere una atención especial, no tanto por la severidad de las condenas, que son comparativamente menos graves que las impuestas durante el Proceso de Burgos tres años antes, sino por el carácter marcadamente político que adquirió, particularmente en el contexto de una oposición sindical encabezada por Comisiones Obreras. Este proceso se erigió como un desafío a un régimen que ya se encontraba débil.

El conocido oficialmente como «Proceso Sumario 1001/1972» se caracterizó por lo prolongado de su duración, ya que fue objeto de múltiples retrasos. La resolución del caso se produjo poco después del fallecimiento del presidente de Gobierno, Luis Carrero Blanco. Este contexto generó una intensa tensión, dado que el juicio, que inicialmente no iba más allá de la encarcelación de líderes sindicales, hubo de retrasarse varias horas tras la explosión de una bomba colocada por ETA, que ocurrió apenas quince minutos antes de la apertura de la sesión.

La acusación principal giraba en torno a la supuesta pertenencia de los detenidos a la dirección de Comisiones Obreras, calificada como organización ilícita vinculada al Partido Comunista de España. El fiscal solicitó penas de prisión que sumaban un total de ciento sesenta y dos años por el cargo de

CAMACHO, SOTO, SARTORIUS,
ZAMORA, ACOSTA, FERNANDEZ,
SABORIDO, SANTIESTEBAN,
MUÑIZ Y GARCIA SALVE.

Diez obreros españoles,
diez obreros en la cárcel,
diez hombres que son un pueblo
que en las prisiones no cabe.

Ciento sesenta y dos años
son los premios que reparten,
ciento sesenta y dos años,
los leguleyos farsantes.

CAMACHO, SOTO, SARTORIUS,
ZAMORA, ACOSTA, FERNANDEZ,
SABORIDO, SANTIESTEBAN,
MUÑIZ Y GARCIA SALVE.

Mil uno se llama el juego,
mil uno la mala sangre,
proceso a un pueblo que avanza
contra el miedo y contra el hambre.

Ya está bien de tanta mierda,
ya está bien de tanto aguante,
que si es grande la cadena
la libertad es más grande.

CAMACHO, SOTO, SARTORIUS,
ZAMORA, ACOSTA, FERNANDEZ,
SABORIDO, SANTIESTEBAN,
MUÑIZ Y GARCIA SALVE.

Poema dedicado a los detenidos durante el Proceso 1001 junto a la imagen de uno de ellos, Miguel Ángel Zamora.

«asociación ilícita», incluyendo peticiones de agravante por reincidencia para seis de los detenidos: Marcelino Camacho, Nicolás Sartorius, Eduardo Saborido, Fernando Soto, Juan Marcos Muñiz Zapico y el cura obrero Francisco García Salve. Las penas oscilaban entre los doce años para quienes no tenían antecedentes, como el zaragozano Miguel Ángel Zamora, hasta los veinte años para Marcelino Camacho, quien, como máximo responsable de Comisiones Obreras, contaba con un extenso historial político. De los diez detenidos, nueve fueron recluidos en la cárcel de Carabanchel mientras que el díscolo sacerdote jesuita Francisco García Salve, dada su condición de clérigo, ingresó en la cárcel concordatoria de Zamora reservada para presos pertenecientes a la Iglesia católica.

Desde Comisiones Obreras, se decidió otorgar una relevancia especial a este juicio, solicitando la defensa de los detenidos a un gran número de abogados reconocidos de diversas corrientes políticas opuestas al régimen franquista, con el fin de dotar de un enfoque político al proceso. Entre estos abogados se encontraban Joaquín Ruiz Jiménez, ministro de Justicia en los años cincuenta que más tarde se convirtió en crítico del régimen, así como Paquita Sauquillo, abogada laboralista y líder de la Organización Revolucionaria de Trabajadores (ORT), y José María Gil Robles, antiguo presidente del Gobierno de la Segunda República durante el periodo radical-cedista.

La defensa se fundamentó en la independencia política y la espontaneidad de Comisiones Obreras, rechazando cualquier tipo de organización centralizada y, por supuesto, negando la vinculación con el PCE, cada vez más difícil de ocultar. En este sentido, todos los detenidos desestimaron la posibilidad de haber estado presentes en una reunión de la dirección nacional, alegando que no existía vinculación entre las diversas Comisiones Obreras territoriales y que su presencia respondía a motivos casuales, a pesar de que a varios de ellos se les había solicitado documentación del sindicato. Esta defensa no fue aceptada por el tribunal, que, presionado por el contexto generado tras la muerte de Carrero Blanco, acabó imponiendo penas que se alinearon notablemente con las propuestas por el fiscal, limitándose únicamente a suavizar las condiciones.

A lo largo del Proceso 1001, se llevaron a cabo numerosas movilizaciones a favor de la amnistía de los detenidos, iniciadas desde el mismo día de su detención. La amplia referencia que los sindicalistas tenían entre sus compañeros de trabajo

Queridos compañeros:

Ante todo queremos saludaros y agradeceros todos los esfuerzos y sacrificios que hacéis por la lucha obrera y por nuestra libertad. En ello tenemos puestas nuestras mayores esperanzas y la seguridad de nuestra victoria. Como sabéis, el acto de nuestro juicio se acerca y si bien hemos logrado desbaratar la maniobra del régimen tendente a juzgarnos en verano, éste no ceja en su empeño e intentará escoger, arteramente, el momento más propicio para sus planes. Por eso nos ha parecido muy bien que no hayáis esperado a ese momento para dar la batalla, sino que estáis planteando la lucha al ritmo y en los momentos que más nos interesa, unida a los problemas concretos de los trabajadores, utilizando a fondo todas las posibilidades legales (cargos sindicales, etc.) y extralegales, ligando en todo momento la campaña por nuestra libertad con la Amnistía para todos los presos políticos y sociales, tomando la iniciativa.

¿Qué busca la Dictadura con los 162 años de cárcel que nos pide? Todos lo sabemos: aterrorizar a la clase obrera y a todas las fuerzas anti-régimen a través de condenas monstruosas a unos militantes conocidos del movimiento obrero; destruir a las Comisiones Obreras, separar a los militantes combativos de las masas y alejar a éstas de sus aliados en la conquista de la democracia. En una palabra, restarnos fuerzas para poder llevar adelante sus planes de expoliación económica y continuismo político. Por eso hemos considerado este proceso, desde siempre, como un juicio contra todos los trabajadores, a través de su movimiento organizado (Comisiones Obreras); como un juicio contra la libertad sindical y contra el derecho de los trabajadores y de todos los españoles a reunirse y asociarse libremente.

A partir de aquí, durante todo este largo año de prisión, recogiendo el sentir de los trabajadores, sólo hemos tenido una obsesión: sumar fuerzas para librar esta gran y dura batalla, y ganarla. Fuerzas obreras, populares, democráticas y humanitarias, de dentro y de fuera de nuestras fronteras, sin limitación de ninguna clase, sin condiciones de ningún tipo. Los resultados nos afirman en esta línea; movimientos, organismos y personalidades del mundo sindical, político, cultural o religioso, de dentro y de fuera de España, de las más variadas ideologías y condición social, van tomando posición a favor de nuestra libertad y en contra del fascismo del Estado español. Este es un proceso que debemos transformar —que estamos transformando ya— en una contundente "acta de acusación" de todo un pueblo, de la España del trabajo y de la libertad, del mundo de la democracia contra la dictadura fascista, en marcha hacia la libertad y la supresión de la explotación del hombre por el hombre.

Todos nuestros actos van encaminados en ese sentido: por ello, en nuestro juicio aprovecharemos todas las oportunidades para defender los intereses de una clase obrera a la ofensiva que representa el interés nacional, al mismo tiempo que deshacemos el montaje policíaco y las acusaciones fiscales. Pensamos que ésta es la forma de ser más útiles a nuestra clase y a nuestro pueblo.

¡Hacia la Amnistía y la readmisión de los despedidos y represaliados!

¡Hacia la libertad, la Democracia y el Socialismo!

Con inquebrantable seguridad en la victoria, recibid un fraternal saludo de combate.

PRISION DE CARABANCHEL

FRANCISCO ACOSTA
MARCELINO CAMACHO
LUIS FERNANDEZ CASTILLA
FRANCISCO GARCIA SALVE
JUAN MUÑIZ ZAPICO
PEDRO SANTISTEBAN
EDUARDO SABORIDO
NICOLAS SARTORIUS
FERNANDO SOTO
MIGUEL ANGEL ZAMORA

Carta de los «10 de Carabanchel», detenidos en el Proceso 1001.

provocó una rápida ola de indignación que permitió la consolidación de toda la oposición al franquismo, convirtiendo a los detenidos en un símbolo de la lucha democrática. La repercusión de este caso trascendió las fronteras españolas, provocando la condena de numerosas figuras políticas y personajes públicos de distintos países (Reino Unido, Estados Unidos, Australia, Francia, entre otros), quienes denunciaron el Proceso como una persecución política y acusaron al Gobierno franquista de no respetar los derechos humanos.

Estas movilizaciones de solidaridad ejercieron de palanca para forzar al régimen a revisar el caso y coincidieron con las movilizaciones que el Profesorado No Numerario estaba realizando en defensa de sus condiciones de trabajo. Especial repercusión tuvieron las numerosas huelgas que a raíz de la combinación de ambas reclamas se dieron en las universidades españolas, como fue el caso el de la Facultad de Medicina de Zaragoza, en la que estudiantes y profesores se declararon en huelga indefinida y que estuvieron cerca de lograr el cierre de la misma[35] o del ICAI de Valladolid, en el que la Policía tuvo que desalojar una asamblea que debatía sobre cómo proceder ante los abusos a los universitarios en huelga y ante el Proceso 1001[36]. Mayor repercusión aún tuvo el cierre de dos facultades de la Universidad de Málaga por la incapacidad de resolver el clima de tensión: «Ante las reiteradas alteraciones del orden académico y tras advertencia pública al respecto, la Junta rectora de la Universidad de Málaga ha decidido suspender hasta nuevo aviso toda actividad en las Facultades de Ciencias Económicas y Filosofía y Letras»[37].

En 1975, estas penas fueron reducidas en una revisión del caso, principalmente debido a la falta de pruebas que corro-

Cuadro 2

Condenas del Proceso 1001 y su posterior revisión.

Inculpado	1.ª Condena	2.ª Condena
Marcelino Camacho	20 años	6 años
Eduardo Saborido	20 años	5 años
Nicolás Sartorius	19 años	5 años
Francisco García Salve	19 años	5 años
Fernando Soto	18 años, 4 meses y 1 día	4 años, 2 meses y 1 día
Juan Marcos Muñiz	18 años	4 años, 2 meses y 1 día
Luis Fernández Castilla	12 años y 1 día	2 años, 4 meses y 1 día
Miguel Ángel Zamora	12 años y 1 día	2 años, 4 meses y 1 día
Francisco Acosta	12 años y 1 día	2 años, 4 meses y 1 día
Pedro Santiesteban	12 años y 1 día	2 años, 4 meses y 1 día
TOTALES	**162 años, 4 meses y 5 días**	**38 años, 8 meses y 6 días**

boraron que los detenidos podían ser considerados dirigentes nacionales de Comisiones Obreras y a la presión nacional e internacional a la que se estaban viendo sometidos, entendiéndose por parte de la población como un auténtico juicio al régimen. En consecuencia, el Tribunal Supremo decidió rebajar considerablemente las condenas.

La reacción no se hizo esperar y la propia prensa española plasmó el júbilo con el que se recibió esa noticia en el extranjero, especialmente desde el movimiento sindical que tantas movilizaciones había venido organizando desde la detención de Marcelino Camacho y sus compañeros tres años antes:

> La reducción de las penas de los diez acusados en el Proceso 1001 ha sido acogida con gran satisfacción por las organizaciones sindicales internacionales con sede en esta capital.

Tanto en la C.L.S.L. (Confederación Internacional de Sindicatos Libres, de orientación socialista), como en la C.M.T. (Confederación Mundial del Trabajo, de orientación cristiana), como en la C.E.S. (Confederación Europea de Sindicatos, que agrupa a las organizaciones sindicales de los nueve países de la C.E.E.), se comentaba muy favorablemente la decisión del Tribunal Supremo[38].

Con este caldo de cultivo, aliñado además con los efectos de la escalada inflacionaria fruto de la crisis del petróleo de

Cartel en francés y en flamenco denunciando las fuertes condenas del Proceso 1001.

1973, el aumento de las cifras movilizadoras creció de forma imparable durante los últimos años del franquismo, especialmente tras la muerte del dictador. Durante los años que van de 1975 a 1978 se dio una escalada represiva acorde al aumento de movilizaciones que se producían en las calles, si el régimen había de cambiar no sería ni mucho menos de forma pacífica y consensuada a pesar de la muerte de Francisco Franco el 20 de noviembre de 1975.

La muerte del dictador coincidió con el momento en el que tocaba renovar 2/3 de los convenios colectivos que se habían ido retrasando en vistas a una posible eliminación de las restricciones salariales impuestas por el Gobierno para paliar la crisis. Este desbloqueo de la posibilidad de negociación colectiva y de subida salarial se quedó en papel mojado, como tantas otras promesas de Año Nuevo, lo que desencadenó un periodo huelguístico sin parangón en la Historia de España: 17.731 huelgas y 150 millones de horas perdidas según los datos del Ministerio de Gobernación solo en el primer trimestre del año[39].

Los obreros no estaban dispuestos a firmar convenios en los que no apareciesen sus reivindicaciones principales, cansados de aguantar el peso de la inflación y el paro que se situó en esas fechas en niveles que rozaban el doble de un año atrás en multitud de provincias o incluso el triple en provincias como Navarra donde el paro creció un 217,7 %[40].

Tras el periodo movilizador de enero a marzo/abril de 1976 y el consiguiente crecimiento masivo de Comisiones Obreras, el Secretariado de la Coordinadora General publicaba en mayo de ese mismo año un manifiesto-programa donde exponían su estrategia sindical en España: la creación de un

Cuadro 3

Conflictos laborales en España según la Organización Sindical Española (OSE), 1974-1976*.

Año	Número de conflictos	Número de trabajadores	Horas perdidas
1974	1.193	625.971	18.188.895
1975	855	556.371	10.355.000
1976	1.568	3.638.952	110.016.000

único sindicato unitario para todos los trabajadores. En este documento, Comisiones Obreras primero realiza una exposición de qué era Comisiones Obreras como organización (sindicato independiente, de clase, asambleario y sin ideología política definida) para después plantear una exposición de su propuesta, en la que se enumeraban los puntos mínimos para la fundación de un sindicato único en España independiente «del Estado, de los partidos políticos, y de cuantas organizaciones o grupos ideológicos, económicos o confesionales pretendan interferir o desviar la plena soberanía sindical»[41]. Para esta unidad sindical propondrán la convocatoria de un congreso sindical constituyente precedido de una serie de congresos a todos los niveles (local, provincial, regional, nacional...) que permitieran la unidad total de todo el Estado.

---

* Tabla de elaboración propia según los datos del cuadro 16 de Carme Molinero y Pere Ysàs, *Productores disciplinados y minorías subversivas,* pág. 96. En ella se puede apreciar que los datos de la OSE rebajan los datos del Ministerio de Gobernación (fuente más fiable) pero, aun así, muestran un aumento extremo respecto a los dos años anteriores, especialmente importante es ese aumento del 1.000 % en las horas de trabajo perdidas.

El sociólogo Robert Fishman considera que, a estas alturas de mediados de 1976, «el movimiento sindical y los partidos de izquierdas insistían en la necesidad de ruptura, de romper claramente con el pasado»[42]. Algo que provocó la caída del Gobierno de Arias y el ascenso al poder de Adolfo Suárez, quien profundizó en las concesiones y consiguió que se llevara a cabo una transición por la vía reformista, salvaguardando las espaldas de gran parte de la administración franquista.

Fishman afirma que será entre finales de 1976 y principios de 1977 cuando desde las direcciones sindicales y de los partidos políticos se empiece a adaptar el discurso hacia una reforma pactada con las fuerzas del régimen ante una pérdida del apoyo popular y ante la dificultad para llevar a cabo una ruptura unilateral con unas Fuerzas Armadas muy identificadas con el franquismo, además de la más que posible oposición de unas potencias internacionales que, en el contexto de Guerra Fría, preferían un régimen filofranquista que uno donde predominasen las fuerzas de izquierdas lideradas por el PCE.

Para Fishman, un punto de inflexión en el cambio de estrategia fue el duro golpe psicológico que supuso el fracaso relativo de la huelga general del 12 de noviembre de 1976. Esta convocatoria de huelga fue la primera realizada a fecha fija y anunciada a través de la Coordinadora de Organizaciones Sindicales (COS) en la que estaban integrados los tres principales sindicatos de clase del país, CC. OO., UGT y USO, aún en la clandestinidad, y se habían puesto grandes esperanzas en que serviría de motor de cambio para la realidad social del país.

Desde el franquismo, a través de la figura de su nuevo presidente del Gobierno, Adolfo Suárez, fueron conscientes

Panfleto llamando a la huelga general del 12 de noviembre de 1976 firmado por CC. OO.

de la relevancia que podía tener una paralización del país en una convocatoria de huelga que demandaba explícitamente cambios profundos. El objetivo principal era neutralizar los efectos y garantizar que el país se viera lo menos colapsado posible. En este aspecto fue clave garantizar que el transporte público de las principales ciudades funcionara con normalidad para boicotear la sensación de parálisis total, algo que se consiguió especialmente en el Metro de Madrid.

La sensación más agria que dulce con la que salieron los sindicatos de la huelga y de los intentos constantes por parte del régimen de dinamitar la unidad sindical hicieron el resto. La COS se acabó disolviendo entre fuertes discrepancias y ataques mutuos, los sindicatos se fueron legalizando de manera escalonada y el pesimismo se asentó en unas filas del antifranquismo que acabaron interpretando la realidad como la «menos mala» y empezaron a pensar en sacar el mayor provecho de una transición a la democracia en la que, sin la capacidad de movilizar hacia la ruptura, únicamente les quedaba buscar el papel más relevante posible dentro de la función de teatro.

Este cambio de estrategia se interpretó desde los propios sindicatos como un reconocimiento a la incapacidad de poder liderar dicha ruptura, algo que fue visto con recelo de una gran cantidad de militantes. El elemento fundamental es que no se rechaza la «vía rupturista» por considerar mejor la «vía reformista», sino porque se reconoce la imposibilidad de llevar a cabo una destrucción total del régimen franquista, profundamente enraizado tras cuarenta años de propaganda y represión. A pesar de eso, entre bambalinas, serán muchos los dirigentes, algunos de máximo nivel, que siguieron expresando sus dudas sobre este cambio de dirección. Al hacer balance, el propio PCE declaró lo siguiente:

> La ruptura política radical realizada de una sola vez, con la instauración de un gobierno provisional, como preconizaban el Partido Comunista y la Junta Democrática, no fue posible por varios factores, entre los que cabe destacar la orientación reformista tomada por algunas fuerzas de la oposición y las

> surgidas del mismo régimen franquista, así como la presión internacional, fundamentalmente europea y americana, temerosa de la hegemonía de la clase obrera y las fuerzas de izquierda. Estos factores contribuyeron a que el movimiento de masas, pese a su amplitud e importancia no alcanzase la fuerza necesaria para determinar una ruptura política radical[43].

Evidentemente, el PCE ya no tenía ese carácter insurreccional y de disciplina que tenía en 1936. Era un partido castigado por cuarenta años de represión y veinte de constantes rencillas internas que derivaban en escisiones, en las que con frecuencia se anteponía el personalismo antes que la verdadera discrepancia política. Esto, unido a un proceso de cambio de línea política a todos los niveles con la aprobación de las tesis eurocomunistas, provocó que el Partido Comunista de

Presentación en Zaragoza ante la prensa del bono de CC. OO., un precarné de 25 pesetas creado en la Asamblea de Barcelona en julio de 1976.

España redujera en gran medida la capacidad de movilización que estaba empezando a tener y, lo que fue aún más grave para el PCE, perdió gran parte de la capacidad de dirección sobre Comisiones Obreras, que cada vez tenía más autonomía.

Existió la lucha de clases

Desde el inicio de la Dictadura, la sociedad civil quedó totalmente polarizada entre vencedores y vencidos. En oposición a la historiografía franquista, que presenta la guerra española como un conflicto fratricida invisibilizando la composición social y las propuestas políticas que encarnaban cada uno de los bandos en pugna, este capítulo pretende explicar de forma sintética cómo la Dictadura supuso un mecanismo de constante represión y hostigamiento a la clase obrera. El régimen, a pesar de presentarse ajeno a la lucha de clases, jugaba su papel claramente como elemento de garantía para la élite económica del país, atacando cualquier conflicto en el que se manifestara la contradicción entre trabajadores y propietarios.

La oposición obrera se da desde el mismo momento en el que se instaura el nuevo Gobierno, pervive a la resolución de la guerra y se desarrolla transmitiendo a las nuevas generaciones una cultura propia opuesta a la del franquismo. Esta polarización social, totalmente palpable en las fábricas y que impregna también los barrios obreros de las ciudades, es atacada por el régimen con la intención de cooptar a los menos concienciados y arrestar a los más politizados para poner fin a esa labor de difusión del mensaje de oposición política.

Con la evolución de la protesta obrera y de sus mecanismos acorde al desarrollo industrial de España y a los cambios políticos de las organizaciones clandestinas, también muta la vía represiva por parte de la Dictadura, generando nuevos mecanismos que institucionalizan la represión y dificultan los procesos de solidaridad. Aun así, los años de mayor movilización en España se dan en los últimos años del régimen, en un momento en el que el movimiento obrero se convierte, junto al resto del antifranquismo, en un actor político fundamental en los debates sobre el modelo de país que resultaría después de Franco.

Los objetivos finales no se lograron, ello implicaría la desaparición de la explotación del hombre por el hombre, pero todavía resuenan en el imaginario colectivo las grandes huelgas y manifestaciones al igual que, de una forma mucho más implícita, sigue interpretándose en muchas minas que no hay que entrar a trabajar si hay granos de maíz en la puerta del pozo.

5

LAS VÍCTIMAS INESPERADAS: LA REPRESIÓN DE PERIODISTAS Y ESCRITORES (1939-1945)

Juan A. Ríos Carratalá
(Universidad de Alicante)

LA LUPA DEL HISTORIADOR

El trazo grueso es tan necesario a veces como inexacto en su reflejo de la realidad. El conocimiento de la represión franquista todavía requiere subrayados pedagógicos o clarificadores porque su presencia en los estudios universitarios supone una relativa novedad, aunque cuente con una bibliografía considerable. Esta permite fijar las líneas básicas de esa violencia multiforme y establecer las cifras globales de las víctimas, gracias a numerosos trabajos centrados en ámbitos locales o específicos. También se ha avanzado en la tipificación de quienes padecieron la represión en las diferentes etapas del franquismo, al tiempo que estas últimas, con la capacidad de la Dictadura para adaptar sus mecanismos de coerción a la evolución de los tiempos, disponen de análisis que revelan una conclusión recordada como punto de partida: el régimen del general Franco nunca renunció a la violencia que le caracterizó desde el principio para asegurar su permanencia en el poder.

La obviedad de esta conclusión para los historiadores de la Dictadura apenas se corresponde con la percepción o el recuerdo de la misma en amplias capas de la sociedad española. La cuestión merece una autocrítica por los errores cometidos en la divulgación de nuestros trabajos. No obstante, también debemos valorar el escaso interés de los lectores ante una temática desagradable, incluso inquietante, y reconocer las capacidades de quienes apoyaron la Dictadura o la blanquean con estrategias bien concebidas.

Las élites del franquismo nunca fueron una agrupación de incompetentes. Sus representantes actuaron con habilidad a la hora de utilizar la propaganda e imponer un relato. Varias décadas después, ese relato permanece vigente con la colaboración de los revisionistas, casi siempre ajenos a las universidades públicas. Sus portavoces cuentan con un considerable respaldo editorial, mediático y político. Ya desde 1964, cuando tuvo lugar la omnipresente campaña de los XXV años de Paz, el régimen percibió que, sin renunciar a la legitimación de la Victoria, debía buscar otra que la completara hasta difuminar los rasgos más violentos e impresentables de la primera. La Paz como concepto propagandístico se impuso en el momento oportuno y su estela, convenientemente manipulada y actualizada, sigue hasta la actualidad[1].

La fortuna, reducida a menudo al azar de una favorable concatenación de circunstancias, acompañó a la Dictadura, que, al igual que el dictador desde los tiempos de Marruecos, dispuso de una «baraka» cuya protección es digna de asombro (y desesperación). Ante semejante evidencia del destino que parece encubrir razones sólidas como las analizadas por

Nicolás Sesma (2024), el historiador llega a dudar acerca de la intervención divina para asegurar la continuidad en el poder del general Franco tras vencer en la Cruzada.

El forzado cambio de rumbo en la política económica que tuvo lugar a finales de los años cincuenta empezó a dar resultados perceptibles, con un elevado coste social, a mediados de la década siguiente. El momento era de optimismo y esperanza para amplias capas de la ciudadanía que iniciaban la senda consumista gracias al desarrollismo auspiciado por los tecnócratas. Al margen de las cifras macroeconómicas, la cultura popular de esos años rebosa en manifestaciones donde la felicidad supone una consigna de largo recorrido[2]. La consiguiente alegría parte de una seguridad en torno a lo establecido y la vitalidad se percibe con nitidez en películas, canciones y otras manifestaciones culturales.

El optimismo de la etapa desarrollista no solo era impostado o fruto de una voluntad propagandística —que la había con el enmascaramiento de lo subyacente en numerosas manifestaciones creativas o públicas—, también se percibía en los más variados aspectos de la cotidianidad, incluso en la de familias que formaron parte de los derrotados[3]. Justo en ese momento de progreso providencial tras dos durísimas décadas, el calendario permite la llegada de una cifra redonda: los veinticinco años de la Victoria. Los responsables de la maquinaría del régimen comprenden entonces la conveniencia de aprovecharla para establecer un aparente punto y aparte que preservó las esencias de la Dictadura.

Giuseppe Tomasi di Lampedusa jamás llegaría tan lejos mediante la ficción novelística. Luchino Visconti, siempre trascendente, habría menospreciado semejante fortuna encadenada para justificar la permanencia de un régimen de privilegios cuyo origen está vinculado con la violencia.

La legitimidad del 18 de julio, recordada cada año con las pagas extraordinarias establecidas en 1947, definió la Dictadura. De hecho, nunca quedó arrinconada y se reavivó en momentos de crisis como llamada a la acción y escudo ante cualquier amenaza. Apenas importaba que fuera remota o hipotética por su relación con los «contubernios», cuyas sucesivas concreciones residían en un imaginario colectivo propicio para las «divinas palabras». No obstante, los propagandistas del régimen mantuvieron las pagas al tiempo que modularon la presencia de esa legitimidad, un tanto ajada ante la estética de los nuevos tiempos.

A partir de 1964, la recordaron preferentemente en la liturgia de los actos dirigidos a los sectores más comprometidos con el pacto de sangre que permitió la Victoria en la guerra, cuyo final conviene retrasar más allá del 1 de abril de 1939 para evitar errores de comprensión con respecto a la represión. Así, en otros ambientes menos entusiastas con el régimen y abiertos a una liturgia de aires posconciliares, los franquistas de siempre pudieron hablar de la Paz. Su plasmación sería un SEAT 600, las primeras vacaciones en la playa o la novedad de comprar un electrodoméstico a plazos.

La cultura popular de la época nos abruma con ejemplos de esa nueva cotidianidad presentada sin aristas ni contradicciones. Según vemos en tantas comedias del desarrollismo, España la merecía como el sol y la alegría que buscaban unos turistas a menudo infantilizados por la desgracia de no ser españoles. La voluntad propagandística de los creadores, siempre negada o inconsciente, todavía se diluye entre sonrisas de complicidad cuando evocamos buena parte del cine o la música de los sesenta. En cualquier caso, el concepto de la Paz, con mayúsculas por imposición de la campaña, era de uso agradecido tras una época donde predominaron otros menos amables. También permitía un amplísimo consenso y facilitaba el progresivo olvido de un pasado inmediato en el que resultaba incómodo reconocerse. Ni siquiera como vencedores más allá de las liturgias del régimen, que no cesaron porque reforzaban la relación clientelar de los participantes.

La propuesta propagandística del franquismo en su etapa desarrollista gozó de una excelente respuesta social que el historiador nunca debe ocultar. Tampoco en nombre de lo políticamente correcto que tantas cancelaciones justifica. Los momentos más violentos de la Dictadura contaron con un imprescindible grado de complicidad que va desde la colaboración activa, jamás reconocida en público, hasta el silencio capaz de avergonzar al cabo del tiempo. El recuerdo de esa etapa de consejos de guerra, cárceles abarrotadas, campos de concentración y una estricta separación entre vencedores y vencidos resultaba incómodo. La propia Dictadura acalló las voces que pudieran someterlo a un juicio en busca de responsabilidades y encontró una alternativa para blanquearlo: la Paz con el señuelo del desarrollismo, que nunca cuestionó los orígenes del régimen o los años de la autarquía. La acogida de la campaña con aires de consigna fue entusiasta por la posibilidad de prescindir de un pasado que convenía obviar para adentrarse en un presente venturoso. Y sin dar explicaciones, porque el relato de esta evolución estaba controlado y nadie podía preguntar o manifestar dudas acerca de las inevitables contradicciones.

La represión violenta de las cárceles o las ejecuciones al amanecer en las tapias de los cementerios nunca desapareció. No obstante, la percepción social de la misma quedó arrinconada en lo innombrable, gracias al control de la información y la predisposición de los españoles a negarla para evitar la propia represión o sentirse cuestionados por sus diferentes grados de complicidad. La cuantiosa y planificada inversión en violencia ejercida durante la posguerra, con sus efectos paralizantes para cualquier disidencia, dio una alta rentabilidad durante décadas. Llegados los años sesenta, el régimen podía ser más selectivo a la hora de reprimir las manifestaciones de la oposición. La de siempre, concretada en movimientos como el obrero o la minoritaria militancia política. Otras disidencias de los usos y costumbres, menos controlables y hasta desconcertantes, empezaban a abrirse camino en una cultura donde la hegemonía franquista pronto quedó resquebrajada por falta de respuestas acordes con los tiempos.

La omnipresente batalla de los usos y costumbres propios de una tímida modernidad preocupó a la Dictadura capaz de aguar la llegada de The Beatles en 1965. Incluso la afrontó con las armas habituales de la censura o la prohibición, que fueron contumaces, pero sus representantes acabaron cediendo, en parte porque imaginaban que los verdaderos enemigos estaban en otros frentes. El error de apreciación de los franquistas del desarrollismo fue compartido por la oposición al régimen, que minusvaloró la única batalla finalmente ganada

Imagen de los chequistas de Fomento y Bellas Artes procesados en el sumario 48310. Archivo General e Histórico de Defensa (AGHD). Abril de 1940.

de forma casi imperceptible, sin fechas para la celebración y con un consenso en algunos puntos que ahora forma parte del sentido común. La paradoja resulta notable, porque casi nadie recuerda la anormalidad de quienes negaron ese consenso con entusiasmo durante décadas.

La táctica lampedusiana dio paso a unos años sesenta de un desarrollismo donde la represión, en sus manifestaciones tradicionales, oficiales y más violentas, aparecía como una realidad esporádica y circunscrita a unos colectivos irredentos, pero minoritarios. El consiguiente bienestar de la mayoría social también ocultaba el precio pagado, presente en la masiva emigración a Europa y en los desplazamientos internos de la población con la aparición de la España vaciada y olvidada.

Apenas importaba más allá de unas aisladas voces testimoniales. El coste y las contradicciones del desarrollismo se asumieron porque abrían el camino a un bienestar y permitían obviar un pasado de violencia donde las complicidades eran numerosas. Mirar atrás podía ser pavoroso y, en buena medida, lo sigue siendo como razón nunca reconocida de las políticas del olvido o la supuesta «concordia».

La percepción del progreso como sinónimo de Paz continuó hasta 1973, cuando la crisis económica reveló carencias nuevas y estructurales de la Dictadura, cuya modernización había estado vigilada por los ortodoxos del franquismo. La inflación y sus consecuencias laborales protagonizaron el orden del día como caldo de cultivo de una movilización creciente. También la debilidad del Estado para paliar una crisis de carácter internacional cuya salida, al margen de la solución, ya no dependía de la represión como única respuesta. El régimen se sintió amenazado y respondió con recrudecida violencia ante cualquier disidencia[4]. La relativa y actualizada vuelta a los orígenes se produjo porque la Dictadura había entrado en una fase de contradicciones irresolubles y estaba herida por las deserciones de algunos colectivos preocupados por su continuidad de cara a un nuevo marco político. En definitiva, el franquismo malvivía con la amenaza del fallecimiento de quien era la clave de bóveda de una concepción del Estado basada en la represión como argumento omnipresente.

La Transición fue violenta como cualquier final —lento y sometido a escaramuzas de compleja resolución— de una Dictadura todavía poderosa, que contó con numerosas complicidades por la vigencia del pacto de sangre y los beneficios clientelares del mismo. Sin embargo, el discurso oficial recalcó durante las primeras décadas de la etapa democrática el recuerdo de un cambio de régimen pacífico y repleto de mutuas concesiones en aras de la Paz. Una vez más, la propaganda fue bien recibida por la mayoría social porque muchos ciudadanos nunca movieron un dedo para quebrar la estaca de Lluís Llach y, sin embargo, recibieron la recompensa de imaginarse en un país donde ese riesgo del protagonista resultaba innecesario por la eficacia de las élites políticas. La propuesta propagandística de los primeros gobiernos democráticos venía de lejos, del propio franquismo, y cuajó en un clima de unanimidad solo roto por los estudios que revelan lo quimérico de esa paz para la salida de una Dictadura caracterizada por la violencia desde el principio hasta el final.

Al margen de estas cuestiones ahora sometidas a debate, la población que guarda recuerdos directos del franquismo los circunscribe mayoritariamente a la etapa inaugurada en 1964. La cultura popular de la misma, con una amplia proyección en el imaginario colectivo, dista mucho de albergar motivos para interesarse por la represión, cuya presencia está limitada a unos estudios académicos tan minoritarios como valiosos. Los protagonistas de la violencia más brutal ejercida durante la posguerra han desaparecido. También quienes los acompañaron con la posibilidad de testimoniarla. Gracias al impulso de la memoria democrática durante las dos últimas décadas, hemos recuperado el recuerdo de numerosas víctimas. La labor ha dado frutos meritorios hasta el punto de convertir el olvido en memoria para disgusto de quienes pretenden cancelarla, pero esa búsqueda de las huellas apenas se ha extendido a los victimarios. La circunstancia no caracteriza tanto a las investigaciones académicas como al imaginario colectivo, donde cabe percibir una paradoja como la de un franquismo sin franquistas: la de una violencia donde las víctimas no precisaran de la presencia de los victimarios.

Esta memoria selectiva y acomodaticia, también presente en los estudios universitarios, la señalé en *Nos vemos en Chicote* (2015) haciéndome eco de lo publicado por otros colegas. La respuesta llegó pronto. No por casualidad la monografía sobre la banalidad del mal en un entorno cercano ha sido objeto de una insólita persecución por la vía judicial, que todavía continúa cuando redacto estas líneas. Otras aportaciones similares de los historiadores del franquismo han tenido mejor suerte, pero puedo testimoniar que cuesta mucho escribir acerca de represores cuyos apellidos resultan familiares. La libertad de cátedra reconocida por la legislación es amplia si nos trasladamos a un pasado remoto o a otros ámbitos nacionales sujetos a dictaduras. Sin embargo, si sabemos que los campos de concentración no son una exclusiva de la Alemania nazi el camino está repleto de dificultades, desde el acceso a la documentación hasta las amenazas, pasando por un paisaje mediático donde estas cuestiones quedan mayoritariamente marginadas. El futuro inmediato, visto el panorama político, no parece propicio para resolver unas circunstancias que condicionan la realización de estudios sobre la represión.

El trazo grueso al que aludí todavía puede ser imprescindible para argumentar en un debate público en el que los enemigos de la memoria democrática lo utilizan sin rubor. Los políticos de las diferentes opciones progresistas son conscientes de esta necesidad, pero cabe el riesgo de caer en la demagogia por la vía de la simplificación. El peligro resulta notable y los historiadores universitarios, aquellos que somos descalificados por quienes convierten la historia en una fabulación para justificar su presente, debemos asumir que la realidad de las víctimas y los victimarios es compleja porque alberga matices capaces de cuestionar cualquier tipificación. La misma la tenemos establecida a grandes rasgos. Incluso puede ser verídica en determinados aspectos, pero el desafío para los próximos años pasa por aplicar la lupa y continuar con una labor ya iniciada: el estudio pormenorizado de los casos concretos más allá de los nombres conocidos por su relevancia. El análisis, en definitiva, de la represión sufrida por los «nadie», de acuerdo con la denominación empleada en un poema de Eduardo Galeano que rescató Francisco J. Leira Castiñeira (2022).

El modelo de víctima

La memoria de un colectivo sujeto a la represión necesita unos pocos referentes individualizados y, al mismo tiempo, relevantes, tanto por su trayectoria como por su carga simbólica. Los escritores y periodistas procesados en consejos de guerra durante el periodo 1939-1945 apenas superan los cien casos si entendemos la segunda categoría en un sentido amplio: los individuos que de una u otra manera colaboraron en la prensa sin necesidad de una vinculación profesional y exclusiva con la misma. El colectivo es pequeño, casi minúsculo por sus cifras en comparación con otros sometidos a la represión de los vence-

JUNTA DELEGADA DE DEFENSA DE MADRID

Delegación de Propaganda y Prensa — Secretaría General de Prensa

FICHA DE PERIODISTA

Nombre ADAME MARTINEZ (SERAFÌN).
Publicación en que trabaja A.B.C.
Cargo que desempeña SECRETARIO REDACCIÒN.
Afiliado a A.P.DE P.(UGT)
con el número 723

Carnet número 40
Insignia número 40

Ficha del periodista Serafín Adame expedida por la Junta de Defensa de Madrid e incluida en el sumario 33590 del Archivo General e Histórico de Defensa.

dores. Sin embargo, forma parte de las tres «p» —policías, políticos y periodistas— donde la actuación represiva se manifestó con especial contundencia. Tal vez podríamos añadir una cuarta «p», la de los porteros, a raíz de las últimas investigaciones[5].

En cualquier caso, «la gente de pluma» fue un objetivo preferente de los tribunales militares porque los periodistas y escritores eran los responsables de haber «envenenado» con sus ideas al pueblo. La argumentación sobre esta responsabilidad, añadida a la «rebelión militar» de quienes defendieron la legalidad republicana, la encontramos en varias sentencias, que corroboran el testimonio del periodista Eduardo de Guzmán en este sentido cuando fue condenado junto a Miguel Hernández (1976).

Los consejos de guerra, como preámbulo a menudo de un recorrido por otros tribunales especiales, fueron implacables con quienes empuñaron la pluma en defensa de la Segunda República o, simplemente, colaboraron en la prensa sin necesidad de explicitar una militancia. Entre los condenados del colectivo hay comentaristas deportivos y taurinos, también cronistas municipales, poco o nada significados desde un punto de vista político. Los periodistas que desecharon la posibilidad del exilio y permanecieron en sus domicilios al final de la guerra por su edad avanzada o por haber contraído obligaciones familiares, confiaban en la absolución, ya que no tenían «las manos manchadas de sangre». El cálculo de los bienintencionados supuso un error común con graves consecuencias. La circunstancia exculpatoria solo es un bulo sin respaldo legal y luego probablemente difundido por los propios vencidos a modo de consuelo preventivo. Hay casos de veteranos periodistas, como Virgilio de la Pascua, que voluntariamente se presentaron a las autoridades militares de Madrid en abril de 1939, confiando en su inocencia, y al cabo de unas semanas estaban condenados a muerte. El caso de Diego San José, que esperó la detención en su domicilio, es similar.

Al margen de quienes estaban abocados al paredón o a durísimas condenas por una actividad periodística acompañada de la militancia antifascista, los aspirantes a seguir colaborando en la prensa debieron superar la depuración para formar parte del Registro Oficial de Periodistas. El filtro del mismo era estrecho porque requería una adhesión al Glorioso Movimiento Nacional, sin posibilidad de disimularla para muchos con un pasado comprometido, y dependía del titular del Juzgado Militar de Prensa.

El juez y capitán Manuel Martínez Gargallo destaca entre sus iguales por la dureza ya observada en la instrucción de los sumarísimos de urgencia contra los periodistas. Desechada la opción de continuar en las redacciones, la mayoría del colectivo había sido sometida a consejos de guerra tras una temprana detención. Los absueltos a partir de la instrucción del citado juez o de otros miembros del Cuerpo Jurídico —los periodistas también eran militares, funcionarios, políticos… y pasaron por diferentes juzgados— son casos esporádicos. Incluso anecdóticos como el protagonizado por el poeta ultraísta Ramón Goy de Silva, que declaró llevando en la mano una portada de *ABC* con un panegírico suyo dedicado al general Franco. Las cifras de la represión, gracias a la actualización propiciada por los estudios de Juan Carlos Mateos Fernández (2000 y 2025), resultan estremecedoras. Todavía más si tenemos en cuenta que hablamos de un colectivo pequeño.

Los periodistas ejecutados tras un proceso o por la vía más expeditiva fueron catorce. Otros doce republicanos corrieron la misma suerte siendo habituales colaboradores de la prensa. Los fallecidos en prisión por las condiciones higiénicas o de alimentación fueron cinco, a los que deberíamos añadir algunos más gravemente enfermos, como Antoni Pugés, que resultaron excarcelados para morir poco después en sus domicilios. Los caídos en el frente de batalla o por los bombardeos ascienden a cinco. Los muertos en la retaguardia por diversas circunstancias relacionadas con la represión son diez. Los periodistas condenados a muerte, luego conmutada, en consejos de guerra cuyos sumarios han sido analizados son treinta y nueve. Las condenas a treinta años ya consultadas ascienden a veintiuna. La cifra es de cinco cuando hablamos de condenas a veinte años y de diez y cinco si nos referimos a las de doce y seis años respectivamente.

En total, tenemos una relación de ciento diecinueve víctimas identificadas. A las mismas debemos añadir otras cuarenta y dos de las que todavía desconocemos las sentencias de sus consejos de guerra. Todas contarán con su correspondiente capítulo en la trilogía que dedicaré a este tema y que comienza con *Las armas contra las letras. Los consejos de guerra de periodistas y escritores (1939-1945)* y en una web y un blog (Varietés y República) dedicados a quienes padecieron la represión por ejercer la libertad de expresión durante la Guerra Civil.

El colectivo de víctimas alberga nombres conocidos por los historiadores como los de Antonio Buero Vallejo, Álvaro Retana, Pedro Luis de Gálvez, Ángel M.ª de Lera, Javier Bueno, Julián Zugazagoitia Mendieta, Francisco Cruz Salido, Diego San José, Eduardo de Guzmán, Antonio Otero Seco, Ramón Puyol, José Robledano, Fernando Perdiguero, Eduardo Haro y otros que poblaron las redacciones y los cenáculos literarios. Sin embargo, el nombre de la mayoría ha quedado sepultado en las páginas de la prensa republicana y, a veces, hasta resulta difícil encontrar una foto para ponerles rostro. Algunas han sido localizadas en los propios sumarios junto con otras huellas de su pasado. Los historiadores necesitamos, por tanto, una figura relevante y bien conocida por los lectores que simbolice la suerte de los republicanos dispuestos a poner su pluma al servicio de la Segunda República.

El poeta Miguel Hernández surge entonces como representante de ese colectivo con el añadido de unas circunstancias que refuerzan su carácter simbólico: el apresamiento cerca de la frontera con Portugal tras un desesperado intento de escapar, la dura experiencia carcelaria en varios centros hasta su fallecimiento en el Reformatorio de Adultos de Alicante cuando todavía era un hombre joven, la creación de una obra poética durante el periodo de encarcelamiento cuya conservación linda con lo milagroso, los supuestos amigos que le dejaron morir en unas condiciones miserables, el silencio impuesto por el franquismo a partir de la condena, el progresivo rescate de su testimonio y obra afrontando numerosas dificultades...

Este cúmulo de circunstancias dramáticas merece un relato biográfico como el que ha escrito José Luis V. Ferris (2022). Y, además, en numerosas publicaciones el oriolano aparece junto a Federico García Lorca y Antonio Machado. Son los «poetas del sacrificio». La denominación parte del común destino trágico en el marco de la derrota republicana. Sin embargo, el perfil de la agrupación tal vez no sea adecuado para recordar a otros escritores y periodistas sacrificados por la victoria de los sublevados. En los tres casos, tan relevantes, hay un sesgo de compromiso ideológico y ético. El mismo no siempre se corresponde con la peculiaridad de unas víctimas donde hubo, como se suele decir, «de todo». Incluso la falta de ese compromiso y hasta el recordatorio de que la condición de víctimas no presupone la de héroes para el recuerdo.

Miguel Hernández es el prototipo de escritor republicano que asumió un compromiso político y sufrió la más dura represión tras finalizar la guerra. Su caso nunca deparó la menor duda para quienes le condenaron en un proceso repleto de irregularidades que ahora cuenta con una edición facsímil acompañada de un estudio histórico y jurídico: *Los consejos de guerra de Miguel Hernández* (2022). Si el poeta no acabó ejecutado en una tapia de la capital, solo fue porque los militares evitaron la repetición del error propagandístico que supuso el asesinato de Federico García Lorca. Las supuestas ayudas de algunos escritores falangistas al oriolano son deudoras de una mala conciencia a la búsqueda de un relato exculpatorio. Sobre todo, en el caso del poeta José María Alfaro, hijo del comandante Pablo Alfaro. El oficial condenó a su amigo como a tantos otros republicanos. Y si, de verdad, hubo alguna ayuda, la misma careció de reflejo en la documentación de los sumarios instruidos en Madrid y Orihuela.

Al igual que sucediera con periodistas condenados a muerte desde la primera diligencia, como Javier Bueno, Manuel Navarro Ballesteros o Augusto Vivero, nadie tuvo la osadía de procurar la defensa de Miguel Hernández. Al menos, mediante un aval presentado en el juzgado y luego ratificado con una declaración. El poeta preservó el ánimo al principio de su periplo carcelario porque confiaba en la ayuda de sus amigos. La decepción resultó desoladora. El oriolano acabó siendo consciente de la fatalidad de su destino y lo afrontó con una dignidad tan ejemplar como conmovedora por los testimonios que nos legó. Su reflejo en forma de poemas en la cumbre de su trayectoria literaria o en un epistolario ahora bien editado todavía estremece al lector. Gracias a estas circunstancias, su imagen como víctima, que cuenta con el apoyo del retrato que le dedicara Antonio Buero Vallejo en la cárcel, resulta potente, significativa y provista de un simbolismo capaz de llegar a un amplio sector de la sociedad. El prototipo aparece refrendado por los estudios académicos, está lejos de precisar una manipulación propagandística y puede ser utilizado como un paradigma de la represión sufrida por los escritores y periodistas republicanos. Por cierto, y como precisión, Miguel Hernández fue condenado a muerte más por sus artículos periodísticos que por su obra de ficción. Esta última la desconocía el tribunal y siempre resultó más difícil hacerla circular por los inescrutables caminos de la «adhesión a la rebelión militar», al menos en su versión franquista.

La imagen ejemplar del poeta oriolano también la encontramos, a lo largo de los procesamientos, en sumarios como los protagonizados por los periodistas Javier Bueno o Julián Zugazagoitia. La experiencia de ambos izquierdistas en materia de persecuciones políticas y judiciales se remonta al periodo anterior a la Guerra Civil, eran conscientes de la relevancia de sus cargos durante la misma y, desde la detención, que en el caso del vasco fue un secuestro en Francia, asumieron con entereza la cercanía de su final. Al margen de que fueran torturados como tantos otros periodistas, sus declaraciones en el juzgado nunca minusvaloran sus trayectorias o buscan coartadas a la espera de una condena menos severa. Igual sucede con el director de *Mundo Obrero,* Manuel Navarro Ballesteros. Ni siquiera cita el nombre de un posible avalista porque evita comprometer inútilmente a un amigo o conocido. Puestos a morir ejecutados, lo hicieron sin arrastrar a nadie por los caminos de la represión y con una entereza que todavía emociona.

El periodista Javier Bueno, fusilado el 26 de septiembre de 1939, tras haber sido herido en el frente de Asturias.

Estrategias de defensa y otros paradigmas de las víctimas

Las víctimas de la violencia represiva del franquismo no son necesariamente héroes y, en un sálvese quien pueda donde todos los comportamientos resultan comprensibles, otros periodistas y escritores recurrieron a las más diversas estrategias para evitar la condena a muerte. La lectura de los sumarios de la inmediata posguerra, cuando la represión era atroz con el objetivo de provocar la parálisis del enemigo, nunca supera la prueba de la sinceridad. Ni siquiera la de una veracidad cuestionable por múltiples circunstancias de unos procesos donde las pruebas son mínimas y se obtenían sin rigor procesal.

En el caso de los actos jurídicos llevados a cabo por los militares durante los consejos de guerra, al margen de la arbitrariedad y la falta de garantías subrayada por la bibliografía, las irregularidades de los instructores llegan a extremos pasmosos. La constatación de las mismas requiere un minucioso examen de cada sumario. Los ejemplos abundan en los correspondientes capítulos de mi citada trilogía. A modo de muestra, basta con señalar el caos de las fechas en las actuaciones jurídicas. Hasta tal punto que, a menudo, el historiador alberga la sospecha de que algún secretario descuidado o apresurado procedió a la reconstrucción parcial del sumario una vez dictada la sentencia. De no ser así, resulta difícil justificar que los informes acerca de los procesados lleguen antes de ser solicitados por los instructores o que lo indicado en una diligencia quede en el limbo sin ningún tipo de explicación.

El Código de Justicia Militar de 1890, parcialmente modificado por diferentes órdenes y decretos durante la guerra y los meses posteriores, ofrecía unas garantías jurídicas limitadas. Sobre todo, en los procedimientos seguidos bajo la modalidad de los sumarísimos de urgencia entre 1939 y 1940, cuando la acumulación de procesos en una desbordada jurisdicción militar abría el camino a errores, despistes o arbitrariedades. El código tenía fallas, pero su aplicación concreta en aquellas circunstancias y con una mentalidad de venganza propia de la Victoria las multiplicaba. El análisis pormenorizado de la documentación relacionada con los periodistas y escritores que obra en el Archivo General e Histórico de Defensa (AGHD), de Madrid, prueba la gravedad y la reiteración de los incumplimientos de esa restrictiva legalidad. El único objetivo de los militares era castigar con dureza ejemplar y pronto a decenas de miles de vencidos. La «gente de pluma» lo comprobó en unos procesos que en su mayoría ya contaban con sentencias refrendadas por los auditores antes de finalizar 1940.

La voz de las víctimas, como resulta obvio, está condicionada en estos sumarios, donde el relato queda en las manos del victimario. Los procesados lo sabrían y en las vistas previas o en las sesiones plenarias, preguntados sobre si quieren añadir algo, suelen callar. Al menos, según los secretarios que levantan la correspondiente acta. A tenor de lo observado en el proceso, el escepticismo de los encausados sería tan total como la resignación, solo esporádicamente rota por alguna petición de clemencia basada en la inocencia de no tener las manos manchadas de sangre.

Por otra parte, entre líneas de las declaraciones, a veces se percibe la huella de la tortura o los maltratos en los interrogatorios. Sobre todo, cuando se efectuaban ante la Policía militar o los grupos de investigación de FET y de las JONS tras la detención, que casi nunca cuenta con la correspondiente orden judicial porque para proceder bastaba con una delación o la abundante documentación incriminatoria acumulada durante la guerra. La tortura surtió efecto. De hecho, los testimonios de los mismos procesados en el juzgado de instrucción, cuando eran interrogados por el juez o su secretario, solían ser menos explícitos a la hora de reconocer los supuestos delitos o admitir las pruebas. Nadie cotejaba las diferentes versiones de los encausados porque, en el auto resumen elevado al plenario, prevalecía la más incriminatoria.

La referida circunstancia acerca de los delitos y las pruebas apenas importaba a efectos procesales. En «el derecho de autor» presente en estos consejos de guerra, lo fundamental no era la búsqueda de pruebas de cargo que fundamentaran la comisión de un delito, sino la identidad ideológica o política del procesado. A la hora de acusar, no contaban tanto los hechos, verificados o no, como los autores de los mismos, a menudo agrupados bajo la denominación de «marxistas» o «izquierdistas» como sinónimos de delincuentes. Las ideas delinquían en aquellos procesos, al igual que las obras de ficción cuando no se contaba con otro argumento para acusar a «la gente de pluma».

En el caso del colectivo que nos ocupa, una vez testimoniado que el periodista o escritor había colaborado en la prensa republicana, considerada en su totalidad como instrumento propagandístico al servicio de la «adhesión a la rebelión militar», ya se le daba por condenado. La sentencia llegaba al margen de que los instructores pudieran recopilar algunos de los artículos firmados. La gravedad de la condena dependía entonces de la orientación política de las cabeceras, aunque ninguna se libraba de haber promovido la resistencia contra el Glorioso Movimiento Nacional. También de la implicación profesional en las mismas de los procesados. Así el puesto de director o redactor-jefe de un periódico republicano suponía una condena a muerte, que se ejecutó en los casos de Manuel Navarro Ballesteros, Javier Bueno, Augusto Vivero y Matilde Zapata.

A falta de abogados defensores o militares que asumieran esa labor durante la instrucción, los procesados ignoraban todo lo relacionado con los sumarios. Un ejemplo es la momentánea puesta en libertad de Miguel Hernández por un error administrativo. El poeta creía estar en la calle gracias al archivo del sumario cuando, pocos días después, se vio abocado a un segundo consejo de guerra instruido en Orihuela sin haber culminado el de Madrid. La consiguiente litispendencia nunca se resolvió. En el mejor de los casos, la única información acerca del sumario provenía de la familia cuando el preso recibía visitas. La misma se circunscribía a las gestiones realizadas para recabar avales o la intercesión de alguna autoridad civil, militar o eclesiástica. La memoria de las correspondientes visitas, a menudo humillantes para los familiares, evidencia el clima moral o ético de la época.

La estrategia defensiva de los procesados requería hablar con otros que ya hubieran pasado por los interrogatorios o los tribunales. A partir de la experiencia común, el objetivo era minusvalorar su trabajo en el menor número de redacciones, presentarse como unos ejecutores de las órdenes provenientes de los directores y, sobre todo, buscar avalistas entre la gente de «probada solvencia moral» con la ayuda de la familia o amigos solidarios.

Al margen de las previsibles dificultades, la eficacia de la estrategia era bastante limitada. La simple presencia en esas redacciones ya suponía participar en la «rebelión militar».

Los instructores podían ignorar la relación completa de las cabeceras en las que el procesado hubiera colaborado, pero les bastaba una para la acusación.

Por último, en las decenas de sumarios analizados no constan referencias a una atenuación de la sentencia a causa de los testimonios presentados por los avalistas. En el mejor de los casos, la influencia de los mismos aparece implícita cuando, ante instrucciones similares, una sentencia resulta más benévola y coincide con la presencia de numerosos o significativos avalistas.

El estudio de estos documentos, por otra parte, deja ver que en la sociedad civil de la posguerra había gente dispuesta a la reconciliación. Al menos, a reconocer y agradecer la ayuda dispensada durante el conflicto por los procesados. Los miembros del Cuerpo Jurídico Militar, sin embargo, fueron sistemáticos en la represión e insensibles a las avalanchas de avales, como comprobamos en el sumario del médico y caricaturista Joaquín Sama. Y, claro está, también disponemos de la lista de quienes fueron citados como avalistas por los escritores y periodistas, pero nunca se presentaron a declarar. Algunos nombres como el de Rafael Sánchez Mazas son tan conocidos como prestigiosos por su peculiaridad dentro del franquismo.

El procesado en un sumarísimo de urgencia estaba indefenso. Aparte de no contar con un abogado defensor durante la instrucción, ignoraba los términos de la acusación y solo cabía confesar lo obvio, a la espera de que otras circunstancias del pasado republicano quedaran ignoradas en unos procesos donde nunca se realizaba una verdadera investigación. Los escritores y periodistas solían reconocer su participación en algunas cabeceras, pero ocultaban las más comprometedoras con la confianza —fundamentada a la vista de los sumarios— de que los instructores carecieran de medios y tiempo para completar la lista de los periódicos y las publicaciones. El caso de Miguel Hernández es ejemplar en este sentido. Hay un abismo entre lo documentado en el sumario y lo efectivamente publicado por el poeta a lo largo de la guerra.

En Madrid, como muestra de lo indicado, nadie reconoció haber colaborado en *La Traca,* de Valencia, porque de la misma no había ejemplares en las bibliotecas de la capital. En cuanto a los artículos que les pudieran atribuir por aparecer firmados, los procesados suelen alegar necesidades económicas que los habrían llevado a las redacciones para disponer de unas pesetas. Incluso especifican las menguantes remuneraciones por la precaria situación económica de la prensa. Y, por supuesto, la responsabilidad del contenido la atribuían a los directores, siempre y cuando no estuvieran también procesados. Así, quienes murieron o salieron al exilio son los omnipresentes responsables por su imposición de los contenidos. El caso de José Luis Salado, por entonces en Moscú tras pasar por el norte de África, ejemplifica la capacidad de atribuir toda la responsabilidad al ausente o al fallecido.

Los procesados también reconocen su afiliación sindical —nunca en la CNT, salvo Rosario del Olmo—, porque era prácticamente obligatoria durante la guerra. Asimismo, niegan haber insultado o injuriado a los sublevados. Vista la prensa republicana, esto último dista de ser cierto, pero recordemos que la misma es un instrumento propagandístico al servicio de la Segunda República o del Frente Popular y que en el otro bando se insultaba con similar virulencia. El problema en un sumarísimo de urgencia no era el insulto o la injuria de quienes llamaban «cobarde y embustero» al ejecutado general Fanjul, como es el caso de un Pedro Luis de Gálvez que también instó a Franco para que se suicidara, sino el destinatario. La prensa partidaria de los sublevados abunda en descalificaciones y ataques personales, pero en 1939 habían sido dirigidos a unos vencidos. Los juzgados y condenados, con una dureza pasmosa, solo fueron los dirigidos a los vencedores.

Los escritores y periodistas suelen reconocer su afiliación política. Salvo en algún caso, los procesados eran conscientes de que la misma había dejado huellas en una prensa republicana atentamente leída en el otro bando desde el inicio de la guerra. La táctica defensiva pasaba por negar cualquier protagonismo o cargo en los partidos, así como en las incautaciones de los periódicos llevadas a cabo durante el verano de 1936, cuando pasaron a estar bajo control obrero. Conscientes de lo inevitable de la condena por ser miembros de redacciones republicanas, los periodistas pretendían que fuera benévola. Tal y como explica Diego San José en sus memorias carcelarias (2016), una condena de doce años de reclusión mayor era motivo de entusiastas felicitaciones al afectado. Incluso cuando era a veinte años a la espera de una posterior conmutación y una puesta en libertad provisional, que en casi la totalidad de los casos se produjo antes de 1945.

Frente a estas tácticas defensivas, los instructores disponían de poco tiempo y unos medios rudimentarios para afrontar una avalancha de sumarios cuya catalogación ahora asombra por las cifras. La plantilla del Cuerpo Jurídico Militar

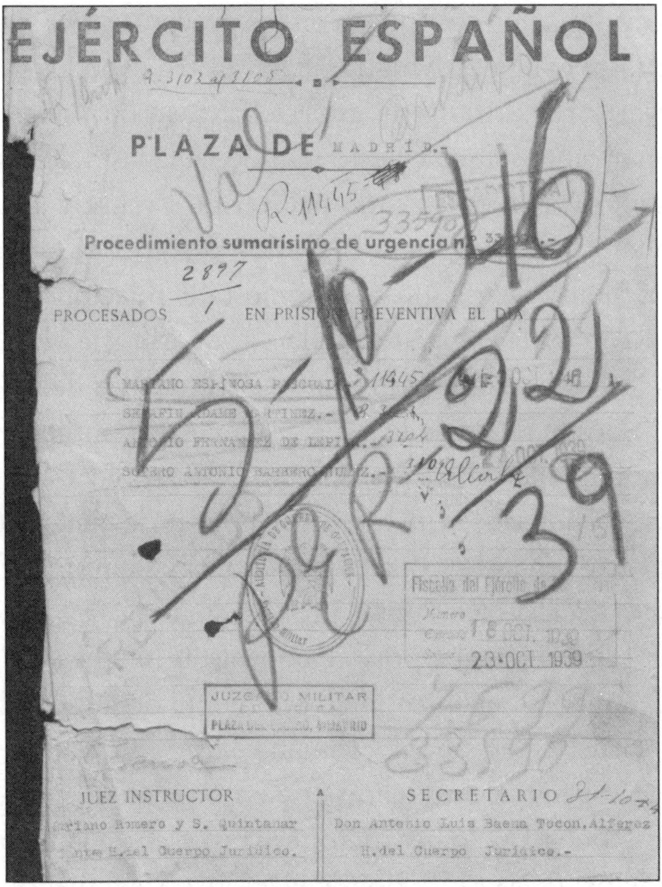

EJÉRCITO ESPAÑOL

PLAZA DE MADRID.-

Procedimiento sumarísimo de urgencia n.º

PROCESADOS EN PRISIÓN PREVENTIVA EL DÍA

Fiscalía del Ejército de

23-OCT. 1939

JUZGADO MILITAR

JUEZ INSTRUCTOR

SECRETARIO

Don Antonio Luis Baena Tocon. Alférez

H. del Cuerpo Jurídico.-

Imagen de la portada del sumario 33590 del Archivo General e Histórico de Defensa instruido contra periodistas del *ABC* republicano.

creció exponencialmente, a menudo sin cumplir los requisitos legales, pero era insuficiente para asumir la tarea. Apenas importaba la consiguiente inseguridad o ineficacia, pues en estos casos bastaba con saber que los procesados habían colaborado en la prensa republicana y, por tanto, eran unos «izquierdistas» o unos «marxistas» con independencia de su afiliación política si la hubiere.

La información recopilada en los procesos suele ser escasa en contraste con la actividad que llevaron a cabo los periodistas y escritores durante la guerra. El caso de Javier Bueno también es sintomático en este sentido. A la vista de los sumarios instruidos en el Juzgado Militar de Prensa y al margen de lo acumulado por los sublevados desde el 18 de julio de 1936, la fuente de esa información estaba relacionada con su localización en la Plaza del Callao 4, de Madrid. Allí tenían su sede las agrupaciones gremiales y sindicales de los periodistas ya desde antes de la guerra. La correspondiente documentación no me consta que se haya conservado, pero quedaría a disposición de los instructores a partir de marzo de 1939. La utilizaron en sus informes acusatorios, siempre refrendados por la fiscalía en las vistas previas, sin indicar la procedencia. Tampoco resultaba posible contrastar lo afirmado con lo verdaderamente encontrado en esa fuente documental.

Las pruebas, en su caso, venían *a posteriori*. Si el periodista o escritor había publicado con su nombre y apellidos, el secretario del juzgado instructor se trasladaba a la Hemeroteca Municipal de Madrid, donde el alférez o el teniente extractaba en un informe el contenido de los artículos localizados, que a menudo suponían una selección más o menos representativa de los verdaderamente existentes. El problema es que, además, el oficial añadía valoraciones subjetivas que condicionaban la sentencia, aparte de haber copiado frases o párrafos sin tener en cuenta el contexto de lo publicado. El resultado es obvio: todos los informes relacionados con los periodistas o escritores se convierten en pruebas de cargo cuando pasan por los instructores. La circunstancia no debe sorprender en unos sumarísimos de urgencia donde no hay pruebas de descargo.

Los instructores también solían pedir informes penales o de conducta a la Dirección General de Seguridad y a los servicios de información de FET y de las JONS. Los resultados casi siempre eran negativos. Los escritores y periodistas carecían de antecedentes en su inmensa mayoría y lo aportado por los agentes quedaba reducido a lo testimoniado gracias a la localización aleatoria de algunos vecinos. Así como de los porteros; en este caso, la colaboración era obligatoria hasta el punto de convertirlos en piezas clave de los procesos de la posguerra.

Salvo sumarios aislados como los de Pedro Luis de Gálvez y Augusto Vivero, las opiniones acerca de la conducta observada por la «gente de pluma» durante la guerra eran positivas. Incluso suele haber vecinos dispuestos a avalar a quienes les habían salvado en circunstancias difíciles. De nuevo encontramos documentos que prueban la presencia de una voluntad de agradecimiento en un sector considerable de la sociedad civil. También observamos, en procesos como los de Javier Bueno o Manuel Navarro Ballesteros, la estrategia de los acusados a la hora de facilitar direcciones falsas de sus propios domicilios. Ellos sabían que la suerte estaba echada y evitaban así comprometer a los vecinos que pudieran testimoniar.

Con la excepción de Pedro Luis de Gálvez, que alimentó la leyenda del Capitán Saltatumbas durante el verano de 1936, o la también polémica trayectoria de un Augusto Vivero incapaz de justificar algunos objetos probablemente incautados, los vecinos hablan bien de los acusados. En ocasiones subrayan que, como «personas de orden» e «intachable conducta moral», habían intervenido a favor de simpatizantes de los sublevados. También se valoraba sus usos y costumbres en el ámbito de la vecindad. La información, en el caso de ser homogéneamente positiva, podía aliviar la gravedad de la condena, pero nunca consta un reconocimiento sumarial en este sentido.

A diferencia de colectivos como el de los obreros o los campesinos, los escritores y periodistas cuentan con una red de relaciones sociales que abarca distintos ambientes, incluidos los de los vencedores. Así, gracias a sus familias, tienen acceso a posibles avalistas bien situados entre los franquistas. La circunstancia era fundamental para evitar la ejecución o las condenas más extremas. En casos como los de Antonio Otero Seco y Eduardo de Guzmán se percibe que hubo negociaciones, recomendaciones o influencias que carecen de soporte documental, aunque resultaron decisivas a la hora de la sentencia o su posterior conmutación. El ejemplo de Diego San José también es significativo. Gracias a su relación con el general José Millán Astray, que nunca aparece en el sumario, salvó la vida cuando estuvo condenado a muerte.

Por otra parte, el estudio de estos sumarios permite una valoración con un mayor volumen de información previa que el habitual en colectivos como los de obreros y campesinos. Los procesados no eran unos sujetos anónimos o desprovistos de una proyección pública. Los escritores y periodistas contaban con una trayectoria rastreable desde el periodo anterior a la Guerra Civil. La circunstancia posibilita trazar una caracterización que vaya más allá de la filiación y unos datos básicos como la edad y el estado civil. Las sorpresas en este sentido resultan notables cuando superamos el marco de quienes habitualmente son reconocidos como víctimas de la represión franquista y partimos de la totalidad de un colectivo. En el caso que nos ocupa, el grupo dista de ser uniforme y abarca una notoria heterogeneidad. El balance provoca la sorpresa de quienes solo piensan en Miguel Hernández o unas víctimas similares cuando hablan de la «gente de pluma» en relación con la violencia represiva de los franquistas.

Víctimas tan imprevistas como reales

Álvaro Retana, «el novelista más guapo del mundo», penó en las cárceles franquistas más años que el resto de sus colegas procesados en los sumarísimos de urgencia. Su condición de republicano es tan improbable como evidente resulta la ambigüedad de quien fue detenido en Madrid con una urgencia propia de los verdaderos artífices de la «rebelión militar». Las razones de la persecución, nunca explicitadas en el sumario, discurren por derroteros similares a los del episodio protagonizado por Miguel de Molina antes de marcharse a Argentina para no recibir más palizas.

En este caso, los vencedores con un pasado poco acorde con la Victoria optaron por encerrar a Álvaro Retana recurriendo, sin el disimulo de la verosimilitud, a acusaciones inventadas para que volviera a la prisión tras una primera excarcelación. El novelista dejó pistas para identificar a un marqués empeñado en que no saliera a la calle, pero su testimonio es dudoso e impreciso. El autor de tantas novelas galantes calló lo fundamental porque llevaba demasiados procesos a sus espaldas desde los años veinte. En definitiva, su caso nada tiene que ver con la resistencia republicana al Glorioso Movimiento Nacional.

Pedro Luis de Gálvez, ya en la cárcel «decrépito y cojo, con unas barbas blancas y enmarañadas», según Diego San José, estaba dispuesto a componer sonetos dedicados al general Franco. El objetivo era buscar una «redención» que en su novelística solo habían protagonizado las prostitutas. Unos meses antes, en Valencia, el poeta publicó un soneto para invitarle a saltarse los sesos con un disparo y así reunirse con su hermano Ramón en el más allá. Este cambio radical es coherente con la trayectoria del Capitán Saltatumbas durante la guerra, cuando acabó procesado por los republicanos a principios de 1937 y huyó de Madrid hasta reaparecer en la capital levantina en el otoño de 1938. Supondría entonces que ya no le buscaban quienes transitaban por los caminos de la derrota. Bohemio, alcohólico e incapaz de escapar de su propia leyenda, Pedro Luis de Gálvez acabó fusilado tras un sumarísimo de urgencia donde los bulos se convirtieron en acusaciones sin necesidad de mediar pruebas.

Antonio de Hoyos y Vinent no acabó en el paredón junto a su colega de la bohemia porque la muerte le llegó antes en la cárcel. Tampoco cabe considerarle como un escritor frentepopulista, al margen de alguna militancia tan circunstancial como carente de fundamento. El anticlerical Augusto Vivero era un verso libre, y un tanto perdido, en la España anterior al 18 de julio. Exaltado tardío y a destiempo por su avanzada edad, el autor de panfletos anticlericales cobró protagonismo en el verano de 1936 hasta que lo apartaron de la dirección del incautado *ABC*. Los errores del periodista fueron notables.

A partir de entonces, su huella se difumina y solo reapareció en un sumarísimo de urgencia donde constatamos cuestiones turbias que nunca justificó con argumentos clarificadores. La consecuencia fue un fusilamiento y un nombre olvidado por quienes reivindican la memoria de las víctimas.

El madrileñista Diego San José fue tan republicano como un autor ajeno, incluso por edad, al estereotipo del escritor frentepopulista. Su amistad con José Millán Astray le salvó del paredón, pero no de un largo periplo de cárcel en cárcel como preámbulo de una marginación que le llevó a ser administrativo en una empresa de Redondela. Su condena a muerte solo responde a la voluntad de un miembro del Cuerpo Jurídico que le quería mal por cuestiones nunca explicitadas en el sumario.

Al margen del fusilado Bluff por colaborar con sus caricaturas en *La Traca,* las duras condenas marcaron el destino de los caricaturistas Echea, Fernando Perdiguero, Ramón Puyol y José Robledano por su presencia en la prensa republicana con una voluntad propagandística coherente con sus ideologías. No obstante, otros colegas menos decantados ideológica o políticamente, como el andaluz Andrés Martínez de León o el mexicano Juan Pérez del Muro, siguieron una suerte similar porque los sumarísimos de urgencia apenas calibraban la índole de las responsabilidades contraídas en la «rebelión militar» de los escritores, periodistas y dibujantes republicanos.

La lista de los autores represaliados que escapan del estereotipo frentepopulista o comprometido se extiende a lo largo de los índices de la citada trilogía. Tal vez, el caso más llamativo sea el del dibujante y médico Joaquín Sama, un liberal de buen humor que trasladó su talante moderado a las páginas de la prensa. A pesar de contar con decenas de avalistas entre los vencedores, muchos de ellos agradecidos por la ayuda prestada durante la guerra, el procesado fue condenado. Solo pudo ejercer, gratuitamente, la medicina en las cárceles por donde peregrinó hasta recalar en Córdoba. Allí fue puesto en libertad provisional. Vetado como caricaturista, el médico debía alejarse del centro urbano y trabajar solo en los barrios, donde Joaquín Sama fue reconocido por su carácter solidario. Sus memorias (1986) ejemplifican la falta de rencor de quien nunca comprendió los motivos de la condena.

Algunos sumarios prueban una obsesiva represión ajena al sentido del ridículo. El mismo aparece cuando Amalia Carvia fue procesada como partícipe de la rebelión militar habiendo superado los ochenta años. Todo, según la sentencia, por una presencia en la masonería que se remonta a cuando Benito Pérez Galdós publicó *Fortunata y Jacinta* (1887). La anciana maestra no entró en la cárcel por sus artículos publicados en la prensa de Valencia, pero quedó inhabilitada para ejercer cualquier cargo político o empresarial.

Otros sumarios producen el estupor de una justicia militar que pretendía ser ejemplificante y acumuló víctimas de índole contrapuesta en un mismo proceso. El caso del abogado y periodista Enrique Peinador prueba esta circunstancia. El galleguista fue ejecutado como chequista habiendo sido su actuación contraria a los desmanes de la represión republicana durante el verano de 1936. Los testimonios a favor y las pruebas no bastaron para apartarle del paredón. Tampoco el comediógrafo Joaquín Dicenta Alonso fue un «espíritu anarquizan-

Caricatura a cargo de José Robledano publicada en *Claridad* el 3 de junio de 1938.

te e inmoral» cuando procuró la defensa gremial de los autores durante la Guerra Civil. La documentación exhumada evidencia lo contrario con pruebas reconocidas hasta por los colegas vencedores, pero el responsable del Sindicato de Autores como alternativa a la SGAE acorde con los tiempos acabó procesado. La condena fue benévola, pero también fue el preámbulo de una marginación que se extendió a otros autores incapaces de superar los filtros establecidos por el franquismo para dejar atrás cualquier huella de republicanismo.

Algunos autores de novelas galantes que compusieron letras frívolas destinadas a las canciones de las vedettes, con las que mantenían amores para disgusto de las hipotéticas suegras, nunca militaron en la Alianza de Intelectuales Antifascistas. Ni siquiera recibieron el llamamiento. Nadie contaba con ellos, pero varios dieron la cara por la Segunda República, hasta en el frente de batalla. El caso de Santiago de la Cruz Touchard prueba este inesperado compromiso. Su colaboración en *Mundo Obrero* antes de ingresar como oficial en el V Regimiento le salió cara en forma de condenas, palizas y destierros. El letrista afrontó el calvario carcelario con una dignidad sorprendente antes de terminar dedicado a la crónica cinematográfica para la prensa mexicana y fotografiarse con Sophia Loren, Cantinflas y cuantas celebridades visitaron la España de los años sesenta, donde el silencio acerca del pasado era obligatorio para buscarse un hueco.

Las mujeres constituyen una minoría dentro de este colectivo, pero también sufrieron las consecuencias de la represión, como prueba el fusilamiento de la periodista Matilde Zapata en Santander. Rosario del Olmo, la entrevistadora tantas veces borrada de la más célebre foto de Antonio Machado, también fue condenada por colaborar en la prensa y la censura republicanas. La panegirista de Lenin acabó sus días borrada tras salir de la cárcel, a diferencia de lo sucedido con la renegada Regina García (1946), que protagonizó un caso capaz de recordarnos las habilidades de quienes optaron por los dos bandos y lo habrían hecho por un tercero si se hubiera presentado la oportunidad. La directora de *La Voz* gozó del reconocimiento del tribunal militar, pero la condenaron y penó en las cárceles franquistas hasta completar su traición si es que alguna vez fue socialista. Tampoco debemos sorprendernos, ya que algunas de las más entusiastas vencedoras, como la periodista María Bueno Núñez de Prado, fueron procesadas porque siempre había algún antecedente, aunque fuera remoto, que convenía aclarar ante las jerarquías. Incluso cuando la autora volvía del exilio con espíritu de paz y discreción, como es el caso de la catalana Aurora Bertrana, cuya anecdótica relación con la masonería estuvo presente en el Tribunal Especial para la Represión de la Masonería y el Comunismo durante décadas.

Aparte de los citados, entre las víctimas del colectivo de periodistas y escritores, así como fotógrafos, por su colaboración en la prensa, hay renegados, fantasiosos a la hora de reconstruir su pasado e individuos que solo habían escrito sobre toros, deportes y temas municipales. Todos los procesados entraron con distinta suerte en el saco de la represión feroz, masiva e indiscriminada de la inmediata posguerra, cuando los tribunales militares solo entendían de vencedores y vencidos.

Los periodistas y escritores englobados en esta última categoría tenían garantizada la condena sin necesidad de entrar en exquisiteces de juristas. La única duda era la cantidad de años que les pudiera caer. El resultado es un revoltijo de procesos que cuestiona el estereotipo del autor comprometido y antifascista al modo de Miguel Hernández como el destinatario de la represión. Los partidarios del Frente Popular la sufrieron con la más extrema gravedad, incluidas las ejecuciones, pero en compañía de periodistas, escritores, caricaturistas y fotógrafos a los que cuesta imaginar en esta tesitura si observamos sus trayectorias.

La conclusión es tan obvia como a menudo olvidada: en este colectivo no hay un estereotipo de víctima y la lupa del principio, la del historiador, permite observar los comportamientos imprevistos de quienes pretendían salvarse sabiéndose vencidos. Algunos, como el fotógrafo José María Díez Casariego o el periodista Leopoldo Bejarano, ni siquiera tenían claro si estaban entre los vencedores o quienes los acompañaron en las cárceles franquistas. El subrayado en estas ocasiones siempre es un disparate, aunque resulte pedagógico, y conviene hilar fino a la espera de una improbable respuesta global acerca de un marco represivo donde lo único incontrovertible fue la violencia y la voluntad de utilizarla para asegurar la permanencia de la Dictadura.

6
La dictablanda cinematográfica: control y censura sobre el audiovisual complaciente

Ana Asión Suñer
(Universidad de Zaragoza)

Desarrollismo y ¿modernidad?: La comedia de los sesenta o cómo actualizar la risa hispana

Tras la ruptura con el periodo autárquico (1939-1959), España se estrenó en los años sesenta sumergiéndose en una época de bonanza que muchos denominaron «milagro económico». La nueva década se vio como el momento idóneo para dar el pistoletazo de salida hacia la construcción de un nuevo país, más moderno y acorde a las modas internacionales; un lavado de cara con tintes políticos, pero también sociales y culturales. La familia Ozores describió este supuesto progreso en la película *Hoy como ayer* (1966, Mariano Ozores), en la que un caballero de los años veinte (Antonio Ozores) salía de una foto para echarle en cara a un periodista (José Luis Ozores) que en su época se vivía mejor. Con más o menos razón, lo que estaba claro es que, tras la llegada al poder de los tecnócratas del Opus Dei, el Gobierno de Franco dio un giro de timón.

El Plan Nacional de Estabilización (1959) dirigido por Alberto Ullastres quiso hacer frente al creciente proceso inflacionario y racionalizar la producción para hacerla más competitiva lo que, a pesar de ciertas deficiencias como el aumento del paro, se tradujo en un crecimiento de la economía. Cuatro años después se aprobó el Plan de Desarrollo Económico y Social (1963) que buscaba, dentro de ciertos límites, elevar el nivel de vida de los españoles. El Estado no tomó ninguna medida para hacerlo posible, simplemente señaló unas líneas a seguir y promovió la iniciativa privada, lo que potenció la aparición de una nueva clase media, hasta entonces inexistente. El bienestar económico derivó en un cambio de mentalidad, llegó el consumismo y las costumbres se modificaron.

Como ha señalado el sociólogo Salvador Giner, en España se vivió «una transformación muy profunda de todas las estructuras sociales»[1]. A nivel educativo se consiguió disminuir el analfabetismo a niveles propios de otros países europeos —el 98 % de los niños entre seis y catorce años estaba escolarizado— y, con el aumento de centros públicos de bachillerato, acercar la educación secundaria a sectores que no podían acceder a una enseñanza privada. Lo hicieron en un país cada vez más urbano e industrial, consecuencia directa del significativo aumento del fenómeno migratorio de las zonas rurales a las ciudades. No fueron los únicos movimientos poblacionales, reactivándose de nuevo durante aquellos años las salidas al extranjero. Los elevados costes sociales derivados de las medidas económicas impulsadas por el Gobierno de Franco, sobre todo las relativas al descenso de los salarios y el aumento del paro, encontraron una válvula de escape en la emigración a los países europeos que reclamaban entonces mano de obra[2].

Mientras tanto, se daba también la promoción de España en el extranjero. El ministro de Información y Turismo, Manuel Fraga, retomó y promovió la campaña publicitaria *Spain is different* (años cuarenta-sesenta), con la que buscó el auge de la industria turística, asentando el atractivo nacional en tres puntos: baratura, exotismo y sol[3]. Los nuevos postulados con los que se deseaba promocionar el país chocaban sin embargo con otros idearios fuertemente arraigados y difundidos por parte de poderes fácticos como la Iglesia. Es cierto que la institución católica fue perdiendo influencia en la sociedad española, pero seguía estando presente en todos los estratos sociales. Lo hacía mientras resultaba imparable la conquista de libertades sociales, donde la mujer iba ganando batallas cada vez más sólidas y duraderas, recuperando el espacio que se le había arrebatado desde el inicio de la Dictadura. A pesar de continuar lidiando con un machismo rancio y trasnochado, a partir de los años sesenta las mujeres participaron del mercado laboral sin el estigma social que las había acompañado en años precedentes, cuando dicha actividad fuera del hogar era vista simplemente como una necesidad o un recreo[4]. Lo hacían mientras perduraba la idea de que su destino era encontrar al hombre ideal y convertirse en su esposa y madre de sus hijos.

La apertura sexual resultó casi inevitable para un régimen que vivía con cautela los cambios que aparecían acompañando la nueva década. Una de las esferas que mayor represión había sufrido hasta ese momento experimentó —en gran parte gracias a la adaptación forzosa a los cánones extranjeros— una evolución cuyo punto álgido llegaría con el famoso destape de los años setenta. Antes de eso llegaron desde Estados Unidos, acompañando a la irrefrenable fiebre consumista, los nuevos mercados publicitarios, que pusieron el foco de atención para sus campañas en los cuerpos de atractivas jóvenes.

Como señaló Mercedes Montero: «Podríamos afirmar que se trataba de "tener" por el mero hecho de "tener". [...] A veces la mera posesión de algo, con independencia de su calidad y precio, era un importante signo de estatus, por ejemplo, el aparato de televisión»[5]. Se fomentaba la compra de electrodomésticos, para hacer más confortables las tareas del hogar, pero también de productos vinculados con el cuidado personal, como cremas, jabones, perfumes o cosméticos. Lo hacían, entre otros, lanzando anuncios a través de uno de los canales más populares de la época, la televisión. La pequeña pantalla fue testigo de la esquizofrenia emocional y cultural que atravesaba el país, transmitiendo no solo productos tan castizos como las corridas de toros, el fútbol o programas como *Crónicas de un pueblo* (1971-1974) o *Historias de Juan Español* (1972-1973), sino también series norteamericanas como *Bonanza* (1959-1973), *Superagente 86* (1965-1970), *El túnel del tiempo* (1966-1967) o *Centro médico* (1969-1976). La música reflejó también esta hibridación de tendencias, de ahí el conflicto entre el tradicional Manolo Escobar y los ritmos modernos de Concha Velasco en *Pero... ¿en qué país vivimos?* (1967) de José Luis Sáenz de Heredia[6].

El cine también sucumbió a la vorágine social y cultural de los años sesenta. En julio de 1962, tras el regreso de José María García Escudero a la Dirección General de Cinematografía[7], se produjeron una serie de cambios vinculados en su mayoría con una ordenación del control que el Ministerio llevaba a cabo sobre la industria del séptimo arte. A las nuevas Normas de Censura publicadas en marzo de 1963 se sumaron, entre otras medidas, el cambio de denominación de «cine de interés» por «nuevo cine»; la aparición de la categoría de «Interés Especial»; o la creación de la Carta Magna de la Cinematografía (agosto de 1964).

Cuando García Escudero fue sustituido en 1967 por Carlos Robles Piquer la censura volvió a recrudecerse. Sin embargo, las maniobras que llevó a cabo hasta ese momento en el terreno audiovisual tuvieron algunas consecuencias. La más evidente fue el surgimiento del Nuevo Cine Español (1962-1967), término con el que se ha englobado a toda una serie de cineastas, entre los que se encuentran José Luis Borau, Manuel Summers, Mario Camus o Basilio Martín Patino, que se propusieron tratar viejos temas desde una perspectiva nueva y crítica. Esta actitud resultaba incómoda para el Gobierno franquista, que habitualmente narraba las historias desde una mirada pesimista de la vida. La postura más antifranquista fue cubierta, no obstante, por otro grupo de directores, pertenecientes a la denominada Escuela de Barcelona (1965-1970). Figuras como Vicente Aranda *(Fata Morgana,* 1965), Jacinto Esteva *(Después del diluvio,* 1968), Joaquim Jordá *(Dante no es únicamente severo,* 1967, con Jacinto Esteva) o Pere Portabella *(Nocturno 29,* 1968) realizaron obras de corte contestatario y

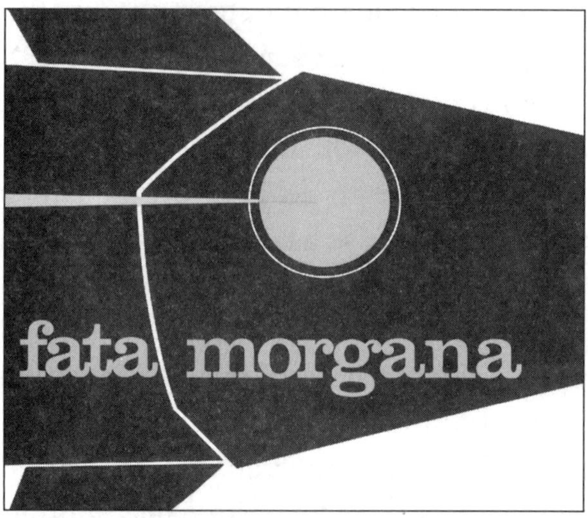

Arriba, fotograma de *Nueve cartas a Berta* (1966, Basilio Martín Patino); abajo, material publicitario de *Fata Morgana.*

experimental. Sus propuestas eran arriesgadas y novedosas, y en ninguno de los casos tuvieron en el régimen un aliado.

Los nuevos hábitos y la supuesta modernidad que se respiraban en esta España actualizada propiciaron de forma paralela el desarrollo de un cine de raigambre neocostumbrista que recibió el apelativo de «comedia desarrollista». Estaba influida, sobre todo, por tres fuentes: la tradición cultural española, la comedia italiana de comienzos de los años cincuenta y la asimilación híbrida de los géneros cinematográficos de Hollywood[8] y, a diferencia de las películas humorísticas producidas durante el periodo de la autarquía, se observa un giro hacia un cine más cercano a la realidad social. Por supuesto siempre estaba dulcificado y no llegaba en ningún caso, ni se aproximaba siquiera, a las obras más puras del neorrealismo italiano.

Eran largometrajes con cierta carga moralizante, el protagonismo habitualmente era coral y sus personajes estereotipados. Esto daba ligereza y fluidez al relato a través de una sucesión de auténticos *sketches* humorísticos, que, en ocasiones, provocaban la pérdida de la unidad fílmica. Se cuidaba la puesta en escena y el diálogo se convertía en uno de los elementos principales de la evolución dramática de la trama. A diferencia de las comedias costumbristas de los años cincuenta, en las que se ofrecía una imagen de España pobre económicamente, pero rica en valores espirituales, la línea por la que se apuesta en estos años pasa por una visión más moderna y europea del país[9]. Incluso ha habido autores que han querido ver en esta nueva comedia hispana la satirización de algunos de los nuevos elementos del paisaje consumista español (los turistas, las empresas multinacionales...)[10].

Asturias Films, fundada en 1953, fue una de las productoras que se especializó en la comedia desarrollista, con títulos como *¡Aquí hay petróleo!* (1956, Rafael J. Salvia), *Las chicas de la Cruz Roja* (1958, Rafael J. Salvia) o *El día de los enamorados* (1959, Fernando Palacios).

El negocio del humor amable (y rentable): Ágata Films y José Luis Dibildos

Sin embargo, fue Ágata Films la que se convirtió en la empresa audiovisual de referencia dentro de este género. Con José Luis Dibildos al mando, apostó por películas amables que generaran beneficios económicos y no molestaran a la censura. Creó productos de éxito elaborados por directores afines, como Pedro Lazaga —muy vinculado a su vez a la comedia costumbrista de finales de los cincuenta *(La ciudad no es para mí,* 1966)—, Javier Aguirre o Fernando Merino. Ya en los años setenta, el productor continuó dentro de esta misma línea en el proyecto que denominó Tercera Vía. En este sentido, de forma casi contemporánea Ángel A. Pérez Gómez y José Luis Martínez Montalbán subrayaron que este tipo de cine estaba más cerca de sus antecesores que de un cine de calidad, «aparte del indudable "look Dibildos" (no se olvide que colabora en los guiones), estas películas de Roberto Bodegas tendrán un aliento más sincero *(Españolas en París)* y una técnica de comedia más sofisticada (persiguiendo abiertamente los modelos americanos del género)»[11].

Sí que existieron elementos que marcaban distancia entre esta tendencia y el cine de Dibildos de años anteriores, siendo el más evidente la leve crítica que introdujo en los nuevos títulos. No fue en absoluto que buscara enfrentarse con el régimen franquista, simplemente el productor fue consciente de los cambios que atravesaba el país y quiso buscar resortes en sus largometrajes que invitaran a la reflexión. Como dijo el actor José Sacristán, «no se pretendió tomar el Palacio de

Invierno»[12], sino que se trató más bien de mostrar empatía con el público que acudía a las salas, inclinándose más por tópicos al uso que con un auténtico compromiso[13]. El resultado fueron numerosas películas que mostraban la sociedad de aquellos momentos, sus miedos, ilusiones y esperanzas; una dosis de realidad que no siempre resultaba amable. Eran unas obras que todavía guardaban un enorme vínculo con sus predecesoras, y cuya herencia hizo de estas películas de la Tercera Vía un magnífico escaparate tanto de los aspectos tradicionales del cine español como de las novedades llegadas desde Estados Unidos.

Durante los años cincuenta José Luis Dibildos participó como guionista en varias películas: *Hombre acosado* (1950, Pedro Lazaga), *Felices pascuas* (1954, Juan Antonio Bardem), *Sierra maldita* (1954, Antonio del Amo), *Camino cortado* (1955, Ignacio F. Iquino) y *La vida es maravillosa* (1955, Pedro Lazaga), una faceta que también desempeñó en muchos de los trabajos que llevó a cabo posteriormente en su productora.

Ágata Films inició su andadura en 1956 con *Viaje de novios* (León Klimovsky), y desde sus comienzos tuvo clara su línea de actuación: la búsqueda de productos rentables que abordaran aspectos de una realidad permanentemente negada[14]. Desde su creación hasta 1970 la empresa realizó veintiocho largometrajes, once de ellos coproducciones: *La frontera del miedo* (1957, Pedro Lazaga), *Las muchachas de azul* (1957, Pedro Lazaga), *Ana dice sí* (1958, Pedro Lazaga), *Luna de verano* (1958, Pedro Lazaga), *La fiel infantería* (1959, Pedro Lazaga), *Los tramposos* (1959, Pedro Lazaga), *Los económicamente débiles* (1960, Pedro Lazaga), *Solo para hombres* (1960,

Fernando Fernán Gómez), *Trío de damas* (1960, Pedro Lazaga), *Madame Sans-Gêne* (1961, Christian-Jaque, coproducción), *Fra Diavolo* (1962, Miguel Lluch, coproducción), *Cyrano y D'Artagnan* (1963, Abel Gance, coproducción), *Los dinamiteros* (1963, Juan García Atienza, coproducción), *Llanto por un bandido* (1963, Carlos Saura, coproducción), *El tulipán negro* (1964, Christian-Jaque, coproducción), *Armas para el Caribe* (1965, Claude Sautet, coproducción), *Dos cosmonautas a la fuerza* (1965, Lucio Fulci, coproducción), *Lola, espejo oscuro* (1965, Fernando Merino), *Amor a la española* (1966, Fernando Merino, coproducción), *Demasiadas mujeres para Layton* (1966, Jacques Poitrenaud, coproducción), *Las que tienen que servir* (1967, José María Forqué), *Z7, Operación Rembrant* (1967, Giancarlo Romitelli, coproducción), *La dinamita está servida* (1968, Fernando Merino), *Los que tocan el piano* (1968, Javier Aguirre), *Los subdesarrollados* (1968, Fernando Merino), *Una vez al año, ser «hippy» no hace daño* (1968, Javier Aguirre), *Soltera y madre en la vida* (1969, Javier Aguirre) y *Pierna creciente, falda menguante* (1970, Javier Aguirre).

Gran parte de ellos se enmarcaban en lo que se conoció como comedia desarrollista. Un seguro de rentabilidad y éxito entre el público, aunque que no se libraron de las revisiones que llevaba a cabo la Junta de Clasificación y Censura (Ministerio de Información y Turismo) y que de vez en cuando generaba alteraciones en el producto final. Dibildos fue siempre muy cuidadoso con sus producciones, pero no todas salieron indemnes del yugo censor.

Los años sesenta o cómo entender a la nueva población española

Dibildos no fue ajeno a la tímida apertura que se dio en los años cincuenta y que, entre otras cosas, se materializó en un protagonismo cada vez mayor de la mujer en la vida social del país. Coincidiendo con la prematura llegada a España del desarrollismo estadounidense se produjo una incorporación progresiva de esta al mercado laboral, una temática sobre la que Pedro Lazaga ironizó en *Las muchachas de azul* (1957), película coral que cuenta la historia de un grupo de empleadas (Analía Gadé, Licia Calderón y Vicky Lagos) de unos grandes almacenes que llevan a cabo distintas maniobras para conseguir novio. Su productor sabía que era más popular y estaba mejor visto la búsqueda de un buen marido que la independencia profesional, por eso eligió a las dependientas de Galerías Preciados, trabajadoras que mostraban signos de modernidad, «como vestir pantalones y coquetear con descaro, no se sentían completamente realizadas, sino que vivían esa etapa como un puente hasta llegar a su verdadero "oficio" de mujer casada»[15].

Era un planteamiento cómodo, sin riesgos, aunque adaptado al devenir de los tiempos. Aunque la Dirección General de Cinematografía y Teatro (Sección de Cinematografía) no puso ningún inconveniente al guion[16], la Junta de Clasificación y Censura acordó por unanimidad autorizarla para mayores de dieciséis años (11 de diciembre de 1957). Para algunos miembros esta historia de «dependientas de almacén a la caza del marido que acaban casándose con cualquiera» era una

Fotograma de *Las muchachas de azul.*

patochada aburrida y vulgar, mientras que para otros se trataba de un relato sencillo, amable e incluso divertido a ratos. Gustos subjetivos que no influyeron en el resultado final del audiovisual, puesto que ni siquiera se incluyó en el informe final la sugerencia de dulcificar «si es posible» el beso aparecido en el rollo 9[17].

Más liviano resulta el argumento de *Ana dice sí* (1958, Pedro Lazaga), cuyo protagonista, Juan (Fernando Fernán Gómez), se alza como el prototipo del buen vividor con recursos económicos deficientes para mantener su ritmo de vida. Aunque confía en la herencia de su tío Don Patricio, al morir este descubre que, si cumple todos los requisitos impuestos en el testamento, quien se quedará con todo el dinero será Ana (Analía Gadé). Un guion sencillo, aprobado sin modificaciones, pero con la sugerencia al director de que «tuviera cuidado con las escenas de la piscina y la partida de parchís, de forma que quede excluida toda situación o visión grosera o demasiado desnuda» (22 de abril de 1958)[18]. Clasificada en la Categoría Primera A y autorizada para mayores de dieciséis años, casi de manera unánime la Junta de Clasificación y Censura la consideró una película «buena» y apropiada para el público al que iba dirigida (4 de junio de 1959)[19].

Luna de verano fue el segundo título que Pedro Lazaga realizó para Dibildos en 1958. De nuevo contando con Fernando Fernán Gómez y Analía Gadé, en esta ocasión optaron por llevar a la gran pantalla la historia de dos jóvenes francesas, Monique y Colette (Laura Valenzuela), que llegan a España en su coche descapotable para asistir a unos cursos de verano en la Universidad Internacional de San Sebastián. Villares, uno de los encargados de la lectura y aprobación del guion señaló que, salvo la crítica al papeleo y la lentitud de la administración española, el largometraje podía seguir adelante, sumándose de este modo al resto de sus compañeros[20]. Tanto la rama de clasificación como la de censura apoyaron esta postura tan benevolente tras ver la película, ensalzando en numerosas ocasiones el apartado interpretativo[21]. Alegría y belleza que entraban dentro de los cánones amables de este tipo de producciones, resueltos además por dos personajes que, pese a estar defendidos por dos actrices españolas (Analía Gadé y Laura Valenzuela), eran extranjeros, lo que dotaba de mayor exotismo a la cinta.

La picaresca llegó a Ágata Films de la mano de *Los tramposos* (1959), de nuevo con Pedro Lazaga en la dirección y un elenco actoral en el que Antonio Ozores y Tony Leblanc dieron vida respectivamente a Paco y Virgilio, los timadores que protagonizan la cinta junto a Concha Velasco (Julita) y Laura Valenzuela (Katy). Autorizada para todos los públicos, la película tuvo muy buena recepción tanto por parte del público como de las autoridades[22]. Un mérito compartido también con la propia Junta de Clasificación y Censura, que obró para impedir que aparecieran en pantalla imágenes y comentarios que, desde su punto de vista, consideraron demasiado osados, como el plano cercano a los protagonistas bailando con las caras juntas (rollo 5º), las frases referentes a moneda extranjera y libros falsos de contabilidad (rollo 9º) o el plano de las piernas de Julia, cuando saca una peseta de la liga (rollo 9º)[23]. Modificaciones puntuales que, sin embargo, supusieron una alteración del producto final.

Dibildos supo exprimir el éxito de la pareja formada por Antonio Ozores y Tony Leblanc en otro título, *Los económicamente débiles* (1960, Pedro Lazaga). Narra las aventuras de Paco (Ozores) y Pepe (Leblanc), dos aficionados al fútbol que sueñan con llegar a entrenar a un equipo importante. El deporte rey también fue el eje argumental de otra película estrenada en esas mismas fechas, *La quiniela* (Ana Mariscal), y volverá a ser el tema elegido un año más tarde en *Tres de la cruz roja,* dirigida por Fernando Palacios[24]. Todas ellas dentro de una línea muy similar a la propuesta por Dibildos. Fue autorizada para todos los públicos porque, como señaló el reverendo padre Juan Ferrández, «en el aspecto moral no ofrece reparo». Otra cuestión era el interés que hubiera despertado entre los miembros de la Junta, siendo para la mayoría de ellos más bien «escaso»; «muy pesada y aburrida», «sosa», «inaguantable»[25].

Fernando Fernán Gómez planteó *Solo para hombres* como una crítica al machismo presente en las altas esferas, aunque estaba ambientada en el siglo XIX, siguiendo la adaptación de la comedia teatral *¡Sublime decisión!* (1955) de Miguel Mihura. Es una de las primeras obras que dirige el popular actor que contaba las peripecias de una joven (Analía Gadé) que comienza a trabajar en el Ministerio. El acontecimiento suponía todo un escándalo para la sociedad biempensante de la época —tanto aquella en la que tiene lugar el relato como en la que se rueda el mismo—, acostumbrada a que el destino de la mujer fuese encontrar marido, tener hijos y cuidar del hogar.

Casi de manera unánime los miembros de la Junta de Clasificación y Censura fueron conscientes de que, al tratarse de una adaptación de la obra de Mihura, la sátira se correspondía con una época pasada. En ninguno de los casos vieron comportamientos o actitudes que pudieran asemejarse con lo que estaba sucediendo en aquellos instantes en el país. De hecho, precisamente por todo esto, cuando fue autorizada para mayores de dieciséis años el productor interpuso un recurso de apelación solicitando que fuera clasificada para todos los públicos: «A nuestro juicio, no hay objeciones que poderle formular en cuanto a moralidad se refiere. [...] La picardía es más pretendida que real, no reconoce en ningún momento la procacidad o grosería que fueran susceptibles de hacerla prohibitiva para los menores, y resulta, incluso, ingenua para los jóvenes de hoy. Nos satisface pensar que la censura eclesiástica lo haya comprendido así»[26]. Sin embargo, y aunque era cierto que había reconocido el tono caricaturesco, para la mayoría se trataba de una cinta solo «para mayores».

Ese mismo año llegó también a la gran pantalla un largometraje de corte más tradicional, o por lo menos con una historia con la que el público pudiera sentirse más identificado. Una comedia costumbrista titulada *Trío de damas* (1960) sobre la crisis de un matrimonio. La excusa para que Pedro Lazaga lanzara un nuevo producto donde la risa estuviera asegurada, en esta ocasión canalizada a través de Francisco Rabal, Laura Valenzuela y José Luis López Vázquez. Los dos primeros se ponen en la piel de una pareja cuyos problemas comienzan cuando ella desarrolla un trastorno de personalidad. Humor sobre la salud mental en una época en la que, sin duda, nadie se hubiese planteado que podría tratarse de un asunto serio. Más allá de eso, si algo llamó la atención de algún censor fue que la mujer, de naturaleza psicopática, destrozaba la vida de su marido, bueno y paciente, a causa de sus celos injustificados. Todo ello en una película que para la mayoría era de escaso interés, sin calidad dramática y que se convertía en una «necedad en Eastmancolor» solo apta para mayores[27].

Dos años después del fenómeno de *Atraco a las tres* (1962, José María Forqué), Juan García Atienza[28] rodó para Ágata Films su particular comedia de atracos: *Los dinamiteros*. En esta ocasión la trama se centra en tres jubilados, Don Benito (José Isbert), Doña Pura (Sara García) y Don Augusto (Carlo Pisacane), que deciden llevar a cabo el robo perfecto en la mutualidad en la que suelen coincidir cada mes. La calidad de sus intérpretes no fue suficiente para salvar la taquilla, tuvo

Material publicitario de *Los dinamiteros.*

una pésima distribución —apenas estuvo una semana en cartel— y, como consecuencia, una ínfima repercusión comercial. La fórmula de la coproducción con Italia sirvió para darle a la cinta ciertos toques neorrealistas, además de contar con profesionales de la talla del compositor italiano Piero Umiliani[29]. «Floja» y «tediosa» tampoco despertó el interés de la Junta de Clasificación y Censura, siendo finalmente autorizada para mayores de catorce años[30]. Ni siquiera la mención a los cartuchos de pólvora utilizados por los atracadores llamó la atención de ningún censor, aunque seguro que alguno hubiera preferido un método menos anarquista.

El landismo estuvo presente en la productora de Dibildos con la película *Amor a la española* (1967). Una coproducción con Argentina dirigida por Fernando Merino que contaba las peripecias de un grupo de españoles que hacían todo lo posible para llamar la atención de las suecas[31] en Torremolinos. Entre los protagonistas se encontraban tres de los cómicos más populares del momento, Alfredo Landa, José Luis López Vázquez y Manolo Gómez Bur, una apuesta que volvía a asegurar el beneplácito de los espectadores. El 15 de junio de 1966 la Junta emitió el informe sobre guion, destacando en el caso de los censores que se cuidara mucho la realización, sobre todo por el «amenazante exhibicionismo», aunque sin caer en la «ñoñería». También fue del gusto de los miembros del sector de Apreciación, quienes le concedieron el Interés Especial, entre otras cuestiones porque «sale una España verdadera y no la "versión social"»[32]. Los primeros sin embargo tuvieron que llamar la atención de Merino una vez rodada la cinta, indicándole que cambiara la frase «He aprendido que se puede ser como tú y ser buena y honesta...» por «He aprendido que se puede ser como tú y ser una buena chica...»[33]. Detalles que servían para recordar a los cineastas que cada palabra podía ser motivo de prohibición o modificación del producto final.

Las que tienen que servir (1967, José María Forqué) es probablemente el largometraje de Ágata Films que mejor reflejó la imparable llegada de la cultura estadounidense a España. En la presentación del largometraje en el Festival

Internacional de Cine de San Sebastián José Luis Dibildos señaló: «Creo que hemos acertado en ofrecer la auténtica característica, la idiosincrasia del americano en España. La temática está en su justo medio cuando a los propios americanos, con quienes hemos consultado, les ha gustado y se han reído mucho de las situaciones en las que se les coloca»[34].

Basada en la obra homónima del dramaturgo Alfonso Paso, cuenta las aventuras de Juana (Concha Velasco) y Francisca (Amparo Soler Leal), dos empleadas del hogar que trabajan para los Stevens, un matrimonio norteamericano que vive en un acomodado chalet en Torrejón de Ardoz. Aunque ambas aspiran a casarse respectivamente con Antonio (Alfredo Landa) y Lorenzo (Manolo Gómez Bur), no podrán evitar el intento de conquista de dos estadounidenses. Aunque los censores aprueban el guion, se le deniega el Interés Especial, ya que la Junta de Apreciación considera que son todo estampas sainetescas, con tópicos y dicharachos sobre la vida americana y la vida española, sin base, ni interés ni calidad[35]. Una historia cuya ingenuidad hizo que posteriormente fuera autorizada para todos los públicos[36].

Dentro del más puro esperpento Fernando Merino estrenó en 1968 *La dinamita está servida,* un título en el que la pólvora, un recurso ya utilizado por Juan García Atienza en *Los dinamiteros,* vuelve a sacar su lado cómico. En este caso lo hace para contar la estrafalaria llegada del Rey de Chaila (Rafael Alonso) a la Costa Brava, donde será recibido por todo tipo de disparatados personajes, desde una pareja al margen de la ley (Tony Leblanc y Laura Valenzuela)[37] hasta un matrimonio de luna de miel (María Silva y Manolo Gómez Bur) o un asesino a sueldo.

La comisión de censura de guiones vio con buenos ojos esta comedia de enredo, aunque señaló algunas advertencias, como sustituir la frase «Que se meta la tarta donde pueda», cuidar las escenas de exhibicionismo y erotismo y que «los personajes "orientales" respondan a dicha identidad y en modo alguno se confundan con personajes árabes»[38]. Como se observa, les preocuparon en especial asuntos de índole sexual y racial. Autorizada para todos los públicos, una vez rodada la película se volvieron a destacar dos aspectos que era necesario suprimir: la expresión «puñetero» (rollo 4º) y el ademán que hace el rey con los dedos figurando cuernos y la réplica del «corte de mangas» (rollo 9º)[39]. Un sainete desarrollista al que también contribuyó la Junta de Clasificación y Censura.

El mundo de la delincuencia vuelve a estar presente en el universo de Ágata Films con la cinta *Los que tocan el piano* (1968, Javier Aguirre), la historia de unos «pianistas»[40] muy especiales protagonizada por el «Cocosabio» (Tony Leblanc), la «Gandula» (Concha Velasco), el «Torralba» (Alfredo Landa) y el «Tizona» (Manolo Gómez Bur). Un trabajo que no tuvo problema con la censura ni antes ni después de rodarse, siendo autorizada para todos los públicos porque su tono de «broma quita toda la peligrosidad»[41].

La presencia estadounidense en la sociedad española vuelve a quedar de manifiesto en *Los subdesarrollados* (1968, Fernando Merino) con la I.I.S.S. (International Investigation Spanish Section), la agencia clandestina que Julio (Tony Leblanc) y Timoteo (Alfredo Landa) tienen montada para destapar infidelidades. Un toque moderno para denominar al negocio de esta singular pareja de detectives cuya única finalidad es sacar beneficios garantizando la buena salud marital. Laura Valenzuela vuelve a aparecer en esta producción en el papel de Ana, una mujer que sospecha que su marido Ramón (Manolo Gómez Bur) tiene una aventura. La comisión de censura de guiones consideró que en general era necesario cuidar los excesos de exhibicionismo e intimidad erótica, señalando a su vez referencias concretas que debía de modificarse o suprimirse, como la alusión al «cuerno»[42]. Advertencia que no pasó desapercibida para la productora. Pese a que fue autorizada para mayores de dieciocho años, no recibió ningún tipo de adaptación por parte de la Junta de Clasificación y Censura[43], una muestra infalible de que Merino y Dibildos habían salvaguardado la moral y las buenas prácticas de los espectadores.

El fuerte machismo y la mentalidad conservadora de la época salen a relucir en *Soltera y madre en la vida* (1969, Javier Aguirre) una comedia que utiliza el embarazo de Julita (Lina Morgan) para hacer humor sobre lo inapropiado que resulta mantener relaciones prematrimoniales —justificando de esta manera el rechazo de su pareja, Paco (Alfredo Landa)—. Un guion firmado por Dibildos y Mingote que, junto al final feliz que proponía, sorteó cualquier tipo de problema con la censura, cuyos miembros solo advirtieron que se tuviera cuidado con los excesos de exhibicionismo, erotismo y las expresiones coloquiales[44]. Como ocurrió con *Los subdesarrollados,* pese a ser autorizada para mayores de dieciocho años no tuvo mayores problemas una vez rodada. La única apreciación que se hizo fue la de suprimir el plano de la peluquera desvistiéndose en el cuarto de baño (rollo 6º)[45]. Seguir las indicaciones de la Junta surtía efecto para que no hubiera complicaciones, incluso en ocasiones, más allá del beneficio económico en taquilla, la productora conseguía algún reconocimiento. En esta ocasión fue el galardón a mejor actriz secundaria para Laly Soldevila en los Premios del Sindicato Nacional del Espectáculo (1969).

Los años setenta, un país en transición

Con *Españolas en París*[46], donde se aborda el tema de la inmigración en España a principios de los setenta, se produce un punto de inflexión. En la cinta está prácticamente aglutinado y configurado todo el equipo que protagonizará la Tercera Vía, un proyecto inaugurado por Ágata Films tres años después[47]. Exiliado en Francia, su director Roberto Bodegas[48] ya había tenido la oportunidad de tratar el tema de la emigración en el país galo, colaborando en el guion de *El salto (O salto,* 1967, Christian de Chalonge). Cuando aceptó la propuesta de Dibildos para realizar *Españolas en París* el cineasta era consciente de que, de esta manera, conseguiría convertirse en referente para la sociedad, y con ello podría dar una mayor visibilidad a su labor política.

El guion, obra del propio Bodegas y de Christian de Chalonge, tuvo que ser revisado por Dibildos y Mingote. Sin embargo, las correcciones fueron mínimas, tal y como se aprecia en el informe sobre el guion emitido por la comisión de censura (6 de mayo de 1970): «Mucho ruido y pocas nueces. [...] Por desgracia, el tema se aborda desde la superficialidad más enraizada con las viejas comedias del ciclo Dibildos-La-

Foto fija de *Españolas en París.*

zaga. [...] Creo que será una película comercial normal, a la que puede dar cierta brillantez la realización»[49]. Autorizada únicamente para mayores de dieciocho años, fue seleccionada para representar a España en el VII Festival Internacional del Film de Moscú, en el cual ganó el premio especial del comité organizador[50]. Ello conllevó la petición por parte de la productora de una serie de beneficios de protección suplementaria, que finalmente le fueron concedidos[51].

Después de *Españolas en París* (1970), José Luis Dibildos no volvió a producir ninguna película hasta finales de 1973, momento en el que realizó *Vida conyugal sana*. Un parón que no fue fortuito, sino consecuencia de una serie de circunstancias políticas y económicas que afectaron al país. Un largometraje dirigido de nuevo por Roberto Bodegas y protagonizado por José Sacristán en el papel de Enrique, un abogado obsesionado con todo lo relacionado con la publicidad (televisión, radio, prensa...). Su esposa Ana (Ana Belén) está preocupada porque hay un anuncio en concreto que le hace perder la razón y manifestar una doble personalidad. En él aparece una atractiva mujer bajo el eslogan de «Vida conyugal sana».

Autorizada al principio para mayores de dieciocho años y menores de esta edad, hasta catorce, acompañados[52], fue clasificada en la categoría de Interés Especial. La mayor parte de los miembros de la Comisión de Apreciación de la Junta de Ordenación y Apreciación de Películas alabó la calidad del largometraje: «Película preciosa con una crítica de la civilización actual de consumo y publicidad, incluida una visión del matrimonio excesivamente rígido y poco espontáneo. Bien interpretada y dirigida» (Luis de Andrés). Incluso Germán Sierra[53] y Fernández-López Zúñiga se acercaron en sus comentarios a la finalidad perseguida por las películas de la Tercera Vía, sobre todo el segundo: «Es una película comercial pero que encierra una crítica constructiva que apunta un camino muy interesante para el cine español».

El productor José María Ramos fue también consciente de la importancia del film dentro del cine español: «Película que abre un camino al cine español, a la crítica del mundo que vivimos, hecha con una intención positiva, dirigida al público en general, para una comprensión moral, sin retorcimientos». En una posición similar se encontraba Tadeo (Tedy) Villalba[54]. Una opción menos aperturista fue la del director Sáenz de Heredia, relacionado durante años con el régimen franquista. No realizó ningún tipo de observación sobre la película, siendo además uno de los cinco miembros que otorgó la valoración de tres puntos —los otros dos fueron el periodista y crítico cinematográfico Fernández Cuenca[55] y don Federico Molina—. Una puntuación bastante generosa si se observan las dadas por el director, guionista y productor Rafael Gil (uno) o el abogado y crítico de cine Luis Gómez Mesa (cero). El reverendo padre dominico Eugenio Benito dedicó unas extensas líneas a desarrollar su opinión acerca de la cinta:

> Es un film agradable. Ácido en el fondo, pero servido de forma humorística, quizá excesivamente humorística, porque este humor le da digeribilidad y mayor audiencia, pero le resta rigor crítico; y es una lástima. El personaje de este film es un reprimido, pero un reprimido total, absoluto desde que nace —plano del niño— hasta el momento actual. Es una crítica amplia no solo a la represión de un vicio, sino a todo el sistema que envuelve a un hombre en este país, en el que la publicidad es el último elemento utilizado por la sociedad —de consumo o no— para alienar al hombre. El mayor defecto del film es la reiteración. Su insistencia en una situación que no profundiza, que no analiza, que lo dice todo pronto y que no sabe ahondar más. Se hace superficial y monótona. Pienso que es un film que aglutina lo comercial y lo intelectual.

El secretario de la Comisión, don Pablo Martín Vara, fue sin duda el miembro que más a favor se mostró de *Vida conyugal sana:*

> Esta película es una de las pocas en que el cine español encuentra el camino de calidad que debería ser corriente y que,

como en este caso, es excepcional. El argumento es original y la realización está medida, sin pasarse en chocarrería como es corriente, interpretación adecuada tanto en la elección de tipos, como en la aplicación de los mismos. En resumen, una película que se sale de lo corriente y que merece una alta calificación.

Las diversas opiniones guardan relación con los propios principios ideológicos de los individuos que las efectúan, lo que hace que en algunos casos queden más patentes los deseos de apertura que en otros.

En 1974 también, en esta ocasión dirigida por Antonio Drove, Ágata Films estrenó *Tocata y fuga de Lolita*. Cuenta la historia de Carlos (Arturo Fernández), un viudo de cuarenta años y candidato a procurador en Cortes que vive con su hija Lolita (Amparo Muñoz) y su hermana Merche (Laly Soldevila). Cuando un buen día la joven decide irse de casa, Carlos hará todo lo posible para introducirse en la pandilla de su hija. Los miembros de la Comisión de Ordenación de la Junta de Ordenación y Apreciación de Películas coincidieron en que los personajes que aparecían en el largometraje no representaban la realidad de aquellos instantes, sino simplemente la lucha generacional entre un padre y una hija. Sin embargo, Juliana Bidagor Altuna, vocal de dicha comisión, sí que planteó que lo que se quería mostrar, era a una juventud española distinta a la de generaciones anteriores: «La película trata de defender a esta juventud de hoy, presentándonos a los jóvenes como más sinceros que generaciones anteriores, claro que son tópicos y que en ningún momento quiere plantear enfrentamientos generacionales»[56]. Realmente lo único que le interesaba a la comisión eran los aspectos relacionados con el erotismo, por lo que se le advirtió al productor no exagerara el exhibicionismo de Lolita, Ana y Olga de forma que no se vulneraran las normas[57].

El año 1974 terminó con un nuevo título para la productora: *Los nuevos españoles.* El film, uno de los largometrajes más emblemáticos del proyecto Tercera Vía, narra la historia coral de un grupo de empleados de la empresa española «Seguros La Confianza» —Pepe (José Sacristán), Luis (Antonio Ferrandis), Sinesio (Manuel Alexandre), Teodoro (Manuel Zarzo) y Antonio (Rafael Hernández)— que es absorbida por la multinacional norteamericana «Bruster & Bruster». Autorizada para mayores de dieciocho años y menores de esta edad (hasta catorce años, acompañados)[58], aunque al princi-

Fotograma de *Los nuevos españoles,* de Roberto Bodegas.

pio la Comisión de Apreciación de la Junta de Calificación y Apreciación de Películas le concedió solo cuatro puntos, la productora reclamó y finalmente consiguió que la película tuviera cinco puntos y el Interés Especial. Para ello esgrimieron toda una serie de motivos que sin duda reforzaban la petición: la alta valoración del largometraje por parte de la crítica, el éxito total de público, el interés despertado en el extranjero y los premios obtenidos —cinta más galardonada por el Sindicato Nacional del Espectáculo: segundo premio por sus valores técnico artísticos, guion, interpretación colectiva de actores, Manolo Zarzo protagonista, decorados y ambientación, equipo eléctrico y auxiliar—[59].

Tanto *Vida conyugal sana* como *Tocata y fuga de Lolita* y *Los nuevos españoles* se estrenaron en un escenario de cambio, que alcanzó su punto de inflexión con el siguiente trabajo llevado a cabo por Ágata Films. *Mi mujer es muy decente dentro de lo que cabe* (1975, Antonio Drove) es un relato sobre la doble moral y el machismo que todavía seguían presentes en la sociedad española, tratado como siempre desde el humor y la sátira. Paulino (José Sacristán), un hombre obsesionado con los pájaros, está casado con Margarita (Concha Velasco). Un buen día decide dejarla por Paloma (María Luisa San José), una alegre y atractiva muchacha. Aunque al principio todo va bien, al final el control, el dominio y los celos vuelven a apoderarse de Paulino. Autorizada para mayores de dieciocho años (3 de enero de 1974), se le denegó la concesión del Interés Especial. Las palabras del reverendo padre Eugenio Benito (vocal) resultan muy significativas en relación con esta postura: «Sigo pensando que el cine "Dibildos" parte de una fórmula peligrosa: problemas serios socio-sicológico-moral, tratados en clave de comedia. Este tratamiento le impide profundizar en los problemas y en los personales y naufragar en un género de comedias que tampoco, por excesivo peso, se alista bajo el signo de la comedia»[60].

Continuando la línea de *Mi mujer es muy decente dentro de lo que cabe,* Ágata Films estrenó un año después *La mujer es cosa de hombres* (1976, Jesús Yagüe). Eran realizaciones que renunciaban a cualquier tipo de alarde técnico, apostando por un estilo completamente desfasado ya en aquellas fechas.

La película trata sobre una prostituta llamada Ramona (María Luisa San José) y sus tres amantes: Gonzalo (José Sacristán), Rafa (Rafael Hernández) y Pepe (Antonio Ferrandis). La joven se las arregla para que ninguno conozca la existencia de los otros dos, lo que da lugar a situaciones de enredo donde el humor es el protagonista.

La actriz repitió con Sacristán en otra película de Yagüe protagonizada por una prostituta luchadora y con aspiraciones: *Más fina que las gallinas* (1977). Aunque de manera superficial, aborda temas como el matrimonio, la doble moral o el papel de las amantes dentro la nueva burguesía española. Denegada la concesión del Interés Especial (26 de septiembre de 1975), fue autorizada para mayores de dieciocho años (3 de octubre de 1975) con la advertencia de que se suprimieran los planos en los que a Ramona se le ve el sexo, cuando se desnuda delante de los tres amantes (rollo 9º)[61]. Cuando se revisó el guion ya se indicó a su vez que se eliminaran ciertos términos y expresiones mal sonantes, como «viva la Virgen» o «puta»[62].

Roberto Bodegas volvió en 1976 a Ágata Films con *Libertad provisional,* un texto firmado por el novelista Juan Marsé que cuenta la historia de Alicia (Concha Velasco)[63], una vendedora de enciclopedias a domicilio que en ocasiones se ve obligada a prostituirse para sacar un sobresueldo y poder mantener a su hijo y a su madre. Un día conoce a Manolo (Patxi Andión), un ladrón con el que comienza a compartir piso bajo unas reglas de libertad mutua. Después de revisar el guion, la censura estableció que se debía de eliminar el lenguaje grosero y soez (9 de enero de 1976). Autorizada para mayores de dieciocho años, la Junta de Calificación y Apreciación de Películas hizo especial hincapié en que se suprimiera el plano de Alicia ajustando el botón al cura. Aunque días más tarde la comisión estableció concederle únicamente un punto (22 de octubre de 1976), la productora no recurrió hasta el 29 de junio de 1978, amparándose en los premios que había recibido:

> Creemos que aquella valoración fue injusta para una película cuyos auténticos valores literarios y calidad cinematográfica habían sido reconocidos por un Jurado Internacional al obtener el Premio Perla del Cantábrico a la mejor película de habla hispana en el Festival de San Sebastián de 1976. Y ello en unas extrañas, manipuladas y conocidas circunstancias de tensión política derivadas de la celebración del propio Festival que perjudicaron gravemente su posterior estreno y explotación comercial. Creemos también que nunca ha sido tan escasamente valorada por los anteriores equipos de la Dirección General de Cinematografía una película totalmente española que haya obtenido un premio equivalente en Festivales Internacionales de categoría A.

Fotograma de *La mujer es cosa de hombres.* Cortesía de María Luisa San José.

El 12 de septiembre de 1978 se volvió a evaluar, recibiendo en esa ocasión tres puntos[64].

Pedro Lazaga volvió a aparecer en la factoría Dibildos con *Hasta que el matrimonio nos separe* (1977), una cinta cuya trama gira en torno a una familia burguesa de Santander fuertemente arraigada a los valores más tradicionales de la sociedad hispana. El conflicto llega cuando Miguel (José Sacristán), el único hijo varón, se enamora de Ana (Roxanne Bach), una estudiante americana de Historia del Arte a la que deja embarazada. Cuando deciden casarse por lo civil, el joven se da cuenta de que tiene que hacer una declaración previa de apostasía, lo que supone romper por completo con la Iglesia. Denegado el Interés Especial, Dibildos redactó un documento dirigido al Director General de Cinematografía (29 de marzo de 1979) solicitando la revisión de dicho dictamen. Lo hacía teniendo en cuenta que este había estado condicionado por la temática social de la película, «dado su actitud ante los problemas del matrimonio y el divorcio en nuestro país»[65]. Resulta interesante tener en cuenta que la Ley del Divorcio no se aprobó en España hasta el 22 de junio de 1981. De hecho, el productor no deseó decantarse en el largometraje ni a favor ni en contra de este tema: «No se plantea de una forma directa el problema del divorcio. Precisamente está más claro el problema de la ausencia del divorcio, el que no exista esa palabra en nuestro código»[66].

Con posterioridad al fenómeno Tercera Vía y tras *Hasta que el matrimonio nos separe* (1976), Ágata Films solamente produjo cinco títulos: *Vota a Gundisalvo* (1977, Pedro Lazaga), *Rocky Carambola* (1979, Javier Aguirre), *La colmena* (1982, Mario Camus), *Estoy en crisis* (1982, Fernando Colomo) y *A la pálida luz de la luna* (1985, José María González Sinde).

El Pigmalión franquista frente a la nueva España

José Luis Dibildos con Ágata Films fue uno de los ejemplos más evidentes de la actitud acomodaticia que tanto gustaba al régimen franquista. Productos hechos desde el humor con referencias a la realidad del país, pero sin alterar el orden establecido. Un proyecto cinematográfico que a su vez resultaba rentable, puesto que generaba beneficios económicos mientras que mantenía contentas a las autoridades. La fórmula era perfecta en un país que poco a poco iba adaptándose a los nuevos tiempos, una transición amable hacia un futuro que, sin embargo, en los años sesenta seguía resultando incierto.

Pese a todo, es necesario reflexionar acerca del control de la Dictadura sobre este tipo de películas. La Dirección General de Cinematografía y Teatro a través de la Junta de Clasificación y Censura estaba tan presente en ellas como en el resto de largometrajes, ejerciendo control y ejecutando su veredicto tanto antes como después de su realización. Un requisito indispensable para su estreno, o lo que es lo mismo, un mecanismo de censura inevitable que, en mayor o menor medida, terminaba de modelar el resultado final de la obra.

Como se ha podido comprobar, en las cintas de Dibildos la mayoría de las veces se esgrimían apreciaciones más acordes a un crítico que a un «policía cultural». El productor lo sabía, por eso siempre cuidó tanto sus guiones. Aunque a los miembros de la Junta les pudieran parecer una «patochada», solo alzaban la voz cuando había alguna nota más discordante, sobre todo en relación con la buena moral y el decoro. En esos casos se mandaba suprimir la frase o la escena, cuidándose de que no aparecieran palabras tan malsonantes como «puñetero» o «cuerno». Una medida que salvaguardaba la integridad ética del público que acudía a las salas, alejándolo de actitudes perniciosas y pecaminosas.

Pero ¿de verdad era necesaria esa infantilización de la población española? Más que unos padres protegiendo a sus vástagos, la postura del Gobierno franquista estaba acorde a la estrategia de represión y falta de libertad que abanderó desde su subida al poder. Controlar cada paso que daba el país, vigilar que la modernidad llegaba, pero a su manera. La correcta recreación de esa nueva realidad pasa por entender la actuación de las instituciones a todos los niveles, incluso lo que *a priori* puede resultar irrelevante. El negocio emprendido por Dibildos durante los años sesenta y setenta es la muestra más evidente de esta situación: *los nuevos españoles* a merced de *los tramposos*.

7
La represión de género en la Dictadura: genealogía de víctimas, agentes y violencias contra las mujeres

Irene Abad Buil y Sescún Marías Cadenas
(Universidad de Zaragoza)

Diálogo sobre la represión de género

Dialogar es una de las mejores vías para potenciar la reflexión, para generar preguntas y respuestas y para aportar algo más de luz acerca de un tema. Si dicho tema es una cuestión socialmente activa (Seixas y Morton, 2013), el diálogo se convierte en una metodología útil para actualizar y razonar sobre sus aspectos más representativos.

Las dimensiones de la represión dirigida hacia las mujeres es un tema sobre el que se está investigando desde hace ya más de una década de manera cualitativa y cuantitativa, pero sobre el que todavía quedan muchos aspectos por abordar.

En el curso organizado por la Institución «Fernando el Católico» titulado «Mecanismos de represión y coerción durante la dictadura franquista», en Zaragoza en marzo de 2024, se arrancó con una comparativa entre el pasado y el presente con la finalidad de asignarle practicidad al aprendizaje de la Historia. Así se ponen sobre la mesa dos espacios que sirven como ventana a mujeres de distintas épocas para contar sus experiencias personales de violencia, y se contrasta la forma tan distinta, o no tanto, de abordar esas vivencias.

Por un lado, se detalla la duración (casi treinta y siete años) del consultorio radiofónico de Elena Francis, un espacio asesorado y conducido por hombres que venía a disfrazar de ficción sentimental la pura doctrina de género del régimen franquista.

Por otro lado, de aparición mucho más reciente y gracias a que la selección española femenina de fútbol abrió la caja de Pandora del #SeAcabó, contamos con el esperanzador recorrido de los testimonios de mujeres en la cuenta de Instagram de Cristina Fallarás, que ha terminado convirtiéndose en un libro[1].

Mientras que durante la Dictadura triunfaba la dulcificación de unos consejos domésticos anclados en la sumisión y el sacrificio de la mujer, incluso ante las agresiones del esposo, contemplamos hoy la dureza testimonial de mujeres que han sufrido la violencia en primera persona, que siempre piden anonimato y frecuentemente reciben la censura de muchos usuarios y de las propias redes sociales. ¿Por qué contar y verbalizar experiencias de violencia sigue resultando incómodo? ¿Siguen estando las mujeres y sus vivencias de género al margen de determinadas esferas o discursos?

Para entender los significados que la violencia ha tenido sobre la sociedad es preciso hacer un análisis intrínseco de la misma. Tras las preguntas iniciales, surge la puesta en común de todas las aristas sobre las que se sustentó la represión de género —llamada así por la historiografía contemporánea—

entendida como aquellos actos destinados a contener con violencia actuaciones políticas o sociales y aplicadas desde una posición de poder. Un poder que, por su parte, se construye desde la esfera de la dominación y desde el privilegio masculino, desarrollando una doble autoridad que perfila la definición del «otro» (la mujer) y lo convierte en «doble víctima» (de clase y de género), ubicándolo en un lugar subalterno. Y si al sustantivo represión le añadimos el grupo preposicional «de género» es para aglutinar todas las violencias que se aplicaron durante el franquismo.

En la época de la Dictadura, no existió diferencia entre sexo biológico, cualidad de «lo femenino» o condición de género. Todo entraba en el mismo saco. De ahí que la represión de género sea entendida como aquellos actos de violencia que pretenden atacar, dañar o destruir los cuerpos y las mentes de las mujeres con el fin de construir un modelo concreto de mujer, en este caso, el modelo franquista de mujer. Esta finalidad contiene al mismo tiempo dos dimensiones temporales: el después y el antes. De ahí que la represión de género establezca el castigo *a posteriori* por el hecho de haber sido (militancias políticas durante la Segunda República, compañeras de militantes, ideologías...) y también se materialice a partir del castigo *a priori* «para no ser» (carácter preventivo).

Este tipo de represión ha recibido distintas denominaciones: represión sexuada, represión a las mujeres, etc. Nosotras preferimos utilizar el concepto «represión de género» para abordar con él los castigos sobre el cuerpo y sobre las distintas manifestaciones de las dimensiones socioculturales del género, como por ejemplo cuestiones tan dispares como la regulación de la indumentaria femenina en las clases de gimnasia o los casos de mujeres que no se identificaban con el modelo de género que se esperaba de ellas, como son las transexuales, lesbianas, bisexuales, etc., o varones que no respondían al modelo de virilidad franquista, como por ejemplo, los homosexuales o los «transformistas».

El análisis de la represión lleva a una categorización de la misma según sus tipos. Basándonos en su aplicabilidad se diferencia entre la represión directa y punitiva, que incluía todas aquellas manifestaciones de claro impacto visual o tangible como las multas, las palizas, las rapaduras de pelo o las violaciones, y la represión indirecta preventiva, que se refiere al tono disuasorio de la educación franquista, la finalidad doctrinal de los discursos de la Sección Femenina o la dimensión moral y social de la presión vecinal, por ejemplo. Según la procedencia existe también una dicotomía represiva: la formal que tiene una dirección vertical, de arriba abajo y se aplicaba a través del corpus legislativo del franquismo, y la informal, que no estaba regularizada por la ley y procedía del abuso de poder social y moral en la sociedad. Según el ámbito de la represión existe una amplia tipología: la civil o legal —como ejemplo tenemos la incapacidad jurídica de la mujer—, económica, laboral o profesional, la educativa o de formación profesional, y la social o cultural —«lo decente» establecía aquí los límites—.

Nuestro diálogo en el curso antes mencionado, se transforma ahora en este capítulo, en el que también se aborda la enorme extensión que alcanzó la represión de género tanto de manera inmediata (miedo, silencio, pobreza, solidaridad y movilización) como a largo plazo (los usos de la memoria).

El amplio diálogo entre las autoras lleva finalmente al planteamiento de diversas herramientas conceptuales para entender la represión desde el presente, aplicando una perspectiva de género: la politización femenina, la solidaridad/sororidad, el «espectáculo de la humillación», el trauma del recuerdo, las mujeres como guardianas de la memoria y la resiliencia femenina. Por tanto, desarrollar las dimensiones de la represión y las herramientas conceptuales que permiten entenderla desde la actualidad es el objetivo fundamental de este capítulo en el que se intercalarán reflexiones e interrogantes acerca de la represión y sus respuestas, a partir de los resultados de nuestras diversas investigaciones.

Interés de la temática

La represión contra las mujeres

Si hablamos sobre la represión franquista es porque es un tema sobre el que siguen surgiendo estudios académicos y, por tanto, es evidente su interés. En el caso de los mecanismos utilizados para represaliar a las mujeres nos encontramos con un proceso de visibilización interesante, desde los fallidos intentos internacionales, resguardados de las garras de la Dictadura, hasta un número cada vez mayor de estudios que sacan a la luz las dimensiones de la represión de género.

Según Abad (2009)[2], a partir de 1946 la revista *Mujeres Antifascistas Españolas,* desde la relativa libertad que les aportó el exilio, hizo públicas las situaciones de represión vividas por las mujeres que permanecían en España. En sus diferentes números aparecían referencias a los diversos mecanismos de represión aplicados sobre la mujer:

> Una obrera. Fue golpeada furiosamente con cables de acero en el vientre. Después de un año, aún conserva las heridas y cicatrices de los golpes, y se le han producido lesiones en el hígado y en el estómago. [...] Una mujer de 58 años. Su hija fue fusilada. A ella la han torturado ante los ojos de su nieta, de cinco años. A consecuencia de las palizas, aún no puede hablar. [...] Una licenciada en Ciencias. Le han roto los dientes y arrancado los cabellos. [...] Una taquígrafa. Fue golpeada en el bajo vientre. [...] Una campesina. Embarazada de siete meses, fue salvajemente golpeada en el vientre [...].

En el número del 1 de noviembre de 1946, la revista aportaba incluso nombre y apellidos de las víctimas de este modelo de represión: María Teresa Toral, Mercedes Gómez Otero, Isabel Sanz Toledano, Juanita Corzo, Enriqueta Otero, Alicia Sánchez, Pura de la Aldea, Consuelo Alonso, Martina Beodia, Nieves Calleja, Ascensión Fuentes, Pura Aznar, han sufrido los más sádicos tormentos. Las palizas, las corrientes eléctricas en los pechos...

Esta revista, de incuestionable valor en cuanto a la visibilización coetánea de la violencia sobre las mujeres, no alcanzó éxito en su propósito, puesto que la violencia franquista nunca recibió la condena internacional.

La investigación de la represión

También hubo intentos, por parte de una comisión inglesa, de denunciar la represión que las mujeres estaban viviendo en las cárceles franquistas. Leah Manning, Mónica Whately y Nancy Brake (más conocida como Nan Green), tras muchas dificultades, incluso para obtener sus pasaportes, consiguieron, con el beneplácito del embajador español en Londres, viajar a España y visitar la Cárcel de Ventas. A pesar de que estas tres observadoras internacionales tenían un objetivo claro, ver cómo vivían y por qué cumplían condena algunas de sus compañeras comunistas, chocaron de frente con un lenguaje franquista que las calificaba de «malas muchachas» y «criminales» que ocultaba los mecanismos represores de los que eran víctimas. La demonización de la víctima se imponía sobre los hábitos violentos del franquismo.

Después vinieron los testimonios de quienes fueron sus víctimas directas. Primero hablarían aquellas que desde el exilio encontraban cierto espacio de libertad para rememorar públicamente sus experiencias personales como consecuencia de la aplicación de diversos mecanismos de represión: Carlota O'Neill (1964) y Mercedes Núñez (1967). Juana Doña; Soledad Real, a través de los historiadores Consuelo García y Fernando Hernández; y Tomasa Cuevas, y muchas compañeras de cárcel cuyos testimonios grabó, no tardarían en aprovechar la democracia recién inaugurada para publicar sus recuerdos[3]. Entendían que la memoria jugaría un papel más que significativo en el estudio de los mecanismos de represión que la violencia estructural del franquismo utilizó para erradicar la disidencia, para castigar actitudes no toleradas por el modelo franquista de mujer y para establecer relaciones de género que se perpetuarían a lo largo del tiempo.

Después vendría el interés investigador. Giuliana Di Febo (1979), Shirley Mangini (1997), Fernanda Romeu (1994) o Mary Nash (2006) serían de las primeras en aportar independencia a una represión específica hacia las mujeres desde una doble perspectiva: política y de género[4]. La mujer se convertía en un sujeto activo de la historia y comenzaba un interés por su estudio hasta el punto de que, como dice María de los Llanos López Gómez (2022) la represión femenina ha comenzado a considerarse una línea de investigación autónoma, aunque todavía con necesidad de aportaciones para dejar de ser la «asignatura pendiente» de la historiografía. Esta afirmación va en la línea que ya había defendido Ángeles Egido en la conferencia «Condenadas a muerte, excluidas socialmente, ¿reeducadas ideológicamente?», en la UNED en 2014 en el marco del Congreso «Franquismo y represión: una perspectiva de género». Sostiene que la represión sexuada siempre ha sido la invisible dentro de los estudios de la violencia de la Dictadura, aunque en los últimos años la evolución de estos estudios ha sido considerable.

Adriana Cases y Teresa Ortega (2020) señalan tres causas del tímido arranque de este campo de investigación: el difícil acceso a los archivos, el hecho de que las mujeres represaliadas representaran un número inferior al de los hombres y su menor protagonismo político. El menor impacto de la represión sobre mujeres que sobre hombres las hacía estar en la sombra o tener menos protagonismo. Sin embargo, si analizamos la cuestión no desde el impacto sino desde la aplicación descubrimos unos mecanismos represores que tenían una finalidad muy concreta: atacar la vinculación política a través de los rasgos propios de la feminidad, y, por tanto, aportaban especificidad a dicha violencia o represión. Desde ese prisma nos encontramos con un nuevo campo de investigación: la violencia o represión de género.

Para empezar a estudiar este nuevo campo hemos realizado un análisis bibliométrico utilizando la base de datos Dialnet para entender en qué estado se encuentra esta línea de investigación[5]. Una de las primeras conclusiones que extraemos de la fase introductoria es que sigue existiendo una clara tendencia a homogeneizar los conceptos «género» y «mujer». Los trabajos dedicados al género aparecen indexados como relacionados con la mujer y por ello se obtienen más resultados buscando a partir del concepto mujer que a partir del concepto género.

Las primeras fases son el cribado y la idoneidad, que consisten en el análisis individualizado de cada uno de los resultados y su vinculación directa con el objeto de estudio, descartándose todos los que no presentasen una relación directa entre represión o violencia y la perspectiva de género o las mujeres. Esto nos lleva a que, de los 156 documentos iniciales pasamos a trabajar con un total de 86, que nos muestran a su vez cuál ha sido la tendencia evolutiva desde el punto de vista cronológico. Hay que apuntar, asimismo, que hemos echado de menos algunos títulos específicos sobre el tema que habíamos trabajado previamente.

Tras realizar nuestros estudios vemos que la frecuencia constante de este tipo de trabajos empieza a partir de 2006, aunque la intensidad de las mismas será variable, considerando la última década más representativa en cuanto a producción académica. Por otro lado, como conclusión del análisis individualizado de los trabajos, podemos decir que ha existido también una evolución conceptual en cuanto a la denominación de la represión específica hacia las mujeres. En los primeros trabajos se habla de una «represión femenina»[6]. A partir de 2010 surge el concepto de «represión sexuada»[7]. No tardarían en aparecer trabajos específicos de violencia dedicados a la «represión de mujeres»[8] o a la «represión contra las mujeres»[9].

El concepto «género» como instrumento útil para el análisis de la represión comienza a hacerse tímidamente visible a partir de 2013[10], hasta adosarse al sustantivo represión. De hecho, otro concepto utilizado es el de «represión de género»[11] o «violencia de género» (Ortega Muñoz, 2023).

Recurriendo a la idea de López Gómez de que la represión hacia las mujeres sigue siendo una «asignatura pendiente» para la historiografía contemporánea, queda mucho trabajo por hacer. Se ha recuperado la visibilidad de la mujer, gracias a testimonios vivenciales y la cuantificación de mujeres víctimas de la violencia estructural del franquismo, y se le ha otorgado la categoría de «sujeto activo» de la historia ya que se han construido categorías de análisis de la violencia del franquismo a partir de la victimización femenina: las presas, las fusiladas, las mujeres de preso, las rapadas. De hecho, la literatura académica existente a partir de esta categorización es la más extensa y la que mayor interés ha cobrado en los últimos años. Cabe destacar también en este sentido la importancia que los estudios locales han desempeñado en esta contribución.

Sin embargo, queda un importante paso por dar: normalizar el uso de la categoría «género» para el estudio de la represión o la violencia franquista. Y los propios datos nos están diciendo que se está empezando a incluir, pero de manera tímida. Incluso a nosotras mismas, dedicadas hace tiempo al análisis de esta cuestión, nos ha llevado muchas reflexiones y esfuerzos llegar a la convicción de que la utilización del género como instrumento de análisis contribuye a una visión global de la violencia estructural sobre la que se sustentó el franquismo y permite la comprensión de las relaciones políticas, económicas, sociales y culturales que se construyeron en torno a la misma.

Conceptualización del término represión

Como ya hemos visto la semántica histórica de los mecanismos de represión dirigidos hacia las mujeres ha ido variando según sus usos y sus interpretaciones. ¿Qué concepto utilizamos para referirnos a la violencia que aglutinó dichos mecanismos?

Para explicar y entender el concepto que define la represión dirigida a las mujeres en el contexto de la Guerra Civil y la dictadura franquista creemos necesario atender a dos consideraciones previas. En primer lugar, el componente represivo y de variada violencia intrínseco al régimen franquista, pues «existe un consenso historiográfico unánime respecto a la centralidad de la represión y la violencia institucional como componente estructural del franquismo, que persistió mucho más allá del final de la guerra e, incluso, más allá de la muerte del dictador[12]. De ahí que desde la historiografía se hable de la violencia estructural del franquismo[13].

En segundo lugar, la asunción, difusión y control de un discurso de género normativo, que no era nuevo para las españolas, pero sí ciertamente anacrónico y excesivo. En palabras de Ana Aguado y Dolores Ramos, se dio una «radicalización hasta extremos esperpénticos de unas relaciones de género fuertemente patriarcales y del modelo tradicional de mujer doméstica, así como del retorno radical a la esfera privada»[14]. Los esfuerzos por implantar y dar continuidad a este sistema de géneros tan tradicional obedecían a intereses tanto económicos como políticos, sobre todo en inmediata posguerra.

En lo político significaba una comunión con la ideología franquista y con los valores religiosos de la Iglesia católica, además de las ventajas que ofrecía el modelo de familia nuclear tradicional para poder ejercer el control social. Si hubo ocasión en la historia de España en la que «lo privado fuera político», sucedió en la Dictadura, que intervino en la vida más íntima de las personas a través de los más variopintos resortes del Estado, como abordamos en esta publicación.

En el terreno práctico, afianzar el modelo de géneros tradicional tenía también ventajas económicas. Por un lado, podía ayudar a potenciar la natalidad después del parón demográfico de la guerra y posguerra; por otro, relegar a las mujeres al hogar permitía dejar para los varones algunos puestos de trabajo en un mercado laboral nada dinámico y verdaderamente atrasado[15].

Empezaremos hablando del concepto «represión sexuada», heredado de la historiadora Maud Joly (2002) en su estudio sobre las republicanas rapadas y argumentado por Fabrice Virgili (2007), que sostiene que algunas violencias cometidas en tiempos de guerra tienen el sexo como objeto, entendiendo por sexo, no tanto la sexualidad, que también fue represaliada en tiempos de Franco, sino la proyección corporal del ser mujer o ser hombre. Los cuerpos, y especialmente los de las mujeres, se convirtieron en campo de batalla. La dominación de los mismos fue otra manifestación de poder (para los verdugos) y una desposesión y deshumanización (para las víctimas).

Hay que añadir, como se ha apuntado anteriormente, que para la Dictadura no había distinción entre sexo biológico, cualidad de «lo femenino» y género mujer. Las tres categorías estaban indisolublemente unidas. En este contexto franquista y católico, los términos «sexuado», «femenino» y «de género» eran equivalentes. En la actualidad existe mucho debate sobre la categoría cultural del género, lo femenino y lo que es ser mujer, o no; se trata de un debate legítimo, enriquecedor y necesario para entender nuestro presente. De Joan Scott a Judith Butler, pasando por el feminismo poscolonial, toda la autocrítica feminista es constructiva y útil para mirar al pasado. Al margen de estas enriquecedoras reflexiones, que son imprescindibles para hacer historia sobre determinados grupos sociales, raciales y territoriales, en el sistema de géneros franquista, en la moral de la Dictadura, podemos afirmar que no existía tal debate: la mujer, lo femenino y lo biológicamente asociado a la hembra humana, eran una misma cosa, y como tal se legislaban, y se reprimían.

En consecuencia, de la asociación sexo-género tan habitual de sociedades conservadoras y católicas como la franquista, para adjetivar el tipo de violencia política que se ejercía sobre las mujeres, se adaptó *gendered,* del inglés, al adjetivo «sexuada». De tal manera se estableció una clara vinculación entre la represión sexuada y la de género para definir aquella que pretendía atacar, dañar o destruir los cuerpos y las mentes de las mujeres, es decir, aspectos físicos y no físicos, desde el punto de vista social, político e incluso económico. Por supuesto, también desde el punto de vista fisiológico o biológico; y de estatus: económico, intelectual, cultural o profesional. Las víctimas de la represión son las mujeres que han desafiado ese concepto único de mujer-lo femenino-la hembra en alguna dimensión propia, o por ser consortes, es decir, desde la propia visión patriarcal de la mujer como propiedad.

Y tirando de esta última idea, la de la mujer como posesión de padre, hermano o marido, como ser incompleto que merece pagar las culpas de aquel ser completo que la poseía, habremos de incidir en que la represión de género no fue patrimonio exclusivo de regímenes fascistas afines a la Dictadura, sino que se refiere más bien a un concepto moral propio del patriarcado que hemos visto en otros países de Europa. Por ejemplo, los aliados, al liberar las zonas ocupadas, rapaban a las mujeres colaboradoras de los nazis; es la idea de la mujer como objeto poseído, la mujer como botín de guerra.

Las investigaciones han evolucionado y cada vez se conoce con mayor detalle el corpus represor que el franquismo utilizó hacia la disidencia en general y hacia el género en particular. En cuestión de género el único patrón a moldear era el de la mujer, de ahí que resultasen más llamativos los mecanismos de violencia utilizados de manera específica sobre ellas que sobre los hombres. A la violencia sobre los cuerpos, se sumaron análisis sobre el impacto emocional de la represión, sobre la pobreza impuesta por determinados tribunales, sobre la estigmatización social sufrida, sobre las instituciones que trataban de salvaguardar valores como la pureza y el decoro, propios del modelo nacionalcatólico de mujer. De ahí que nos encontremos ese corpus represor que superaba los límites de los cuerpos y en el que hay veces que es difícil establecer líneas divisorias[16].

Hubo rapadas a las que se les aplicó la Ley de Responsabilidades Políticas. Hubo violadas que ingresaron en el Patronato de Protección de la Mujer. Los discursos de género del franquismo y las políticas de erradicación de la disidencia nos ofrecen un panorama más amplio sobre estos mecanismos de violencia. Pura Sánchez (2009), consciente del valor simbólico de la represión, amplía este concepto abordando los efectos socioemocionales de la violencia (vergüenza, humillación, escarnio público), así como el poder coercitivo del lenguaje de los vencedores sobre los vencidos, y específicamente el dirigido a las mujeres. Más recientemente, observamos cómo el concepto «violencia o represión de género» se asume y se utiliza como una categoría de análisis asentada[17].

En un momento social y político como el que vivimos, en el que la violencia sobre las mujeres está en el centro de los informativos y de la agenda de los gobiernos, es preciso reflexionar sobre el origen y la perpetuación de esa violencia. Esta reflexión es más necesaria si cabe en una democracia tan joven como la nuestra, marcada todavía por un pasado reciente que legitimó la represión sobre las mujeres, preventiva y disciplinaria, como un verdadero asunto de Estado. Por todo ello, creemos necesario recuperar de los márgenes de la historiografía la represión del régimen franquista contra las mujeres y deliberar sobre este concepto y sus tipologías.

En primer lugar, atendemos al significado del término *represión* ya mencionado, según el cual reprimir alude a cualquier acto o actos que se ejercen normalmente desde una posición de poder (el privilegio masculino, el poder político, y ambos en muchos casos de los que nos ocupamos) *para contener, detener o castigar con violencia actuaciones políticas o sociales* (RAE). Según lo indicado, en el caso de las mujeres, el abanico de la represión es más amplio y también más intenso puesto que se ejerce desde el doble poder de la autoridad y de lo masculino. En consecuencia, las mujeres se encuentran en una posición doblemente vulnerable: son víctimas de los vencedores de la Guerra Civil y estos últimos, además, son hombres. En el sistema de valores morales dominante durante el franquismo la mujer ocupa un lugar subalterno y esta represión se encargará especialmente de recordárselo. Pero la represión o violencia franquista sobre las mujeres no terminó aquí. No se limitó a las cárceles o centros de detención, ni a las mujeres posicionadas públicamente, sino que tuvo unos brazos más largos a fin de conseguir sus objetivos de «disciplina social severa» defendida por Vallejo-Nágera[18].

Nuestra reflexión como historiadoras de las mujeres nos invitaba a considerar mecanismos mucho más sutiles y extensos en el tiempo de una violencia específica que entraba hasta la cocina, literal y metafóricamente, con un claro sentido político. Para abordar la violencia sufrida por las mujeres durante la Dictadura, habitantes de espacios privados y con un rol reproductivo predominante, no podíamos utilizar las mismas herramientas que abordan la represión franquista ejercida sobre los hombres. En virtud del sistema de géneros defendido por el régimen y los valores asociados a ellos, se articulará una suerte de represión indirecta o violencia simbólica dirigida a consolidar el modelo de mujer válido para el Estado franquista y castigar su desafío, porque «ser mujer» en la Dictadura también era una cuestión política, y por tanto, de Estado. Según el psiquiatra citado anteriormente, «la mujer de raza no quiere ser "compañera" o "amante", sino "madre", y madre de muchos hijos»[19].

Alcance de la represión

El entramado represor del franquismo se fue extendiendo como una mancha de aceite, llegándose a la aplicabilidad de varios mecanismos a la vez. Lo que sí que podemos hacer para entender mejor las enormes dimensiones que alcanzó la represión es clasificarla por: sus víctimas u objetos, la tipología de su aplicabilidad, por el ámbito en el que se ejerció y por cuáles fueron sus agentes y sus efectos.

Las víctimas de la represión de género

¿Quiénes fueron las víctimas de la represión de género del franquismo? ¿Qué impacto tuvo sobre la sociedad desde una perspectiva de género?

Desde el comienzo de la sublevación militar hasta el final del franquismo se llevó a cabo una represión específica sobre las mujeres, que evolucionará conforme avance el contexto sociopolítico del régimen. Por ello, vamos a encontrar distintos tipos de víctimas, que abarcan desde perfiles estrictamente políticos y de presencia en la vida pública (de la sindicada o afiliada a partidos de izquierda en 1939, a la militante del MDM en 1974), hasta mujeres anónimas que son castigadas por desafiar en algún punto el modelo de mujer impuesto por el régimen (desde mujeres que practican el estraperlo en los años cuarenta, a las que fumaban o llevaban bikini en los sesenta).

Queremos añadir aquí, fruto de nuestra reflexión en torno al concepto género, y las variables sociales y culturales que la represión de esta época lleva implícitas, que casi la totalidad de las mujeres objeto de violencia política franquista, eran *pobres*. Desde un punto de vista interseccional, no podemos disociar género y clase, en este caso la subalternidad de las represaliadas por ser mujeres y la vulnerabilidad, social y económica, de estas vencidas frente a la fortaleza, también social y económica, de los vencedores. El componente clase, asociado aquí al género femenino, es un ingrediente clave para entender la verticalidad de la violencia que se ha referido en un apartado anterior y sería un error no incorporarlo, como ha demostrado la crítica feminista posterior a Joan Scott[20]. Con ello no eximimos a las mujeres de clase alta de la violencia indirecta recibida, pero es necesario entender que el impacto de la misma estuvo amortiguado por la accesibilidad a los recursos, sobre todo para evitar las consecuencias negativas.

Para que nos entendamos: pensemos en la joven de familia bien, afecta al régimen, que se queda encinta (que no preñada) de manera inesperada. La muchacha desaparece un tiempo gracias a que un reputado ginecólogo, discreto amigo de la familia, le practica un aborto en una lujosa clínica. Nada trasciende y la joven puede volver a comulgar en los Jerónimos los domingos. Pensemos ahora en Valentina, zagala de un pueblo de Huesca que se queda preñada (ella sí, las pobres se preñan) en 1945; pensemos en su novio, Javier, y en la abortera, Carmen. A estos últimos el aborto les cuesta catorce años, ocho meses y un día de cárcel; a Valentina, la propia vida[21]. De los pobres sabemos el nombre, la situación y su castigo; de la joven adinerada, nunca sabremos nada.

Regresando al perfil de las mujeres que fueron represaliadas y en el sentido estrictamente público, hablamos de víctimas posicionadas políticamente a la izquierda, bien militantes de partidos y/o sindicatos, o que apoyaron causas sociales y populares de manera explícita. Se trataría de mujeres que prestaron, en palabras de los sublevados «auxilio o apoyo a la rebelión», según el concepto de «justicia al revés» de Serrano Suñer, entendiendo la legitimidad republicana como «rebeldía» y dando por hecho que el auténtico, único y verdadero Estado era el que los sublevados querían implantar. No solo las mujeres que activamente participaron en estas causas, sino también las hijas, esposas y hermanas de militantes varones, lo que definimos como «delito consorte»[22].

Tal era la inferioridad con la que el régimen consideraba a las mujeres, que las convertía en parte orgánica inseparable de la responsabilidad política masculina. Debemos insistir en que esta represión por causas políticas o sociales se dio desde el principio de la Guerra Civil hasta el final de la Dictadura. Abarcaba a todas las mujeres que hubieran manifestado disidencia política, durante la Guerra Civil e incluso antes (recordemos el carácter retroactivo de las Ley de Responsabilidades Políticas, LRP de aquí en adelante), en tanto que cumplían con los requisitos punitivos de las diversas leyes franquistas que articularon los mecanismos oficiales de la represión (la citada LRP, la Ley contra la Masonería y el Comunismo, el Tribunal de Orden Público...).

Encontramos en primer lugar a las mujeres de la oposición clandestina. Entre ellas se hallan mujeres colaboradoras con la guerrilla, y familiares de guerrilleros, y aquí vemos otra vez el «delito consorte». Durante toda la Dictadura, pero especialmente a partir de la década de los sesenta, se ejercerá la represión de todas aquellas mujeres vinculadas a la lucha antifranquista, de manera activa o como familiares de antifranquistas varones. La lucha femenina contra el franquismo, ya fuera laboral, social, profesional, política, y por supuesto estrictamente ya feminista en los estertores del régimen, fue castigada de una manera directa.

En segundo lugar, existe una disidencia social y cultural, aunque no se identifique un compromiso político explícito, y allí encontramos a mujeres intelectuales, profesionales liberales[23] en la medida en que el régimen fue tolerando su actividad, con un estilo de vida autónomo que incluía muchas veces la soltería. También mujeres que, por su orientación sexual e identidad de género, se presentaban como disidentes frente al modelo de género y afectivo-sexual franquista, es decir, se enfrentaban a la heteronormatividad y la asociación unidireccional sexo biológico-género femenino (cisgénero).

Estas personas estaban incluidas dentro de la modificación de la Ley de Vagos y Maleantes (1954) y posteriormente por la Ley sobre Peligrosidad y Rehabilitación Social (1970), y fueron clientela preferente de los centros de internamiento y reeducación del Patronato de Protección a la Mujer. La disidencia de género masculina tampoco quedó a salvo de la violencia política, puesto que existió un enorme adoctrinamiento de género hacia los hombres, que consideramos debe ser incluida en los estudios sobre represión de la Dictadura. Aquellos varones que no se identificaron con el modelo nacional del «macho ibérico» (Bertrand, 2021), ni en comportamiento social ni sexual, sufrieron una violencia moral de primer orden. Los «maricones», o «violetas» en la terminología franquista, perseguidos y condenados hasta la democracia (Arnalte, 2023)[24], tuvieron su propio campo de reeducación en la Colonia Penitenciaria de Tefía en la isla de Fuerteventura[25].

A este grupo de disidentes sociales y culturales pertenecen también las mujeres que desafiaban el modelo de natalidad y familia franquista, es decir, aquellas que incitaban, ayudaban, practicaban o experimentaban un aborto, así como a las divulgadoras, consumidoras y distribuidoras de métodos anticonceptivos (Ley del 24 de enero de 1941 para la protección de la natalidad contra el aborto y la propaganda anticoncepcionista)[26]. La homosexualidad estuvo penada en España hasta 1989, pues aunque el concepto de «peligrosidad social» fue eliminado en 1978, el delito de «escándalo público» sirvió para condenar la visibilidad homosexual durante una década más. La despenalización del uso y difusión de anticonceptivos ocurrió en 1978, aunque la regularización del aborto, muy parcial y escasa todavía, tuvo que esperar siete años más (1985).

No queremos dejar de incluir en este segundo grupo a todas las españolas, que, de una manera sutil y simbólica, sufrieron la violencia política. Cuando decimos «tu abuela también sufrió violencia franquista», aludimos a que todas las mujeres que vivieron durante la Dictadura experimentaron este tipo de represión a través de la socialización formal e informal (escuela, cultura, iglesia). Debían aprender a coser mientras los niños estudiaban matemáticas; tenían que acompañar de madrugada a su madre a lavar la ropa mientras sus hermanos dormían; las sacaban del colegio porque «para qué servía estudiar»; era preceptivo acudir religiosamente a misa los domingos con guantes y mantilla; había que vigilar el largo de la falda y no rebasar la manga corta so pena de recibir bronca del cura o de las vecinas; el Servicio Social era obliga-

Portada de *Teresa. Revista para todas las mujeres* (1955), editada por la Sección Femenina y orientada a jóvenes urbanas de clase media.

torio si querían entrar de aprendiza a un taller; no podían leer, si es que leían, más que revistas para señoritas; estaba obligadas a vivir con su familia hasta los veinticinco años o marchar a servir a la «capital» si eran mujeres campesinas; pasaban de estar tuteladas por su padre a ser propiedad de su marido; se las despedía del taller forzosamente al contraer matrimonio; no podían sacar dinero del banco ni recibir una herencia... todo ello sancionado y fomentado por el Estado, las leyes, la Iglesia y el vecindario, su familia, su propia comunidad...

Si eso no es violencia, que baje Dios y lo vea.

La represión según su tipología

Al hablar de la violencia estructural del franquismo, elevamos la represión a categoría. Pero dicha violencia se construyó a través de un conjunto de leyes, instituciones, prácticas y mecanismos de castigo con entidad propia. ¿Cómo clasificamos pues la represión según su tipología?

Uno de los objetivos de este trabajo, además de clarificar qué representa el concepto de represión de género, es distinguir las formas de violencia, desde las más directas y perceptibles, hasta las más sutiles y desapercibidas. Es por ello que en este apartado distinguimos cómo se aplicó la violencia (directa o indirectamente); qué órgano, entidad, colectivo o agente la aplicó, es decir, de dónde procedía esa represión; y en qué ámbito de la vida de las mujeres se ejercía. Llevase mayor carga física o tuviese carácter simbólico, no quedó una sola española que escapase a la violencia ni un rincón de la vida de niñas y mujeres, público o íntimo, que quedase sin controlar por los resortes del Estado.

En primer lugar, corresponde hablar de cómo se aplicaba la violencia. Cuando hablamos de represión sobre las mujeres durante la guerra e inmediata posguerra aparecen en nuestro imaginario filas de mujeres rapadas, procesionando, o esposas de fusilados que perdieron incluso el ajuar de novia, porque se les expropiaba hasta la dignidad. Estamos hablando en este caso de *represión directa,* es decir, la que es detectable por toda la sociedad y su objeto es precisamente el escarnio público a través de esa humillación visible.

Se trata por un lado de una *represión económica,* articulada a través de incautaciones forzosas y multas, que frecuentemente habían de pagar las esposas de condenados por los tribunales de guerra, estuvieran presos o hubieran sido fusilados. Por otro lado, incluye un amplio repertorio de *represión física,* que va desde el vergonzante rapado de pelo, a las patadas en el vientre a embarazadas o mujeres fértiles que dejarían de serlo; ingesta de aceite de ricino para que las detenidas defecasen involuntariamente, pasando por violaciones y agresiones corporales de todo tipo.

El culmen de la represión física pasaba por la privación de libertad (condena a cárcel o fusilamiento) y también por la inhabilitación para ejercer una profesión, normalmente de carácter intelectual (médicas, maestras, funcionarias...), lo que suponía una degradación económica y social muy relevante, que enlaza precisamente con los elementos de clase y vulnerabilidad socioeconómica ya mencionados. En cualquier caso, insistimos, lo que llamamos represión directa incluía una violencia material que cualquier ciudadano de la España franquista podía conocer y detectar, pues ese era el objetivo: marcar a las «malas españolas».

La violencia aplicada por la dictadura franquista tenía sutiles mecanismos para alcanzar a todas las españolas que intentaran desafiar el canon de género impuesto por el régimen. Por tanto, además de una represión directa y visible, existían múltiples vías para ejercer la *violencia indirecta* y cortar así las aspiraciones de las mujeres que «pensaban salirse de los raíles», y encauzar la dirección hacia la que se consideraba su verdadera y única función: la de madre y esposa. Esta violencia, de carácter simbólico, alcanzó a miles de españolas y penetró en la cultura popular de tal modo que todavía podemos sentirla de alguna forma, porque suponía una continuidad al discurso católico y tradicional a propósito del género femenino que tanto arraigo tenía en España.

Entre esta represión sutil e indirecta encontramos un tipo de *violencia «disuasoria»,* como la distinta educación que se daba a niños y niñas desde las primeras letras, con segregación en las aulas y currículos diferenciados por sexo, orientando a las niñas a sus funciones maternales y domésticas y privándolas del conocimiento académico. Otra manera de disuadir a las jóvenes a las que este primer filtro desmotivador no había coaccionado, era la obligatoriedad de cumplir con el Servicio Social para acceder a un trabajo remunerado, continuar con los estudios medios y superiores o sacarse el carné de conducir o el pasaporte. Se trataba de una prestación social gestionada por la Sección Femenina de seis meses de duración (aunque había opciones reducidas según los casos), que, a pesar de ser recordada de manera amable, poseía una carga doctrinal evidente contra la entrada a la vida pública que esas jóvenes pretendían dar[27].

También podríamos hablar de un tipo de *violencia doctrinal,* presente en todas las actuaciones del régimen y sus colaboradores para con las mujeres. Hablamos aquí de las actividades de la Sección Femenina, desde sus revistas infantiles a los grupos de Coros y Danzas; al discurso de la Iglesia y sus representantes masculinos y femeninos, en altares y escuelas; e incluso a las organizaciones femeninas permitidas por el régimen, como las mujeres de Acción Católica.

Para cerrar el apartado de represión indirecta, queremos indicar la herramienta más sutil, y sin embargo más efectiva,

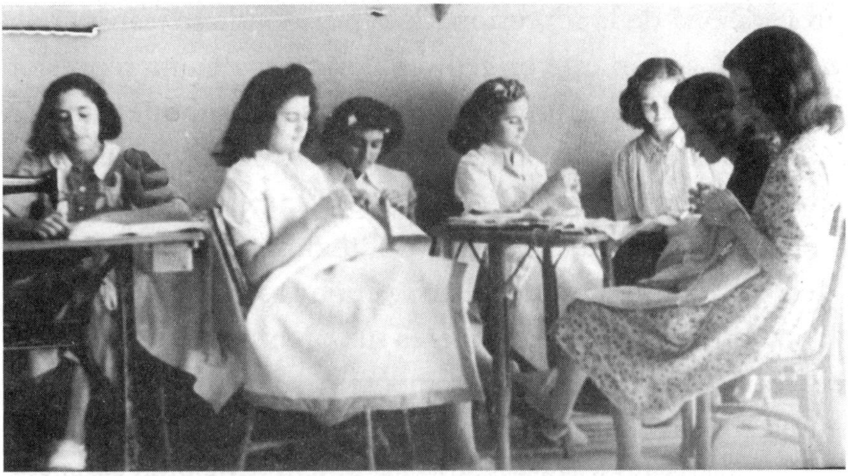

Taller de costura y confección en la Escuela Hogar de la Sección Femenina de Teruel, correspondiente al curso de Servicio Social.

para ejercer y apuntalar ese daño simbólico hacia las mujeres: la *violencia comunitaria.* La opinión de la familia, la presión vecinal, los círculos de amistades; los mensajes del cine que pasaba la censura, de la cartelería publicitaria y cómo no, de la radio, con el Consultorio de Elena Francis.

En resumen, los agentes sociales más variados, en el círculo íntimo o con contactos más lejanos, configuraron una moral tan determinante que permitió por un lado dar continuidad al modelo de género previsto y por otro, señalar públicamente a quien se atrevía a desafiarlo.

La procedencia de la represión

La tercera forma de clasificar la violencia ejercida sobre las mujeres en la dictadura franquista se articula en torno a la procedencia de la represión, de o por dónde se transmite la violencia. Según este origen, hablaríamos de una represión formal o vertical, e informal o transversal, aunque también infundida desde la cúspide de las instituciones. La *violencia formal* fue instrumentada desde el poder y en mayor o menor medida sancionada legalmente por textos jurídicos emanados de la Dictadura. Decimos esto, ya que la violencia física más brutal que sufrieron las mujeres fue precisamente extrajudicial, aunque emanaba directamente desde las instituciones e implicaba precisamente la noción de «abuso de poder».

La represión formal contra las mujeres fue muy variada y presenta grados muy dispares. Oscila entre la brutalidad de las palizas, es decir, desde lo abiertamente coercitivo (rapados de pelo, palizas, multas, incautaciones, condenas a prisión, etc.) hasta lo personalmente limitante (restricción a carreras profesionales, despido forzoso por matrimonio, tutela parental hasta los veinticinco años, etc.). Esa amplitud y esa disparidad hicieron que la violencia formal, más o menos simbólica, afectase prácticamente a la totalidad de las españolas que vivieron esa época, aunque estuviera asumida y normalizada por la sociedad.

La *represión informal o transversal,* no estuvo regularizada legalmente, aunque evidentemente fue infundida y sancionada por las instituciones franquistas y la Iglesia española. Este tipo de violencia informal no fue percibida siquiera en su momento como una represión coercitiva o limitante, sino que formaba parte de la cultura popular, a pesar de comulgar y perpetuar la ideología de género de la dictadura franquista. En esta categoría de violencia informal podemos incluir, como ya hemos mencionado, la moral y la presión social, las prescripciones de indumentaria para ir a misa, los discursos transmitidos por el NO-DO, o las revistas «para señoritas». Esta cultura popular de corte franquista y socialmente consentida se filtró de tal manera que sus efectos todavía encuentran reflejos en la actualidad.

La cuarta vía para clasificar la represión que el régimen franquista ejerció sobre las mujeres resulta de clasificar la violencia según el ámbito en el que se aplicaba. El más amplio sería el civil, que afectaría en su máximo exponente a la privación de libertad en el caso de las encarceladas y el control institucional si hablamos de las presas políticas en situación de libertad vigilada. Por detrás vendrían las limitaciones al estatus jurídico femenino: la incapacidad jurídica de la mujer casada; la obligatoriedad de que las solteras permanecieran

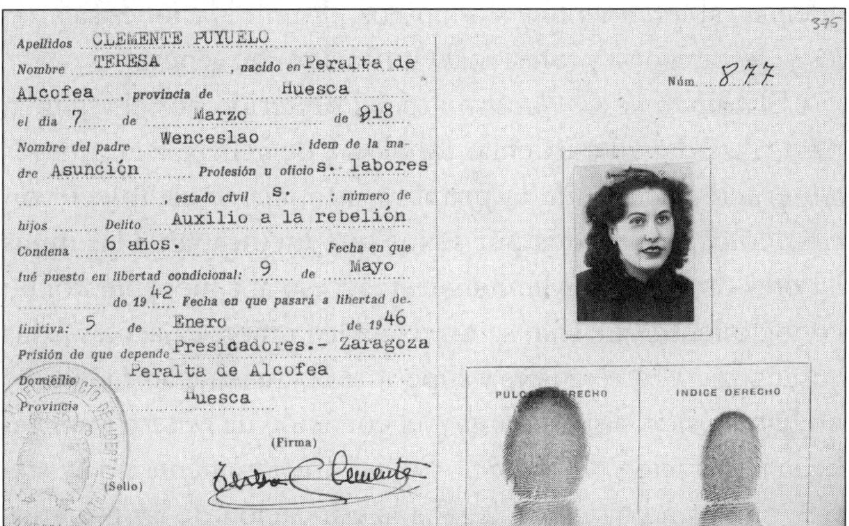
375

Apellidos CLEMENTE PUYUELO
Nombre TERESA, nacido en Peralta de Alcofea, provincia de Huesca
el dia 7 de Marzo de 918
Nombre del padre Wenceslao, idem de la madre Asunción Profesión u oficio s. labores
, estado civil s.; número de hijos Delito Auxilio a la rebelión
Condena 6 años. Fecha en que fué puesto en libertad condicional: 9 de Mayo de 1942 Fecha en que pasará a libertad definitiva: 5 de Enero de 1946
Prisión de que depende Presicadores.- Zaragoza
Domicilio Peralta de Alcofea
Provincia Huesca
(Firma)
(Sello)

Núm. 877

PULGAR DERECHO
INDICE DERECHO

Ficha personal del Servicio Provincial de Libertad Vigilada de Huesca correspondiente a una vecina de Peralta de Alcofea (Huesca), 1942.

bajo custodia paterna hasta los veinticinco años o la adopción obligatoria de la nacionalidad del marido[28].

Otro ámbito en el que la violencia sobre la mujer se ejerció de manera más o menos sutil, fue el *económico,* incluyendo el mundo laboral y profesional femenino. Así, las mujeres quedaron legalmente incapacitadas para firmar contratos laborales de su propia mano, igualmente para percibir sus salarios de sus empleos cuando seguían trabajando tras el matrimonio. Porque salvo excepciones, se impuso la «dote» o indemnización de despido por matrimonio. Se prohibieron ciertos trabajos considerados «insalubres» y las jornadas nocturnas. Las carreras profesionales cerradas a las mujeres se ampliaron, incluyendo sectores ya algo feminizados como la abogacía y la judicatura. Las reglamentaciones de trabajo sancionadas por las instituciones laborales del régimen incluían, además, abiertamente y sin tapujos, discriminaciones salariales y de categoría profesional en función del género.

El *ámbito de la educación* fue el preferido por el régimen para trasladar su particular ideología de género a las nuevas generaciones. Desde la primera infancia se establecieron currículos segregados por sexos que inculcaban a las niñas labores domésticas y limitaban su acceso al conocimiento, un conocimiento que solo se ofrecía a los niños. El acceso a las enseñanzas profesionales y superiores para aquellas niñas que no habían sido disuadidas por el currículo de género implicaba la superación del Servicio Social. Curiosamente no existía ninguna otra limitación legal a la educación de las mujeres, pues la represión informal cumplía su papel de manera tan excelente que no era necesario.

Fotografía de una escuela de niñas en la Puebla de Alfindén (Zaragoza) en 1943.

Por último, está el *ámbito sociocultural,* en el que la violencia simbólica sufrida por las mujeres era omnipresente: las prescripciones de indumentaria, la moda decente y la indecente que hemos mencionado; la heterosexualidad imprescindible; la vigilancia de la proximidad de chicos y chicas en los bailes, en el cine; el control del ocio admisible para las chicas, desde la denuncia por entrar a bares hasta el fomento de los Coros y Danzas; las modalidades deportivas que podían o no practicar las niñas, etc. Aunque en este ámbito la violencia puede parecer trivial o imperceptible, lo cierto es que el régimen franquista articuló fórmulas represivas de una brutalidad absoluta a propósito de «lo indecente», gracias a la comunión de la sociedad, el triunfo absoluto de la moral franquista y la colaboración de la Iglesia. Nos referimos concretamente al Patronato de Protección a la Mujer. Los testimonios de las jóvenes «caídas o en riesgo de caer» que pasaron por sus centros de internamiento, gestionados por órdenes religiosas femeninas, enrojecen a la CONFER (Conferencia Española de Religiosos), y claman por una disculpa histórica y reparadora, todavía hoy[29].

Los agentes y los efectos de la represión

En la mayoría de los estudios sobre la represión, las víctimas y los mecanismos de aplicación se convierten en el objeto fundamental de análisis. Pocas veces nos centramos en sus agentes o ejecutores y tampoco en demasiadas ocasiones hemos valorado las dimensiones reales de una violencia con finalidad erradicadora.

Aunque en la clasificación de sus variantes hemos indicado la procedencia, precisar quién la ejerce y cómo la ejerce nos puede ayudar a entender las enormes dimensiones que alcanza la puesta en práctica de esta represión.

La represión directa y visible fue ejercida por las fuerzas franquistas del orden (Guardia Civil, Ejército, Policía...) y miembros de Falange durante la guerra e inmediata posguerra. Obsta decir que aunque se tratara de miembros «oficiales» del poder político y militar del régimen, la represión en muchos casos fue extraoficial.

La represión indirecta fue ejercida por una variedad de agentes más amplia. En primer lugar la Iglesia, encarnada de manera explícita en la censura moral de los curas de barrio, las monjas de colegios y conventos; o de manera sutil a través de la injerencia de la Iglesia en la educación o la asesoría religiosa de otros ámbitos de la vida (redacción de libros de texto, campamentos, actividades deportivas...). Por ello, la educación fue otro agente represor de primer orden. Tanto la educación formal de las escuelas, las enseñanzas medias o la universidad, como la recibida a través de mecanismos informales, como los círculos de amistades, el vecindario, el ámbito de trabajo, fueron transmisores de la violencia simbólica de primer orden. Todas las manifestaciones culturales y especialmente aquellas producidas y dirigidas a las mujeres, siguieron esos patrones violentos: lecturas y revistas, programas radiofónicos, el cine, el NO-DO y por supuesto la televisión pública.

No podemos dejar de mencionar, en estrecha colaboración con la violencia cultural, al agente represor más robusto, con más ojos y mayor poder de censura: la sociedad española.

Práctica de gimnasia en la Granja-Escuela de la Sección Femenina San Pascual Bailón de Alcañiz (Teruel), 1963.

El máximo exponente de esta violencia social fue, a nuestro juicio y como ya hemos mencionado, la existencia y continuidad del Patronato de Protección de la Mujer[30], que sobrevivió a la Dictadura por demasiado tiempo. A sus centros de internamiento y rehabilitación, gestionados por comunidades religiosas, acudían las jóvenes «desviadas» o «en peligro de caer», denunciadas por personas cercanas e incluso llevadas por sus propias familias.

El discurso de censura de género, permeó tanto que la moral social se convirtió en el mejor vigilante para que se cumplieran los preceptos del franquismo, para imponer la culpabilidad, la losa del pecado y de la falta sobre aquellas mujeres que desafiaban la norma. Por responder a una minuciosa planificación política sobre cómo debían ser las «buenas españolas» no debemos desestimar su enorme valor emocional y afectivo[31]. La fuerza y el valor de lo «virtuoso» frente a lo «indecente» que asimilaron varias generaciones de españolas permitió imponer, respetar y transmitir el modelo de género deseado. Con ello se consiguió no solo que las personas adoctrinadas asumieran las pautas de género, sino que se convirtieran a su vez en perpetuadoras y vigilantes del patrón de «ser mujer» en el franquismo[32].

Teniendo en cuenta la variedad de tipologías represivas y de agentes responsables entendemos las enormes dimensiones de su puesta en práctica y los efectos que de ella emergen. Todas las variedades de la violencia ejercida contra las mujeres durante la Dictadura, tanto a las republicanas en un primer momento, como a todas las españolas con las tipologías más indirectas de represión, implicarían efectos emocionales y sociales inmediatos. El miedo, el silencio y la renuncia al desafío de las normas, la condena a la pobreza en muchos casos, y la conversión forzada al modelo de mujer franquista resultaban necesarios si se quería convivir en sociedad y no ser censurada.

Por otro lado, la represión y el rechazo de las normas fue en ocasiones el motor de arranque de la solidaridad y de la movilización política y social de mujeres disconformes con esa violencia. Rebeldías cotidianas como la práctica del estraperlo o llevar la falda dos dedos más corta, y cuestiones de cariz más político como las redes sororas tejidas con mujeres represaliadas o familiares de represaliados, abrieron vías de disidencia ante el modelo de mujer franquista tan variadas como valiosas.

A largo plazo, los efectos de la represión, sobre todo de la más directa y encarnada, se volcaron en primer lugar sobre la memoria, sus usos, desusos, agujeros y olvidos. En culturas como la nuestra, las mujeres, transmisoras de valores y de la intrahistoria familiar, ocultaron tras la guerra y en el franquismo la «llave del silencio». En otros casos fueron precisamente las mujeres las guardianas de la memoria, las que relataron, las que conservaron, e incluso las que reclaman hoy los cuerpos de sus familiares en las fosas comunes de toda España[33]. En segundo lugar, la experiencia de la represión generó un miedo que, enquistado y transmitido, en términos psicológicos, resultó en ocasiones en un mayor silencio, en la desmemoria y por supuesto en el trauma transgeneracional, todavía poco estudiado en España. Los efectos psicológicos y sociológicos de la represión franquista, heredados por las generaciones siguientes, enlazan con nuestro presente y plantean cómo abordar un pasado todavía incómodo desde una perspectiva justa y reparadora. De esto hablaremos al cerrar este capítulo.

De la misma forma que hubo franquismo sin Franco, pervivió una represión de género posfranquista, tanto social y moral, como política. Lo hemos visto en el caso de la despenalización de la homosexualidad (1978-1989), el divorcio (1981) o el aborto (1985). Durante la Transición democrática las normas que concernían las mujeres fueron las que más tarde se regularon. Estaba claro que los asuntos femeninos, entendidos como cuestiones del ámbito privado, alejadas de la gran política de los demócratas de Ducados y chaqueta de pana, «corrían menos prisa».

Cómo definir las violencias de género y vincularlas con el presente

Para concluir ¿con qué afirmaciones podríamos definir las violencias de género durante el franquismo? ¿Cuál es la relación entre el pasado y el presente en cuanto al estudio de la historia a partir del análisis de la represión franquista contra las mujeres?

La primera afirmación que emana de este texto es que el concepto utilizado para nominar a la represión contra las mujeres está cargado de dudas. A nosotras mismas, como ya hemos indicado anteriormente, nos ha generado muchas. En nuestros inicios investigadores sobre el tema, empezamos utilizando «represión sexuada». Entonces era «lo único que había». Tras el trabajo de Pura Sánchez (que no usa el término «sexuada» pero tampoco «represión de género», sino que asume que utiliza «una perspectiva de género»), ya se ha ido extendiendo y asumiendo la categoría género como una forma de abordar las particularidades de la violencia, y por ello hemos decidido utilizar la expresión «represión de género» en este capítulo. Reivindicamos además una perspectiva de género más amplia que no se limite al binarismo y que incorpore otros elementos enriquecedores para el trabajo histórico (clase, posición social, territorialidad —urbano vs rural—, etc.) que son tan interesantes y necesarios para reconstruir la historia reciente de España.

Otra afirmación que podemos extraer es que los efectos de la represión quedaron evidenciados tanto en la memoria como en la desmemoria del pasado reciente. Los testimonios de la represión de género, desde una perspectiva justa y reparadora, recuerdan un pasado incómodo. Sobre todo, en el caso de la represión femenina, pero qué necesarios son para recuperar una historia completa de la Dictadura y para dignificar a las mujeres. Si seguimos ocultando sus vivencias, y la particularidad de la represión ejercida hacia ellas, seremos cómplices de la invisibilización de las mujeres.

La clasificación y análisis específico de la represión nos lleva al uso de una serie de herramientas conceptuales que, a su vez, amplían los estudios históricos sobre la época trabajada. Algunas de estas herramientas conceptuales son la politización femenina, las resistencias cotidianas o la sororidad.

La represión franquista consiguió detener el proceso de ciudadanía femenina que había empezado en la Segunda República. Consiguió suspenderlo por un tiempo y en algunos ámbitos sociales, pero no impidió el proceso irremediable de politización y toma de conciencia social de las españolas, bien como herencia del pasado reprimido o como reacción ante las injusticias del régimen Y, a su vez, se convirtió en impulso de la resiliencia femenina en la Dictadura —entendida como el legado de las mujeres rebeldes que, a pesar de las adversidades, resistieron y prolongaron la disidencia u oposición desde diversos ámbitos de resistencia— y en trampolín para la solidaridad y sororidad, como red compensatoria de dificultades y generadora, al mismo tiempo, de una comunidad de oposición.

La represión impuso la ejemplaridad, pero también la complicidad social. Desde el espectáculo de la humillación de las rapadas a la censura moral de los bailes populares, la represión tuvo un claro carácter de prevención, de espejo social. La visibilización de la represión tuvo enormes efectos comunitarios. «Cuidado con lo que haces, con lo que dices, con lo que piensas, porque la siguiente eres tú». Ese carácter preventivo implantó el miedo y este último llevó al silencio. Mejor no hablar, mejor no actuar, mejor no pensar. El silencio alimentó el consenso y este último, como si de un último eslabón de la cadena se tratase, perpetuó la violencia.

Recuperar la memoria de las garras del olvido es tarea ardua, porque el silencio inmediato que evitó represiones en su momento, se prolongó en el tiempo hasta convertir el recuerdo en un trauma. Un trauma que, además, ha tenido carácter transgeneracional convirtiéndose en una herencia del presente. En otros escenarios con episodios cruentos (Holocausto, dictaduras de Chile o Argentina) se han proyecto políticas de memoria que favorecen el recuerdo y lo convierten en instrumento para el estudio de la Historia.

En España, se ha experimentado un claro retroceso de dichas políticas de la memoria, llegándose incluso en los últimos meses a derogar algunas de sus leyes autonómicas. Y a pesar de los impedimentos legales, las mujeres tienen mucho que aportar (por lo que han callado). Deben recuperar ese tradicional rol de ser las «guardianas de la memoria», para que esa memoria florezca como las flores después de una helada. Hubo mujeres que callaron y decidieron implantar el silencio sobre su pasado traumático (el suyo o el de sus familias), y otras decidieron no callar para que esa violencia no se borrase de la historia. Según el modelo de género y de familia tradicional, y la vinculación «natural» de las mujeres a la vida cotidiana y la transmisión de valores en la familia, callen o hablen, las mujeres son las que custodian la memoria.

Mujeres con mantilla en el Valle de Benasque (Huesca), 1940.

Pero la transmisión de la memoria de la represión no debe ceñirse únicamente al ámbito familiar, sino también al espacio educativo. Estudiar la violencia contra las mujeres en la Dictadura es clave para entender y determinar el origen y la durabilidad de la violencia a través de la perpetuación de una estructura jerárquica según el sexo, el origen y continuidad del patriarcado. Su enseñanza tiene además un poder decisivo para la formación de la futura ciudadanía.

Pareja de recién casados.

Como docentes, no podemos dejar de aludir a la perspectiva didáctica de esta sistematización. ¿Qué enseñanzas podemos sacar del estudio de la «represión de género»? ¿Qué pueden aprender nuestros alumnos y alumnas?

El modelo franquista de mujer, aplicado con mayor intensidad a las republicanas, permitió la vinculación de la mujer víctima de dicha violencia con la olvidada, la repudiada, la deshumanizada... El cuerpo se convirtió en un campo de batalla, en un elemento del que apropiarse. Y será un elemento a través del cual estudiar la lucha feminista emanada en el tardofranquismo. La represión fue la carta de presentación del franquismo (como cualquier dictadura) y el aval para asegurar su hegemonía durante casi cuarenta años.

El uso de la violencia estableció una línea divisoria en una sociedad polarizada entre vencedores y vencidos, y cuyas dimensiones se han proyectado hasta la actualidad, e incluso redimensionado. Y, al mismo tiempo, la represión de género, directa o simbólica, permeó la sociedad de tal manera que se normalizaron unos valores de género que han hecho arraigar el machismo en la sociedad española con raíces muy profundas. Es nuestro deber cavar hondo para identificar esas raíces, estudiarlas y pelear porque no vuelvan a enraizar. Se lo debemos a las mujeres del pasado, del presente y, sobre todo, a las del futuro.

Notas

Prólogo. El miedo como mecanismo de control de una dictadura implacable

[1] Margarita Barbáchano y Antonio Domínguez, *Al levantar la vista: 30 años de cantautores aragoneses,* Prensa Diaria Aragonesa, Zaragoza, 2006, pág. 109.

[2] Como también cantaba Víctor Manuel en aquellos años, «Muerto el perro no se fue con él la rabia». «Canción de la esperanza» (1978), del álbum *Soy un corazón tendido al sol.*

[3] Los ponentes fueron Carlos Forcadell Álvarez (Universidad de Zaragoza), Pau Casanellas Peñalver (Universitat Autònoma de Barcelona), Pablo Alcántara Pérez (Universidad Autónoma de Madrid), Alberto Carrillo-Linares (Universidad de Sevilla), Xavier Domènech i Sampere (Universitat Autònoma de Barcelona), Irene Abad Buil (Universidad de Zaragoza) y Sescún Marías Cadenas (Universidad de Zaragoza).

[4] Francisco Tomás y Valiente, «Pasado y futuro de los partidos políticos. A propósito de un libro de Miguel Artola», *Sistema,* 9, 1975, pág. 127.

[5] Miguel Artola, «En torno al concepto de historia», *Revista de Estudios Políticos,* 99, 1958, pág. 182.

[6] Carlos Forcadell, «Sobre desiertos y secanos. Los movimientos sociales en la historiografía española», *Historia Contemporánea,* 7, 1992, págs. 101-116.

Introducción. Represión, coerción y... consenso. La figura del *Mitläufer*

[1] De la huella que dejó entre alumnos y discípulos, así como de su determinante papel en la renovación de la historiografía española puede dar cuenta el libro Carlos Forcadell (ed.), *Razones de historiador. Magisterio y, presencia de Juan José Carreras,* Institución «Fernando el Católico», Zaragoza, 2009.

[2] Juan José Carreras, «El franquismo, ¿un régimen autoritario? Fascismo, totalitarismo, autoritarismo», *Andalán,* núm. 85, 15, 1976; recogido en la recopilación de sus artículos en Ignacio Peiró y Miquel À. Marín Gelabert, *El historiador y sus públicos,* Institución «Fernando el Católico», Zaragoza, 2021.

[3] Julián Casanova, Ángela Cenarro, Julita Cifuentes, M.ª Pilar Maluenda y M.ª Pilar Salomón, *El pasado oculto. Fascismo y violencia en Aragón (1936-1939),* Siglo XXI, Madrid, 1991.

[4] Expresión y argumento de Santos Juliá, *Echar al olvido: memoria y amnistía en la transición a la democracia,* publicado en la revista «Claves de Razón Práctica», núm. 129, 2003, págs. 14-24. Está recogido en el libro del mismo autor *Hoy no es ayer. Ensayos sobre la historia del siglo* XIX, RBA, Barcelona, 2009, págs. 303-335.

[5] Nicolás Sesma, *Ni una, ni grande, ni libre. La dictadura franquista (1939-1977),* Crítica, Barcelona, 2024.

[6] Véase la pregunta que se hace Enzo Traverso: «¿Puede afectar la era del selfie al modo en que se escribe la historia?», en *Pasados singulares,* Alianza, Madrid, 2022, pág. 10.

[7] Julián Casanova, *La iglesia de Franco,* Crítica, Barcelona, 2001.

[8] Para la genealogía de los conceptos de «genocidio»» y «crímenes de la humanidad»» nada mejor que leer la excepcional narración, entre la historia y la literatura, de Philippe Sands, *Calle Este-Oeste,* Anagrama, Barcelona, 2017.

[9] Georges L. Mosse, *La revolution fasciste,* Seuil, París, 2003; Zeev Sternhell, *El nacimiento de la ideología fascista,* Siglo XXI, Madrid, 1994; Emilio Gentile, *Fascismo, Historia e interpretación,* Alianza, Madrid, 2004. Muy útil la reflexión de Enzo Traverso «*Interpretar el fascismo. Notas sobre George L. Mosse, Zeev Sternhell y Emilio Gentile*», *Ayer,* núm. 60, 2005, págs. 227-258.

[10] Ian Kershaw, *La Dictadura nazi. Principales controversias en torno a la era de Hitler,* Siglo XXI, Buenos Aires, 2015; Lutz Niethammer, *Die Mitläufer-fabrik. Die Entnazifizierung am Beispiel Bayerns,* Dietz Verlag, Berlín, 1982; Daniel J. Goldhagen, *Los verdugos voluntarios de Hitler. Los alemanes corrientes y el Holocausto»,* Taurus, Madrid, 2019.

[11] Ana Cabana y Claudio Hernández (coords.), *La Alltagsgeschichte y el estudio de las dictaduras europeas, Ayer,* núm. 133, 2024(1).

[12] Alberto Gómez Roda, *El Proyecto Valencia en la posguerra franquista veinte años después.* Ibíd., págs. 115-139. Véase también Ismael Saz, *Fascismo y franquismo,* PUV, Valencia, 2004.

[13] Miguel Ángel del Arco Blanco, «El secreto del consenso en el régimen franquista: cultura de la victoria, represión y hambre», *Ayer,* núm. 76, 2009, págs. 245-268.

[14] Carme Molinero, «La política social del régimen franquista. Una asignatura pendiente de la historiografía», *Ayer,* núm. 50, 2003, pág. 331; *La captación de las masas. Política social y propaganda en el régimen,* Cátedra, Madrid, 2006. Más reciente, Alejandro Pérez Olivares, «Ampliar la escala. El lugar del control social en el sistema represivo franquista», en Santiago Moreno, Carlos Píriz (eds.), *Franquismo escalado. Averiguaciones sobre una Dictadura,* Universidad de Cádiz, 2023, págs. 61-73.

[15] Francisco Sevillano, «Cultura y disidencia en el franquismo. Aspectos historiográficos», *Pasado y Memoria,* núm. 2, 2003, págs. 5-28.

[16] Antonio Cazorla, «Sobre el primer franquismo y la extensión de su apoyo popular», *Historia y Política,* núm. 8, 2002, pág. 319.

[17] Claudio Hernández Burgos, «Tiempo de experiencias: el retorno de la *Alltagsgeschichte* y el estudio de las dictaduras de entreguerras», *Ayer,* núm. 113, 2019, págs. 303-317.

[18] Géraldine Schwarz, *Los amnésicos. Historia de una familia europea,* Tusquets, Barcelona, 2019.

[19] Tiene que ver con las dificultades para encontrar una traducción precisa al castellano de un término que en origen incluye la significación de ir con la corriente, simpatizar pasivamente, etc.

[20] Steven Forti, «El parasitismo ideológico de las. Nuevas extremas derechas. Gramscistas de derechas y rojipardos en Francia, Italia y España (1968-2022)», *Estudios Iberoamericanos,* núm. 49, 2023, págs. 1-24.

1. Una violencia que no cesa. Las múltiples caras de la represión franquista

[1] Este trabajo se enmarca dentro del proyecto PID 2020-112800-GB «La España de Franco, el legado de los fascismos y el debate sobre los contenidos de la democracia en Italia, Alemania, Bélgica y Francia (1945-1968)», financiado por el Ministerio de Ciencia e Innovación y dirigido por Miguel Ángel Ruiz Carnicer (Universidad de Zaragoza).

[2] Juan A. Ríos Carratalá (ed.), *Los consejos de guerra de Miguel Hernández,* Ministerio de Defensa y Universidad de Alicante, Madrid, 2022; José Luis Ferris, *Miguel Hernández. Pasiones, cárcel y muerte de un poeta,* Temas de hoy, Madrid, 2004, págs. 419-502; Miguel Gutiérrez Carbonell, «Un proceso histórico; Miguel Hernández», *Anales de la Universidad de Alicante. Facultad de Derecho,* núm. 6, 1991, págs. 119-138.

[3] Ramón Serrano Suñer, *Entre el silencio y la propaganda, la Historia como fue. Memorias,* Planeta, Barcelona, 1977.

[4] Rafa Burgos, «El PP rectifica y permite sacar adelante en Elche la petición de nulidad del juicio al poeta Miguel Hernández» y «La familia de Miguel Hernández consigue el reconocimiento del Gobierno con el único rechazo de Orihuela, la ciudad en que nació», *El País,* 30 de septiembre y 4 de octubre de 2024.

[5] Juan A. Ríos Carratalá, *Las armas contra las letras. Los consejos de guerra de periodistas y escritores (1939-1945),* Renacimiento, Sevilla, 2024; *Nos vemos en Chicote,* Renacimiento, Sevilla, 2015; «El caso Diego San José, la sombra de Miguel Hernández y el juez humorista», *Anales de la Literatura Española Contemporánea,* 40 (2015), págs. 355-375. El juez instructor del caso fue Manuel Martínez Gargallo y el secretario judicial Antonio Luis Baena Tocón.

[6] Géraldine Schwarz, *Los amnésicos. Historia de una familia europea,* Tusquets, Barcelona, 2019, pág. 85.

[7] Nicolás Sesma, *Ni una, ni grande, ni libre. La dictadura franquista (1939-1977),* Crítica, Barcelona, 2024, págs. 23-66.

[8] Anabella Barroso Arahuetes, «Iglesia vasca, una Iglesia de vencedores y vencidos. La represión del clero vasco durante el franquismo», *Ayer,* núm. 43, 2001, págs. 87-109.

[9] Mary Nash, «Vencidas, represaliadas y resistentes: las mujeres bajo el orden patriarcal franquista», en Julián Casanova (ed.), *Cuarenta años con Franco,* Crítica, Barcelona, 2015, págs. 191-227. Mónica Moreno Seco, «La dictadura franquista y la represión de las mujeres», en Mary Nash (ed.), *Represión, resistencias, memoria: las mujeres bajo la dictadura franquista,* Comares, Granada, 2013, págs. 1-21; Pura Sánchez, *Individuas de dudosa moral. La represión de las mujeres en Andalucía (1936-1958),* Bellaterra, Manresa, 2009. Para una aproximación comparada del caso español, Julián Casanova, *Una violencia indómita. El siglo XX europeo,* Crítica, Barcelona, 2020.

[10] Ángeles Egido León (ed.), *Cárceles de mujeres. La prisión femenina en la posguerra,* Sanz y Torres, Alcorcón, 2017; Tomasa Cuevas, *Presas: mujeres en las cárceles franquistas,* Icaria, Barcelona, 2005; Mirta Nuñez, *Mujeres caídas: prostitutas legales y clandestinas en el franquismo,* Oberon, Madrid, 2003.

[11] Ramón M. Orza Linares, «Amnistías e indultos durante el franquismo y la transición», en Sara Moreno Tejada y José Antonio Pérez Juan (coords.), *Represión y orden público durante la II República, la Guerra Civil y el Franquismo. Una visión comparada,* Aranzadi, Pamplona, 2019.

[12] Luis Ángel Gómez Santos, «Blasa Jiménez Chaparro (Alhambra)», *Para hacerte saber mil cosas nuevas. Ciudad Real 1939,* UNED, Madrid, 2019, págs. 854-858.

[13] Claudio Hernández, «El discurso de la miseria: relatos justificativos y percepciones populares del hambre durante la posguerra», en Miguel Ángel del Arco (ed.), *Los «años del hambre». Historia y memoria de la posguerra franquista,* Marcial Pons, Madrid, 2020, págs. 151-172.

[14] Jordi Gracia y Miguel Ángel Ruiz Carnicer, *La España de Franco (1939-1975). Cultura y vida cotidiana,* Síntesis, Madrid, 2001, págs. 54-57.

[15] Hilari Raguer, *La pólvora y el incienso. La Iglesia y la Guerra Civil española (1936-1939),* Península, Barcelona, 2001, pág. 399; Julián Casanova, *La iglesia de Franco,* Temas de Hoy, Madrid, 2001.

[16] Paul Preston, *La política de la venganza. El fascismo y el militarismo en la España del siglo XX,* Península, Barcelona, 1997, págs. 207-247.

[17] Julián Casanova (coord.), *Morir, matar, sobrevivir. La violencia en la dictadura de Franco,* Crítica, Barcelona, 2002, pág. 29.

[18] Federico Finchelstein, *A Brief History of Fascist Lies,* University of California Press, Berkeley, 2020, págs. 1-9.

[19] Peter Anderson, *The Francoist Military Trials. Terror and Complicity, 1939-1945,* Routledge, Londres, 2010. Mirta Nuñez y Antonio Rojas, *Consejos de guerra: los fusilamientos en el Madrid de la posguerra (1939-1945),* Compañía Literaria, Madrid, 1997.

[20] Keith Lowe, *Continente salvaje. Europa después de la Segunda Guerra Mundial,* Galaxia Gutenberg, Barcelona, 2012, pág. 176.

[21] Javier Rodrigo, *Hasta la raíz. Violencia durante la guerra civil y la dictadura franquista,* Alianza, Madrid, 2008, págs. 168-171; Gutmaro Gómez Bravo y Jorge Marco Carretero, *La obra del miedo. Violencia y sociedad en la España franquista, 1936-1950,* Península, Barcelona, 2010, págs. 322-323.

[22] Javier Rodrigo, *Cautivos. Campos de concentración en la España franquista, 1936-1947,* Crítica, Barcelona, 2005.

[23] Juan José del Águila Torres, «La represión política a través de la jurisdicción de guerra y sucesivas jurisdicciones especiales del franquis-

mo», *Hispania Nova. Revista de Historia Contemporánea,* núm. 1 extraordinario (2015), págs. 211-242.

[24] «Ley de 9 de febrero de 1939 de Responsabilidades Políticas», *BOE,* 44 (13 de febrero de 1939), págs. 824-847.

[25] Manuel Álvaro Dueñas, *«Por ministerio de la ley y voluntad del Caudillo»: la jurisdicción especial de responsabilidades políticas (1939-1945),* Centro de Estudios Políticos y Constitucionales, Madrid, 2006.

[26] Hannah Arendt, *Los orígenes del totalitarismo,* Alianza, Madrid, 2013, págs. 396-397, 420. Arendt situaba el caso del Ejército republicano entre las «nuevas categorías de perseguidos [...] demasiado numerosas para que se les atendiera mediante una práctica no oficial destinada a casos excepcionales», pág. 417.

[27] Antonio Vallejo-Nágera, *La locura en la Guerra. Psicopatología de la guerra española,* Santarén, Valladolid, 1939, pág. 52.

[28] Antonio Vallejo-Nágera, «Ilicitud científica de la esterilización eugénica», *Acción Española,* 2 (1932), págs. 142-154.

[29] Ferran Gallego, *El evangelio fascista. La formación de la cultura política del franquismo (1930-1950),* Crítica, Barcelona, 2014, pág. 446.

[30] Una interpretación contraria en Mónica Lanero Táboas, «Proyectos falangistas y política judicial (1937-1952): dos modelos de organización judicial del Nuevo Estado», *Investigaciones históricas: Época moderna y contemporánea,* 15 (1995), págs. 353-372.

[31] Eduardo González Calleja, *La España de Primo de Rivera. La modernización autoritaria, 1923-1930,* Alianza, Madrid, 2005, pág. 167.

[32] Borja de Riquer, *La dictadura de Franco,* Crítica-Marcial Pons, Barcelona, 2010, pág. 134.

[33] Enrique Suñer, *Los intelectuales y la tragedia española,* Editorial Española, Burgos, 1937, págs. 170-172.

[34] Carlos Castilla del Pino, *Pretérito imperfecto,* Tusquets, Barcelona, 1997, pág. 274.

[35] Manuel Álvaro Dueñas, «"El decoro de nuestro aire de familia". Perfil político e ideológico de los presidentes del Tribunal Nacional de

Responsabilidades Políticas», *Revista de Estudios Políticos* (nueva época), núm. 105, 1999, págs. 147-173.

[36] Paul Preston, *Franco. «Caudillo de España»,* Grijalbo, Barcelona, 1994, págs. 84-85.

[37] «Ley de 1 de marzo de 1940 sobre represión de la masonería y del comunismo», *BOE,* 62 (2 de marzo de 1940), págs. 1537-1539.

[38] Wenceslao González Oliveros, *Falange y Requeté, orgánicamente solidarios,* Imprenta Católica de Francisco G. Vicente, Valladolid, 1937, págs. 246-247.

[39] Giovanni de Luna, «Tribunale speciale per la difesa dello stato», Victoria de Grazia y Sergo Luzzatto (a cura di), *Dizionario del fascismo,* t. II, Einaudi, Turín, 2005, págs. 738-741.

[40] Richard J. Evans, *The Third Reich in Power,* Penguin, Nueva York, 2005, págs. 67-80.

[41] Giorgia Priorelli, «Fascist repression in the Italian "fourth shore"», The Special Tribunal for the Defence of the State in Libya», *Contemporary European History,* 32, 2022.

[42] Virginie Sansico, *La justice déshonorée, 1940-1944,* Tallandier, París, 2015, págs. 97-314.

[43] Carl Schmitt, *El concepto de lo político,* Alianza, Madrid, 2009, pág. 57.

[44] Pilar Mera Costas, *Monárquico, republicano, liberal: biografía política de Manuel Portela Valladares,* UCM, Madrid, 2016, págs. 308-341.

[45] Eduardo González Calleja, «La prensa falangista y la prensa del Movimiento y del Estado: consideraciones sobre su origen y desarrollo», en Manuel Tuñón de Lara (coord.), *Comunicación, cultura y política durante la II República y la Guerra Civil : II Encuentro de Historia de la Prensa,* vol. 2, 1990, págs. 495-517.

[46] Fernando Sígler Silvera, «La ocupación del Ateneo», en *El Ateneo intervenido, 1939-1946,* Ateneo de Madrid, 2008, págs. 33-127.

[47] Carlos Babío y Manuel Pérez Lorenzo, *Un pazo, un caudillo, un espolio,* Fundación Galiza Sempre, Santiago de Compostela, 2018.

[48] Una notable excepción en la obra de Xulio Prada Rodríguez, *Marcharon con todo. La represión económica en Galicia durante el primer franquismo*, Biblioteca Nueva, Madrid, 2016.

[49] Francisco Morente, *La depuración del Magisterio Nacional (1936-1943). La escuela y el Estado Nuevo,* Ámbito, Valladolid, 1997; Jaume Claret, *El atroz desmoche. La destrucción de la Universidad española por el franquismo, 1936-1945,* Crítica, Barcelona, 2006, págs. 347-361.

[50] Antonio Cazorla Sánchez, *Fear and Progress: Ordinary Lives in Franco's Spain, 1939-1975,* Wiley-Blackwell, Malden-Oxford, 2010, pág. 22; Daniel Oviedo Silva, *El enemigo a las puertas. Porteros y prácticas acusatorias en Madrid (1936-1945),* Comares, Granada, 2023.

[51] Andrés Sopeña, *El florido pensil. Memoria de la escuela nacionalcatólica,* Dramaturgia de Tanttaka Teatroa, Biblioteca Virtual Miguel de Cervantes, Alicante, 2001, pág. 63.

[52] Max Weber, *Economía y sociedad. Esbozo de sociología comprensiva,* Fondo de Cultura Económica, México, 1944, pág. 45.

[53] Elías Díaz, *Estado de Derecho y sociedad democrática,* Cuadernos para el diálogo, Madrid, 1975, pág. 13.

[54] Javier Rodrigo, ob. cit., pág. 163.

2. Las densas alas del Águila gris: el aparato represor franquista. ¿Éxito o fracaso contra el antifranquismo?

[1] Manuel Vázquez Montalbán, *Diccionario del franquismo,* Anagrama, Barcelona, 2019 (reed. 1977), págs. 109-110.

[2] Paul Preston, «Mola: el asesinato del Norte» en *Conversaciones sobre Historia,* https://conversacionsobrehistoria.info/2021/11/13/mola-el-asesino-del-norte/ [consultado: 01/08/2024].

[3] Javier Rodrigo, *Hasta la raíz,* Alianza, Madrid, 2008, págs. 56-58 y Manuel Ortiz Heras, *La violencia durante la dictadura franquista. La insoportable banalidad del mal,* Bomarzo, Albacete, 2013, pág. 37.

[4] Domingo Rodríguez Tejeiro, *Las cárceles de Franco,* Catarata, Madrid, 2011, págs. 36-38 y Carlos Hernández de Miguel, *Los campos de concentración de Franco,* Ediciones B, Barcelona, 2019, págs. 9-49.

[5] Nicolás Sesma, *Ni una, ni grande, ni libre. La dictadura franquista (1939-1977),* Crítica, Barcelona, 2024, pág. 26.

[6] Julio Aróstegui, «Coerción, violencia, exclusión. La dictadura de Franco como sistema represivo», en Julio Aróstegui (coord.), *Franco: la represión como sistema,* Flor de viento, Barcelona, 2012, pág. 53.

[7] Eduardo González Calleja, *Política y violencia en la España contemporánea,* vol. II, Akal, Madrid, 2024, págs. 581-583 y 589.

[8] Ibíd., págs. 620-628.

[9] Miguel Ángel del Barco Blanco «Alargando las sombras del franquismo: represión y cárcel en España según la diplomacia británica (1936-1951)», *VI Encuentro de Investigadores del Franquismo,* Zaragoza, 2006, págs. 3-4; Anónimo, «Dos millones de sacrificados», *España Democrática,* noviembre de 1939, pág. 3; Anónimo, «Un manifiesto contra la represión franquista», *España Democrática,* diciembre de 1939, pág. 1, y «Con el dictador ha de morir la dictadura», *Mundo Obrero,* noviembre de 1975, pág. 3, Prensa Histórica Clandestina.

[10] Pablo Alcántara Pérez, *La DGS. El palacio del terror franquista,* Espasa, Madrid, 2024, págs. 79-80 y 94-95.

[11] Sara Moreno Tejada, «La Dirección General de Seguridad durante el franquismo. Un instrumento clave para la represión franquista», *Ivus Fugit,* núm. 25, págs. 77-80 y Pablo Alcántara Pérez, *La DGS...,* ob. cit., págs. 120-123.

[12] Ángel Viñas, «La política franquista de seguridad y defensa», *Historia Contemporánea,* núm. 30, 2005, págs. 80-84.

[13] Pablo Alcántara Pérez, *La Secreta de Franco,* Espasa, Madrid, 2022, págs. 50-54.

[14] Todos estos perfiles se realizaron a través de los expedientes de los miembros de la BPS, que se encuentran en el Archivo del Ministerio del Interior. Carlos Piriz, *En zona roja. La Quinta Columna en la Guerra Civil española (1936-1941),* Comares, Granada, 2022, págs. 40-45; Antoni Batis-

ta, *La carta. Historia de un comisario franquista,* Debate, Barcelona, 2010, págs. 35-36 y 47-48; Pablo Alcántara, *La Secreta,* ob. cit., págs. 55-90.

[15] DGS, Inspección General del Personal «Expediente de Vicente Reguengo», Archivo del Ministerio del Interior, pág. 44; Antoni Batista, *Brigada Social,* Empuries, Barcelona 1996, págs. 100-110; Eduardo Calleja González, *Política y violencia,* ob. cit., págs. 614-615; Pablo Alcántara, *La Secreta,* ob. cit., págs. 125-130.

[16] Editorial «Hay que aprender a luchar mejor contra la provocación», *Nuestra Bandera,* febrero-marzo de 1950, págs. 102-104; Anónimo, «Lo más urgente: hacer frente a la represión», *Mundo Obrero,* núm. 4, febrero de 1971, pág. 3, Prensa Histórica Clandestina.

[17] David Ballester, *Una historia de la Policía española,* Pasado y Presente, Barcelona, 2024, págs. 44-46.

[18] Jorge Ávila Valladares, *Sangre azul. Historia de la Policía Nacional,* EDAF, Madrid, 2022, pág. 223.

[19] Anónimo, «Franco fortalece los cuerpos represivos», *España Popular,* 30 de julio de 1944, pág. 2, Prensa Histórica Clandestina; Anónimo, «Siguen las luchas estudiantiles. Total la huelga», *España Republicana,* enero de 1968, pág. 4, Prensa Histórica Clandestina; Anónimo, «Las asambleas y la huelga de Chrysler», *Mundo Obrero,* enero de 1972, pág. 4, Prensa Histórica Clandestina.

[20] Mario Romero Ramada, «La Guardia Civil y el primer franquismo (1939-1959)», trabajo de fin de grado, Universidad Miguel Hernández, págs. 11-15.

[21] Arnau Fernández Pasalodos, *Hasta su total exterminio. La guerra antipartisana en España, 1936-1942,* Galaxia Gutenberg, Madrid, 2024, págs. 128-145.

[22] Arnau Fernández Pasalodos, *Hasta su total…,* ob. cit., págs. 145-165 y 345; y Jorge Marco, «Rethinking the postwar in Spain: violence and irregular civil war, 1939-52», *Journal of Contemporary History,* núm. 55-3, 2020, págs. 492-513.

[23] Pau Casanellas, *Morir matando. El franquismo ante la práctica armada,* Catarata, Madrid, 2014, págs. 180-195; Pilar Díaz, «La lucha

de las mujeres en el tardofranquismo: los barrios y las fábricas», *Gerónimo de Urtaiz,* núm. 21, págs. 39-40; y Juan Sergio Quesada Aguilar, *¡Viva el orden y la ley! Aproximación de la Guardia Civil en el tardofranquismo y la Transición,* tesis doctoral, Universidad de Jaén, 2021, págs. 151-160.

[24] Anónimo, «Hay que aprender a luchar mejor contra la provocación», *Nuestra bandera,* febrero-marzo de 1950, págs. 108-109, Prensa Histórica Clandestina; y Anónimo, «El deber del Ejército», *Información Española,* febrero de 1973, pág. 8, Prensa Histórica Clandestina.

[25] Ernesto Villar, *Los espías de Suárez,* Espasa, Barcelona, 2016, págs. 30-35.

[26] Dirección General de Seguridad, Boletín de Investigación Social «Reunión ilegal de Abogados», 6 de agosto de 1975, págs. 2-4, en https://justiciaydictadura.wordpress.com/2017/04/18/relacion-provisional-de-los-boletines-informativos-de-la-brigada-politico-social-bps-que-actualmente-estan-en-el-archivo-privado-de-juan-jose-del-aguila/ [consultado: 03/09/2024].

[27] Mariano Sánchez Soler, *La larga marcha ultra,* Roca, Barcelona, 2022, págs. 39-45.

[28] Julián Chaves Palacios, *Justicia militar y franquismo: radiografía de los consejos de guerra,* Ambroz, Extremadura, 2017, págs. 24-26.

[29] Francisco Moreno Sáez, «La represión franquista en la provincia de Alicante. La Ley de Responsabilidades Políticas», Archivo de la Memoria, Universidad de Alicante, págs. 2-5.

[30] Juan José Morales Ruiz, «La Ley de Represión de la Masonería y el Comunismo (1 de marzo de 1940). Un estudio de algunos aspectos histórico-jurídicos», *Revista de Estudios Históricos de la Masonería latinoamericana y caribeña,* vol. 12, 2020, págs. 167-169.

[31] Ley 45/1959 del 30 de julio de 1959, de Orden Público, en https:// www.boe.es/datos/pdfs/BOE/1959/182/A10365-10370.pdf [consultado: 02/09/2024].

[32] Ley 16/1970 del 4 de agosto de 1970, de Peligrosidad y Rehabilitación Social.

[33] https://www.csic.es/es/actualidad-del-csic/los-procesos-sumarisimos-del-franquismo-protagonizan-tragedia-en-tres-actos-un-nuevo-libro-del-csic [consultado: 02/09/2024].

[34] Manuel Álvaro Dueñas, «Los militares en la represión política de la posguerra: la jurisdicción especial de responsabilidades políticas hasta la reforma de 1942», *Revista de Estudios Políticos,* julio-septiembre de 1990, págs. 144-146.

[35] Julio Gil Pecharromán, *Con permiso de la autoridad. La España de Franco (1939-1975),* Temas de Hoy, Madrid, 2008, págs. 57-58; y Juan José Morales Ruiz, «La Ley»..., ob. cit., págs. 174-178.

[36] Juan José Del Águila, «El coronel Eymar, un juez estrella del franquismo. Segunda parte», Blog Justicia y Dictadura, en https://justiciaydictadura.com/el-coronel-eymar-un-juez-estrella-del-franquismo-segunda-parte/ [consultado: 02/09/2024].

[37] Anónimo, «Cinco militantes confederales condenados a muerte en Ocaña», *Solidaridad Obrera,* noviembre de 1949, pág. 1; Gregorio López Raimundo, «El consejo de guerra contra Fábregas y sus compañeros», *Mundo Obrero,* julio de 1958, pág. 5; Anónimo, «El consejo de guerra contra Miguel Núñez y sus compañeros», *Mundo Obrero,* enero de 1959, pág. 5, Prensa Histórica Clandestina.

[38] Juan José Del Águila, *El TOP. La represión contra la libertad (1963-1977),* Fundación Abogados de Atocha, Madrid, 2020 (2.ª ed. ampliada), págs. 50-57.

[39] Ibíd., págs. 223-240.

[40] Núñez De Prado Clavell, Sara y Ramírez Ruiz, Raúl «La oposición al franquismo en las sentencias del TOP: Organizaciones políticas y movimientos sociales», *Cuadernos de Historia Contemporánea,* vol. 35, 2013, págs. 263-275.

[41] Juan José Del Águila, *El TOP...,* ob. cit., págs. 223-226.

[42] Anónimo, «Veinticinco años de antijuricidad de la represión política en España», *Mundo Obrero,* febrero de 1964, pág. 4; y «En un documento entregado al Gobierno», *Mundo Obrero,* julio de 1967, pág. 2.

[43] Matilde Eiroa San Francisco, «Control social y vigilancia discreta: la oficina de enlace del Ministerio de Información y Turismo (1962-1977)», *Historia y Política,* 1-27, 2024, págs. 3-14, en https://doi.org/10.18042/hp.2024.AL.05.

[44] Álvaro de Diego González, «La prensa y la dictadura franquista. De la censura al "Parlamento de papel"», Universidad de Málaga, págs. 2-5, en https://riuma.uma.es/xmlui/handle/10630/11297 [consultado: 03/09/2024].

[45] Elisa Chulia, «La Ley de Prensa de 1966. La explicación de un cambio institucional arriesgado y de sus efectos virtuosos», *Historia y política: Ideas, procesos y movimientos sociales,* núm. 2, 1999, pág. 216.

[46] Anónimo, «La checa de la plaza de Berenguer el Grande en Barcelona», 20 de abril de 1963, *ABC,* pág. 52; Anónimo, «Del diario de Enrique Ruano», *ABC,* 23 de enero de 1969, pág. 16.

[47] Algunos de los textos que analizan esta cuestión son: Alberto Sabio y Nicolás Sartorius, *El final de la dictadura*, Temas de Hoy, Madrid, 2007; Carmen Molinero y Pere Ysàs, *La Transición. Historia y relatos*, Siglo XXI, Madrid, 2018; Xavier Domènech, *Lucha de clases, franquismo y democracia. Obreros y empresarios (1939-1979),* Akal, Madrid, 2022 y Enrique González de Andrés, *1976: el año que vivimos peligrosamente*, Postmetropolis, Madrid, 2021.

[48] Pablo Alcántara, *La Secreta,* ob. cit., págs. 128-130; y Antoni Batista, *La carta*, ob. cit., pág. 95.

[49] Dirección General de Seguridad, Boletín Informativo núm. 40, 19 de septiembre de 1969. Índice Actividades Extremistas: Normas de las Comisiones Obreras a sus militantes, en https://justiciaydictadura.com/relacion-de-boletines-informativos-de-la-brigada-politico-social/ [consultado: 03/09/2024]; y PCE, Comisión Central de Educación Política, «Los comunistas ante la Policía y los tribunales», *Cuadernos de Educación* Política, 1970, Archivo Histórico del PCE, págs. 1-10.

[50] Anónimo, «Carles Vallejo: La tortura es una experiencia tan traumática que pocos compañeros se han atrevido a dar testimonio», 6 de

octubre de 2023, en David Ballester, *Historia,* ob. cit., pág. 63, también en https://nuevarevolucion.es/carles-vallejo-la-tortura-es-una-experiencia-tan-traumatica-que-pocos-companeros-se-han-atrevido-a-dar-el-testimonio/.

3. Represión de baja intensidad en el movimiento estudiantil antifranquista

[1] Ian Gibson, *Queipo de Llano, Sevilla, verano de 1936. Con las charlas radiofónicas completas,* Grijalbo, Barcelona, 1986.

[2] Miguel Ángel del Arco Blanco, *Cruces de Memoria y olvido: los monumentos a los caídos de la guerra civil española (1936-2021),* Crítica, Barcelona, 2022.

[3] La documentación policial, militar y judicial evidencian el intento de control total que se ejercía desde el Estado recogiendo detalles tanto de las actividades públicas de hombres y mujeres (manifestaciones, encierros, sentadas, intervenciones, etc.), como de las privadas (reuniones en domicilios, relaciones u orientaciones sexuales, moralidad y costumbres, vida religiosa, etc.). A esta observación se le añadía la atenta y colaboradora mirada de curas y párrocos.

[4] Excepción hecha, lógicamente, de la actividad guerrillera y otros intentos menores. Hace años Ramón García Piñero, al aludir a estos años, se refirió a las «protestas de baja intensidad en la Asturias de posguerra», *Espacio Tiempo y Forma. Serie V, Historia Contemporánea,* 14, 2001, págs. 351-380. También se han localizado otras formas suaves de resistencia contra el franquismo (no políticas y de carácter espontáneo) asociadas a la carestía, en forma de resistencias cotidianas: Gloria Román Ruiz, *Franquismo de carne y hueso. Entre el consentimiento y las resistencias cotidianas (1939-1975),* PUV, Valencia, 2020; Gloria Román Ruiz y Miguel Ángel del Arco Blanco, «¿Resistir con hambre? Estrategias cotidianas contra la autarquía en la consolidación del Franquismo», *Ayer. Revista de Historia Contemporánea,* 126 (2), 2022, págs. 107-130.

[5] Se tienen perfectamente identificadas actividades de oposición en estos años, con los consiguientes zarpazos represivos en muchas ocasiones. Sobre esta evolución, véase Marcial Sánchez Mosquera, *Del miedo congénito a la protesta. Memoria de los disidentes del franquismo,* Fundación de Estudios Sindicales, Sevilla, 2008, donde se insiste en el aprendizaje y transmisión del miedo.

[6] Sobre la pervivencia de brutales métodos de tortura en el segundo franquismo, véase César Lorenzo Rubio, «La máquina represiva: la tortura en el franquismo», en Pedro Oliver Olmo (coord.), *La tortura en la España contemporánea,* Catarata, Madrid, 2022, págs. 131-198. Igualmente, con especial atención a los torturadores, los diversos trabajos de Pablo Alcántara Pérez, como *La Secreta de Franco. La Brigada Político-Social durante la dictadura,* Espasa, Madrid, 2022.

[7] Aunque aplicado a tiempos más recientes, posteriores a 2008, caracterizados por el incremento de las protestas y movilizaciones sociales, véase Pedro Oliver Olmo (coord.), *Burorrepresión: sanción administrativa y control social,* Bomarzo, Albacete, 2013.

[8] El estudio más actual y sistemático sobre la represión a los estudiantes antifranquistas, con aproximación teórica, puede verse en Eduardo González Calleja, «La represión de la protesta estudiantil durante el franquismo (1936-1976)», *CIAN-Revista de Historia de las Universidades,* núm. 23/1, 2020, págs. 21-54, especialmente para el periodo que me interesa, págs. 35-49, donde, de todos modos, no se recurre al concepto de represión de baja intensidad aunque sí se tiene en cuenta el papel de la Administración. De carácter más general, Sergio Rodríguez Tejada, «Estrategias contrasubversivas frente a la disidencia estudiantil antifranquista», *VI Encuentro de investigadores sobre el franquismo,* Fundación Sindicalismo y Cultura, Zaragoza, 2006, págs. 245-259.

[9] Es frecuente encontrar denuncias de torturas en las publicaciones estudiantiles nacionales e internacionales; tanto de portavoces oficiales de las organizaciones clandestinas como de las exclusivamente estudiantiles. En cualquier caso, siempre hay que evaluar y validar históricamente la fuente.

[10] Se dispone de diversos y valiosos testimonios directos, relativos a diferentes distritos universitarios, que recuerdan el uso de la violencia física por parte de la Policía durante los años sesenta y setenta. Madrid: Manolo López, *Mañana a las once en la plaza de la Cebada,* Bomarzo, Albacete, 2009; y Miquel Amorós, *Los ácratas en la Universidad central, 1967-1969,* La Linterna roja, Madrid, 2018, págs. 118-119, 134, 155-156. Málaga: José Coriat, *Memoria de una detención. Nosotros no matamos a Carrero Blanco,* Ediciones del Genal, Málaga, 2021, págs. 77-90. Granada: Isabel Alonso Dávila, *Plaza de los Lobos, 1968-1977. Memorias de estudiantes antifranquistas de la Universidad de Granada,* EUG, Granada, 2024, entre otros.

A esto se suman las múltiples referencias recogidas en estudios de casos centradas en las diferentes universidades, para lo que remito a la bibliografía final (Madrid, Barcelona, Sevilla, Granada, Valencia, Santiago de Compostela, Valladolid, Zaragoza, etc.). Para Barcelona, Jordi Sancho Galán, *El antifranquismo en la Universidad. El protagonismo militante (1956-1977),* Catarata y Fundación Primero de Mayo, Madrid, 2024, págs. 124-126. También se han utilizado las cartas e informes de los militantes: Sergio Calvo Romero, «Los protagonistas anónimos: una aproximación a la protesta universitaria en Zaragoza a través de cartas e informes de militantes», *Anuario del Centro de la UNED en Calatayud,* núm. 21, 2015, págs. 287-301.

[11] Los incidentes en Madrid, Barcelona, Sevilla y otras ciudades, en los años 1951-1954, asociados a cuestiones académicas, al precio y servicio de los tranvías, al precio del comedor, etc., se saldaron con detenciones y pasos por comisaría, juicios ante tribunales militares…, formas de represión poco novedosas.

[12] Sobre estos sucesos y sus consecuencias hay abundantes testimonios, investigaciones y recopilaciones documentales por constituir, sin duda, la explosión universitaria más importante y trascendente en la historia del franquismo hasta esa fecha: Pablo Lizcano, *La generación del 56. La Universidad contra Franco,* Grijalbo, Barcelona, 1981 (reed. con breve prólogo de uno de los protagonistas, Enrique Múgica, 2006); Roberto Mesa

(ed.), *Jaraneros y alborotadores. Documentos sobre los sucesos estudiantiles de febrero de 1956 en la Universidad Complutense de Madrid,* Universidad Complutense, Madrid, 1982 (reed. 2006); José Álvarez Cobelas, *Envenenados de cuerpo y alma. La oposición universitaria al franquismo en Madrid (1939-1970),* Siglo XXI, Madrid, 2004. Sobre sus consecuencias: Alberto Carrillo-Linares, «La situación política de la juventud universitaria española: los años cincuenta y el cambio de paradigma», en Miguel Ángel del Arco Blanco y Claudio Hernández Burgos (eds.), *Esta es la España de Franco. Los años cincuenta del franquismo (1951-1959),* PUZ, Zaragoza, 2020, págs. 319-345. Sobre sus sutiles efectos en universidades periféricas, como la de Sevilla, cfr. Alberto Carrillo-Linares, «Movimiento estudiantil antifranquista en Andalucía», *CIAN-Revista de Historia de las Universidades,* 23/1, 2020, págs. 153-156. En Barcelona: Jordi Sancho Galán, *El antifranquismo en la Universidad. El protagonismo militante (1956-1977),* Catarata y Fundación Primero de Mayo, Madrid, 2024, pág. 62 y ss.

13 En 1958 la ASU sufrió un primer gran zarpazo represivo que llevó a buena parte de la directiva a la cárcel. Archivo Fundación Pablo Iglesias (en adelante, AFPI). Archivo del PSOE. Comisión Ejecutiva (1944-1975). Correspondencia PSOE-CE con la ASU (1958-1960). Archivo del Exilio (AE), 617-4.

14 Afectó a los alumnos de segundo y último curso de la Facultad de Sevilla y a todos los cursos de la de Cádiz. Archivo Central del Ministerio de Educación (Alcalá de Henares), leg. 93.502; Archivo Histórico de la Universidad de Sevilla (en adelante, AHUS), *Libro de Actas de la Junta de Gobierno,* sesión del 17 de marzo de 1958, fol. 214 vto.

15 «Obreros y estudiantes frente común contra la represión», *Acción. Órgano del Comité de Estudiantes del Partido Comunista de España en Salamanca,* mayo de 1973, págs. 1-2.

16 «La represión en el presente año» [1962], Archivo Histórico del Partido Comunista de España (en adelante, AHPCE), Fuerzas de la Cultura/Movimiento Estudiantil, caja 124, carp. 27.

17 «Sobre las últimas detenciones», *Acción Universitaria, órgano de los estudiantes del Frente de Liberación Popular,* Federación Centro, núm. 3,

febrero-marzo de 1964, pág. 6. Hemeroteca Municipal de Sevilla, Archivo Manuel Giménez Fernández (en adelante, AMGF), B-XIV-a-6-e/28.

[18] Dirección General de Seguridad, *Boletín Informativo,* núm. 11, 21 de febrero de 1964, pág. 4.

[19] *BOE,* núm. 98, del 8 de abril de 1941, págs. 2.340-2.344.

[20] De este periodo es también la Ley de Justicia Militar (1945), con la que también se procesó a estudiantes, comenzando por los de la Federación Universitaria Escolar (FUE) en 1947.

[21] *BOE,* núm. 211, de 3 de septiembre de 1975, pág. 18.662.

[22] «Un servicio especial de Policía funciona en el interior de todos los centros universitarios de Madrid», *ABC* (ed. Andalucía), 30 de enero de 1968, pág. 23.

[23] Hubo consejos de guerra por participar en manifestaciones, como el de José Ramón Cabal Riera, delegado de Filosofía en la Universidad de Madrid, a quien condenaron a tres años de prisión en 1967 por apoyar ante el TOP a los estudiantes catalanes. Departamento de Información de la Universidad de La Laguna, *Documentos del movimiento estudiantil,* núm. 4, 3 de mayo de 1968, pág. 10.

[24] Una rigurosa panorámica de la represión universitaria en ese instante, con sus diversas variantes, apareció en la importante revista dirigida por Victoria Kent y editada en Nueva York en bilingüe: «Resumen de noticias», *Ibérica por la libertad,* vol. 16, núm. 2, 15 de febrero de 1968, en https://www.cervantesvirtual.com/obra-visor/volumen-16-n-2-15-de-febrero-de-1968/html/dcdaa8e0-2dc6-11e2-b417-000475f5bda5_2.html#I_0_ [consultado: 05/11/2024]. Cubriendo el mismo trascendente periodo de transición del movimiento estudiantil, con datos sobre la represión: «Un año de lucha estudiantil (febrero de 1967-febrero de 1968)», *Realidad. Revista de cultura y política,* Roma, núm. 16, febrero-marzo de 1968, págs. 16-49.

[25] Hay trabajos sobre el TOP, algunos centrados en su actuación sobre la Universidad. Sobre Zaragoza, Sergio Calvo Romero, «La represión en la Universidad de Zaragoza: el papel del Tribunal de Orden

Público», *CIAN-Revista de Historia de las Universidades,* núm. 19/2, 2016, págs. 175-196.

[26] Un cuadro general de la represión del movimiento estudiantil antifranquista y su evolución puede verse en Alberto Carrillo-Linares «Represión y control político en la universidad durante el franquismo», en Alberto Carrillo-Linares (ed.), *Depurados, represaliados y exiliados. La pérdida universitaria durante el franquismo,* Comares y EUS, Sevilla, 2021, págs. 3-18, en el que me referí sucintamente al concepto de represión de baja intensidad (págs. 15-17).

[27] En ocasiones los rastros documentales son escasos, como las listas negras de estudiantes que, aunque hay constancia de que existieron en las universidades, no solían quedar custodiadas junto con la documentación oficial que se ha conservado en los archivos. Hay alguna excepción que demuestra su existencia. Y no solo esto, sino que eran listas que se distribuían y completaban en los diferentes distritos universitarios para conocimiento de rectores, decanos y directores de escuelas. En esta tarea participaron siempre diversas administraciones (Policía, universidad, Ejército, Guardia Civil, etc.).

[28] Obviamente, cualquier tipo de represión tiene efectos psicológicos en diferente grado. Aquí señalo las medidas que estaban más pensadas para afectar a los ámbitos propuestos, siempre y necesariamente interconectados. Algunas medidas tuvieron componente de género, como las que afectaron a los chicos que tenían que realizar el servicio militar.

[29] AHPCE, Intelectuales/Movimiento estudiantil, «Análisis de la situación en Sevilla antes y después de la VI RCP», 18 de abril de 1968, jacket 201, fols. 1-2.

[30] Aunque es difícil documentar estos hechos, porque no se solían realizar fichas de llamadas con contenidos, han quedado algunas pistas y la fuente oral es insustituible.

[31] AHUS, leg. 3687-10. «Declaración del alumno D. Manuel Ramón Alarcón Caracuel» ante el catedrático encargado de la Información, D. José M.ª Navarrete, fol. 49, 3 de abril de 1965. Entrevista a Manuel Ramón Alarcón Caracuel (20 de julio de 2000). El padre de Alarcón era

el secretario del Ayuntamiento de Camas, pero eso no le salvó de la multa de 2.500 pesetas impuesta por Utrera.

[32] Muerte, tortura física o psicológica en comisaría o fuera de ella, incautación de bienes, sanciones económicas desorbitadas, estados de excepción, confinamientos y destierros, cargas policiales, multiplicidad de sanciones por un mismo hecho, procesos judiciales, creación de un juez especial para los delitos cometidos en centros de enseñanza, expulsión de los colegios mayores, sanciones académicas graves (expulsiones por años o a perpetuidad así como la prohibición de continuar los estudios), etc., las considero formas represivas de alta y media intensidad en el mundo académico.

[33] «Las aventuras del enano Ramírez», *Barricada. Órgano Estudiantil del FLP,* abril de 1969, pág. 21.

[34] Para el caso de las sanciones leves, el art. 21 del Reglamento de Disciplina Académica de 1954 recogía: «Menos la amonestación privada, todas las correcciones impuestas a los escolares se harán públicas en el tablón de anuncios del Centro respectivo. Las que se impongan por orden ministerial se publicarán también en el Boletín Oficial del Estado».

[35] En la Hispalense fue el rector José Antonio Calderón Quijano quien ordenó el cierre de la Universidad la tarde del evento «impidiendo de esta forma que se llevara a cabo el acto», según recogió la misma Brigada Político-Social. DGS, *Boletín Informativo de Actividades Estudiantiles,* núm. 33, 18 de mayo de 1967, pág. 9. AMGF, B- XIV-a-6-b/19.

[36] Sergio Calvo Romero, «Las aulas se vacían y las calles se llenan: las movilizaciones estudiantiles de 1972», *CIAN-Revista de Historia de las Universidades,* núm. 25/2, 2022, pág. 53.

[37] Delegación de Alumnos de CC. PP. EE. Departamento de Información y Prensa, «Editorial», *Boletín Informativo,* Madrid, marzo de 1965, pág. 1 (sobre asfixia económica); Facultad de Medicina de la Universidad de Valladolid, *Boletín Informativo,* núm. 2, marzo de 1966, pág. 3 (sobre prohibición e incidentes en el homenaje a Antonio Machado en Baeza), etc.

[38] *Gaceta Universitaria,* núm. 104, 1 de julio de 1968, pág. 14.

[39] A título de ejemplo: el estudiante de Arquitectura, Vicente Sanz Cuesta, expedientado en 1968 con la «expulsión definitiva del Distrito, con la aneja pérdida de curso y prohibición de trasladar el expediente académico dentro del presente año escolar, con igual prohibición de entrada en todos los centros docentes del mismo», recurrió la sanción al Tribunal Supremo por falta de audiencia de los interesados en el curso del expediente por una falta grave (recogido en el art. 13), y el alto tribunal le dio la razón en 1970. Pese a todo, la Universidad confirmó la sanción en mayo de 1971; el estudiante se retractó y le fue levantada, *ABC* (ed. Andalucía), 20 de octubre de 1970, págs. 52-53; Archivo Universitario de Sevilla, Caja «Disciplina Académica 1970-71», carp. núm. 5; AHUS, *Libro de Actas de la Junta de Gobierno,* sesión del 9 de junio de 1971, fol. 22.

[40] La medida estaba prevista para septiembre de 1972. Sergio Rodríguez Tejada, *Zonas de libertad. Dictadura franquista y movimiento estudiantil en la Universidad de Valencia (1939-1975),* PUV, Valencia, 2009, vol. 2, págs. 384-385. La relación de expedientados puede consultarse en Benito Sanz Díaz, *Rojos y demócratas. La oposición al franquismo en la Universidad de Valencia, 1939-1975,* Albatros; CC. OO.-PV; FEIS, Valencia, 2002, págs. 254-258.

[41] Creada por la Ley de 2 de julio de 1940, por la que se reorganizan las milicias de FET-JONS. Recogido en el art. 3° Jefatura del Estado. *BOE,* núm. 190, pág. 4706. La Organización: Decreto de 22 de febrero de 1941. *BOE,* núm. 64, 5 de marzo de 1940, págs. 1547-1549.

[42] Decreto 801, de 20 de abril de 1967, sobre pérdida de beneficios en orden al voluntariado y prórroga de incorporación a filas por razón de mala conducta. Presidencia del Gobierno. *BOE,* núm. 97, de 24 de abril de 1967, págs. 5325-5326.

[43] En este caso concreto corresponde a Pedro Antonio López Pereda, estudiante de Filosofía y Letras nacido en Arenas de Cabrales (Oviedo).

[44] En algunos casos se han podido consultar fuentes idóneas, en el Archivo General Militar de Ávila, en algunos archivos de las delegaciones del Gobierno, Archivo Histórico Nacional, Archivo General de la Admi-

nistración, algunos archivos provinciales o universitarios. Pero siguen quedando lagunas importantes para realizar estudios sistemáticos sobre esta cuestión.

Desde el Archivo General del Ministerio del Interior me escriben —sin pie de firma— el día 8 de noviembre de 2024, en relación con mi solicitud de consulta de las *Relaciones de Estudiantes a los que no se les concederá certificado de buena conducta...*, elaborados periódicamente por la Policía y de los que se realizaban numerosas copias, indicándome que el archivo «no conserva una serie documental relativa a registros o relaciones de personal, tal y como usted solicita», ni tampoco se hallan en «otros archivos de unidades dependientes del Ministerio del Interior», recordándome de forma disuasoria los veinticinco años de plazo desde el fallecimiento de los afectados para la consulta del material, sin hacer ni una referencia a los cincuenta años desde el cierre del expediente (anterior a noviembre de 1974), también recogido en la legislación y que sería justamente el supuesto que da cobertura legal los investigadores para desarrollar su función social.

4. Sin doblar, sin domar y sin domesticar. La represión sobre el movimiento obrero durante la Dictadura

[1] José Antonio Pérez, «La reconstrucción del obrerismo en la Margen Izquierda de la Ría del Nervión: 1937-1962. ¿Generaciones perdidas?», texto inédito para el seminario en la Escuela Julián Besteiro, 2004, pág. 15, citado en Xavier Domènech, *Lucha de clases, franquismo y democracia. Obreros y empresarios (1939-1975),* Akal, Madrid, 2022, pág. 88.

[2] Testimonio de Teresa Buigues Poveda, la «Pasionaria de Barcelona», citado en Xavier Domènech, *Lucha de clases, franquismo y democracia. Obreros y empresarios (1939-1975),* Akal, Madrid, 2022, pág. 88.

[3] Xavier Domènech, *Cambio político y movimiento obrero bajo el franquismo. Lucha de clases, dictadura y democracia*, Icaria, Barcelona, 2012, pág. 31.

[4] Carlos Forcadell, «Cultura obrera, historiadores y marxismo. De la clase a la identidad» en José Gómez Alén (ed.), *Historiografía, marxismo y compromiso político en España. Del franquismo a la actualidad,* Siglo XXI, Madrid, 2018, págs. 155-172.

[5] Xavier Domènech, *Cambio político y movimiento obrero bajo el franquismo. Lucha de clases, dictadura y democracia,* Icaria, Barcelona, 2012, pág. 30. Es importante matizar que Domènech hace esta definición a sabiendas de que hay una permeabilidad entre la identidad obrera y otras identidades que genera una diversidad en la clase reseñable, en ocasiones contradictoria, y que impide analizar las identidades como aparatos estancos y homogéneos.

[6] Antonio Gramsci, *Escritos políticos 1917-1933,* Siglo XXI, México D. F., 1981, pág. 329.

[7] Carme Molinero y Pere Ysàs, «Productores disciplinados: control y represión laboral durante el franquismo (1939-1958)», *Cuadernos de relaciones laborales,* núm. 3, 1993, págs. 33-49.

[8] Entrevistas a Ramón Górriz y a Isidro Pradal, disponibles en el Archivo Histórico de Comisiones Obreras en Aragón.

[9] Un artículo muy interesante acerca de la trascendencia de las cárceles en las mentalidades de la época es el de Carmen Ortiz y Mario Martínez, «La cárcel de Carabanchel. Lugar de memoria y memorias del lugar», *Scripta Nova,* vol. 18, núm. 493, 2014, s.p. En él se explica detalladamente cómo trascendieron las cárceles como lugares de memoria en constante disputa entre el régimen franquista y los presos políticos que las integraron. Especialmente simbólicas son las cárceles de Carabanchel y de Burgos aunque a nivel local la cárcel de Torrero supone un hilo transversal en el relato de la gran mayoría de los protagonistas de la época.

[10] Miguel Galindo, *Reflexiones de un comunista,* Amarga Memoria, Zaragoza, 2008, pág. 72.

[11] Entrevista a Manuel Machín de 20 de noviembre de 2007.

[12] Karl Marx, «Crítica del Programa de Gotha», *Obras Escogidas,* núm. 3, Progreso, Moscú, 1980, pág. 15.

[13] Miguel Galindo, ob. cit., pág. 73.

[14] El propio Galindo manifiesta: «Yo creo que la sanción fue exagerada, como así lo manifesté en su día porque tal medida se tomó sin nuestra subjetiva conformidad, y segundo porque distorsionó y dificultó notable e innecesariamente la convivencia entre nosotros, tanto en la prisión, como después en libertad», ibíd., pág. 74.

[15] Un ejemplo claro de la pena que suponía a los militantes este aspecto es la entrevista realizada a Miguel Sanz el 20 de noviembre de 2007 y que se encuentra disponible en el Archivo Histórico de CC. OO. en Aragón. Otro testimonio interesante al respecto es el que se recoge en las memorias de Javier Delgado relativo a su contacto con militantes que salían de la cárcel y que no volvían a ser los mismos una vez que habían experimentado el paso por la cárcel en Javier Delgado, *Uno de los nuestros. Memorias de un joven comunista. 1969-1979,* págs. 41-64.

[16] Marcos Ana, José Luis Gallego o Luis Alberto Quesada, entre otros, destacan en este periodo gracias a su lírica firme y contestataria a través de la creación del grupo La Albada en el propio Penal de Burgos y que tuvo una gran resonancia a nivel internacional.

[17] Para profundizar en el papel que tuvieron los poetas presos recomiendo los dos artículos de Aurore Ducellier, «Los poetas antifranquistas en el Penal de Burgos: ¿Disidentes en busca de la libertad? (1946-1961)», en María Teresa Navarrete y Miguel Soler (eds.), *Ay, ¡Qué triste es toda la humanidad!,* Roma, ARACNE, 2013, págs. 77-86; y «Los poemas-misiva en las cárceles del primer Franquismo: una escritura cotidiana de supervivencia», *Vegueta,* núm. 19, 2019, págs. 95-112, así como las memorias de Marcos Ana, *Decidme cómo es un árbol,* Umbriel, Madrid, 2007.

[18] Miguel Galindo, ob. cit., págs. 75-78.

[19] Entrevista a Manuel Machín de 20 de noviembre de 2007.

[20] Carmen Ortiz y Mario Martínez, ob. cit., pág. 15.

[21] «Las mujeres en las primeras filas de la lucha por la amnistía», *Mundo Obrero. Órgano del Comité Central del PCE,* núm. 22, 15 de octubre de 1952, pág. 5.

[22] Irene Abad, «El papel de las "mujeres de preso" en la campaña proamnistía», *Entelequia,* núm. 7, 2008, pág. 140.

[23] Ibíd., págs. 141-145.

[24] Ibíd., pág. 146.

[25] Fernando Hernández, «Juana Doña y el manantial de la memoria. Memorias de las cárceles franquistas de mujeres (1978-2007)», *Arenal. Revista de historia de las mujeres,* vol. 22, núm. 2, 2015, pág. 286.

[26] Juana Doña, *Desde la noche y la niebla,* Horas y Horas, Madrid, 2012, págs. 15-16.

[27] Son varios los artículos y obras relativos a las condiciones de vida de las mujeres durante el franquismo y, más específicamente, a su papel político tanto en las calles como en las cárceles.

[28] Floreal Torguet, *Construir la libertad,* Prames, Zaragoza, 2012, pág. 161.

[29] Entrevista a Fidel Ibáñez, 29 de octubre de 2007.

[30] Prosigue la extensión de la lucha de la clase obrera, 1973 (Fondo Documental de la Delegación Exterior de CC. OO., DECO. 9/16) en *Historia, trabajo y sociedad,* 2010, núm. 1, Fundación Primero de Mayo, pág. 134.

[31] «Declaración del Comité Ejecutivo, después de Burgos», *Nuestra Bandera,* 1971, núm. 66, pág. 3.

[32] Carme Molinero y Pere Ysàs, *De la hegemonía a la autodestrucción: El Partido Comunista de España (1956-1982),* Crítica, Barcelona, 2017, pág. 95.

[33] Álvaro Cunhal, *Un partido con paredes de cristal,* Agitación, Madrid, pág. 42.

[34] Peter Linebaugh y Marcus Rediker, *La hidra de la revolución. Marineros, esclavos y comuneros en la historia oculta del Atlántico,* Traficantes de Sueños, Madrid, 2022.

[35] Luis Granell López, «Zaragoza: Medicina puede ser cerrada», *Informaciones,* 12 de febrero de 1975.

[36] «Desalojo voluntario en el I.C.A.I.», *Informaciones,* 11 de febrero de 1975.

[37] Europa Press «Cerradas dos facultades de la Universidad de Málaga», *Informaciones,* 12 de febrero de 1975.

[38] «Satisfacción en Europa por la reducción de penas en el proceso 1001», s.f., obtenido de la copia digitalizada del Archivo Juan Linz. R-12899.

[39] Alberto Sabio y Nicolás Sartorius, *El final de la dictadura,* Temas de Hoy, Madrid, 2007, pág. 74.

[40] Ibíd., pág. 76.

[41] «Qué sindicato proponen CC. OO. a los trabajadores», Fondo Documental de la Delegación Exterior de CC. OO., DECO. 9/16, publicado en *Historia, trabajo y sociedad,* 2010, núm. 1, Fundación Primero de Mayo, pág. 144.

[42] Robert Fishman, *Organización obrera y retorno a la democracia en España,* CIS, Madrid, 1996, pág. 164.

[43] «Sección especial sobre el IX Congreso del PCE», *Mundo obrero,* 2-8 de febrero de 1978.

5. Las víctimas inesperadas: la represión de periodistas y escritores (1939-1945)

[1] Juan A. Ríos Carratalá, *Petróleo, monjas y poetas. Otras historias de 1964,* Renacimiento, Sevilla, 2021.

[2] Juan A. Ríos Carratalá, *Usted puede ser feliz. La felicidad en la cultura del franquismo,* Ariel-Universidad de Alicante, Barcelona, 2013.

[3] Juan A. Ríos Carratalá, *Contemos cómo pasó. Imágenes y reflexiones de una cotidianidad (1958-1975),* Universidad de Alicante, 2016.

[4] Pablo Alcántara, *La DGS. El palacio del terror franquista,* Espasa, Madrid, 2024.

[5] Daniel Oviedo Silva, *El enemigo a las puertas. Porteros y prácticas acusatorias en Madrid (1936-1945),* Comares, Granada, 2023.

6. La dictablanda cinematográfica: control y censura sobre el audiovisual complaciente

[1] Salvador Giner (dir.), *España: sociedad y política,* Espasa Calpe, Madrid, 1990, pág. 345.

[2] Julián Casanova, *Del campo a la ciudad,* en la página *web* de Julián Casanova: http://www.juliancasanova.es/del-campo-a-la-ciudad/.

[3] Javier Alfaya, *Crónica de los años perdidos. La España del tardofranquismo,* Temas de Hoy, Madrid, 2003, pág. 33.

[4] Mercedes Rosado, en el libro *Es cosa de hombres. El machismo en la publicidad española (1939-1975)* (2007, Vicente Fernández de Bobadilla) señala, no obstante, que las cifras solo revelan cierto grado de visibilidad de las mujeres en el trabajo, menor en todo caso a la realidad, puesto que muchas mujeres no aparecen en las estadísticas por realizar trabajos en la economía doméstica, agraria o sumergida, y en el estraperlo. También empieza a haber, entre otros trabajos, el de azafatas o modelos, que en cierto modo siguen arrastrando en sus profesiones el machismo propio del régimen (págs. 72-73).

[5] Mercedes Montero (coord.), *La edad de oro de la comunicación comercial,* Comunicación Social, Ediciones y publicaciones, Sevilla/Zamora, 2010, vol. 2, pág. 29.

[6] El investigador Agustín Sánchez Vidal ha publicado recientemente un libro sobre el cine y la cultura popular en España con ese mismo título: *Pero… ¡En qué país vivimos!,* Espasa, Madrid, 2024.

[7] Entre septiembre de 1951 y marzo de 1952 fue elegido como primer director general de Cinematografía de la «era Arias Salgado». La brevedad de su cargo demuestra las palpables diferencias que tuvo con el ministro de Información y Turismo. José María García Escudero, *La primera apertura. Diario de un director general,* Planeta, col. Panorama, núm. 8, Barcelona, 1978, págs. 23-31.

[8] Javier Hernández Ruiz, J. y Pablo Pérez Rubio, *Un universo proteico y multiforme: La comedia costumbrista del desarrollismo,* Biblioteca Virtual Miguel de Cervantes, Alicante, 2000, en http://www.cervantesvirtual.com/

obra-visor/un-universo-proteico-y-multiforme-la-comedia-costumbrista-del-desarrollismo--0/html/ff8bad48-82b1-11df-acc7-002185ce6064_1.html.

[9] Ibíd.

[10] Román Gubern *et al.*, *Historia del cine español,* Cátedra, Madrid, 2000, pág. 333.

[11] Ángel A. Pérez Gómez y José Luis Martínez Montalbán, *Cine español, 1951-1978. Diccionario de directores,* Mensajero, Bilbao, 1978, pág. 54.

[12] Entrevista realizada a José Sacristán (Madrid, 23 de mayo de 2013).

[13] José María Caparrós Lera, *El cine político. Visto después del franquismo,* Dopesa, Barcelona, 1978, pág. 51.

[14] Francisco Javier Frutos y Antonio Llorens, *José Luis Dibildos. La huella de un productor,* Seminci, 1998, Valladolid, pág. 95.

[15] Ibíd., pág. 35.

[16] Archivo General de la Administración (en adelante AGA) (03) 121 36/04779.

[17] AGA (03) 121 36/03633.

[18] AGA (03) 121 36/04788.

[19] AGA (03) 121 36/03677.

[20] AGA (03) 121 36/04792.

[21] AGA (03) 121 36/03694.

[22] En el Informe de crítica cinematográfica emitido por la Delegación Provincial de Cuenca «se estima como principal acierto el tono dado a la producción, ya que exponiendo con detalle formas de vivir fuera de la Ley, no se valoran en su esencia, si no en lo anecdótico, no solo por su resultado final, si no por no haberse hecho ninguna concesión al mal gusto o chabacanería» (30 de enero de 1960). AGA (03) 121 36/04804.

[23] AGA (03) 121 36/03731.

[24] Con anterioridad había aparecido en cintas como *Campeones* (1942, Ramón Torrado), *El sistema Pelegrín* (1952, Ignacio F. Iquino), *Once pares de botas* (1954, Francisco Rovira Beleta), *El fenómeno* (1956, José María Elorrieta), *El hincha* (1957, Manuel Romero) y *El ángel está en la cumbre* (1958, Jesús Pascual).

[25] AGA (03) 121 36/03799.

[26] AGA (03) 121 36/03780.

[27] AGA (03) 121 36/3783.

[28] AGA (03) 121 36/3783.

[29] Resulta inevitable pensar en *Rufufú (I soliti ignoti,* 1958), la comedia de Mario Monicelli en la que un grupo de ladrones decide asaltar las oficinas romanas del Monte de Piedad y de cuya banda sonora también se encargó Umiliani.

[30] AGA (03) 121 36/3989.

[31] Incluso llevó a exhibirse con el título alternativo de *Una sueca entre nosotros.*

[32] AGA (03) 121 36/5289.

[33] AGA (03) 121 36/4394.

[34] *Diario Vasco,* Sociedad Vascongada de Publicaciones, S.A., San Sebastián, 12 de agosto de 1967.

[35] AGA (03) 121 36/04965.

[36] AGA (03) 121 36/4176.

[37] Al estilo de Bonny & Clyde.

[38] AGA (03) 121 36/4990.

[39] AGA (03) 121 36/4183.

[40] En la acepción policial del término, o lo que es lo mismo, delincuentes que han estampado sus huellas en la ficha policial.

[41] AGA (03) 121 36/4181.

[42] AGA (03) 121 36/04976.

[43] AGA (03) 121 36/4179.

[44] AGA (03) 121 36/05017.

[45] AGA (03) 121 36/4198.

[46] El título hace un guiño a la película *Un americano en París* (1951, Vincente Minnelli), uno de los musicales norteamericanos más famosos de la historia del cine.

[47] El director Manuel Gutiérrez Aragón señaló que en el largometraje de Bodegas se encontraban ya todos los criterios cinematográficos, políticos y morales de la corriente. Entrevista realizada a Manuel Gutiérrez Aragón (Madrid, 22 de octubre de 2015).

[48] El realizador conocía perfectamente las dificultades que suponía la emigración al país galo: «[…] sin hablar francés, sin conocer a nadie y teniendo que enfrentarme ante un mundo hostil, con una maleta y 1.500 pesetas y fue una chica de servicio la que me llevó a casa». (Chema Castiello, *Con maletas de cartón. La emigración española en el cine,* San Sebastián, Tercera Prensa s.l., 2010, pág. 138).

[49] AGA (03) 121 36/05052.

[50] La última producción española que había obtenido tal galardón fue *El verdugo* de Luis García Berlanga en 1963.

[51] AGA (03) 121 36/05052.

[52] Una calificación provisional, ya que posteriormente se convocó una nueva sesión en la que se otorgó a la película la autorización para mayores de catorce años y menores de edad acompañados.

[53] «Es un modelo de cine comercial […]. No obstante el tema es importante y actual, y en el film hay indudables aciertos por ello le concede interés especial».

[54] AGA (03) 121 36/04246.

[55] Considerado el historiador oficial del cine del régimen de Franco.

[56] AGA (03) 121 002 36/04251.

[57] AGA (03) 121 004 36/05151.

[58] El 11 de abril de 1978 se autorizó simplemente a mayores de catorce años. No obstante, con anterioridad (27 de noviembre de 1974) Ágata Films solicitó que fuera para todos los públicos, puesto que consideraban que ya habían eliminado lo que a su juicio podía obstaculizar la obtención de dicha calificación.

[59] AGA (03) 121 004 36/05157.

[60] AGA (03) 121 002 36/04254.

[61] AGA (03) 121_004 36/05180.

[62] AGA (03) 121_005 36/05644.

[63] En un primer momento se pensó en María Luisa San José para el papel protagonista.

[64] AGA (03) 121 004 36/05213.

[65] AGA (03) 121 004 36/05239.

[66] Montero, R., «Erotismo de última hora», *Fotogramas,* núm. 1.476, Madrid, 1977, pág. 31.

7. La represión de género en la Dictadura: genealogía de víctimas, agentes y violencias contra las mujeres

[1] Cristina Fallarás, *No publiques mi nombre. Testimonios contra la violencia sexual,* Siglo XXI, Madrid, 2024.

[2] Irene Abad, «Las dimensiones de la "represión sexuada" durante la dictadura franquista», en J. Rodrigo y Miguel A. Ruiz Carnicer (coord.), «Guerra Civil: Las representaciones de las violencias», *Revista Jerónimo Zurita,* 84, 2009, págs. 65-86.

[3] Carlota O'Neill, *Una mexicana en la guerra de España,* La Prensa, México, 1964; Mercedes Núñez, *Cárcel de Ventas,* Ebro, París, 1967; Consuelo García, *Las cárceles de Soledad Real: una vida,* Alfaguara, Madrid, 1982; Fernando Hernández Holgado, *Soledad Real,* Ediciones del Orto, Madrid, 2001; Tomasa Cuevas, *Cárcel de mujeres, 1939-1945,* Sirocco, Barcelona, 1985.

[4] Giuliana Di Febo, *Resistencia y movimiento de mujeres en España, 1936-1976,* Icaria, Barcelona, 1979; Fernanda Romeu, *El silencio roto. Mujeres contra el franquismo,* Gráficas Summa, Oviedo, 1994; Shirley Mangini, *Recuerdos de la resistencia. La voz de las mujeres de la Guerra Civil española,* Península, Barcelona, 1997; Mary Nash, *Rojas: las mujeres republicanas en la guerra civil,* Taurus, Madrid, 2006.

[5] Para llevarlo a cabo hemos seguido la metodología PRISMA (Preferred Reporting Items for Systematic reviews and Meta-Analyses) en todas sus fases (identificación, cribado e idoneidad). Para la fase de identificación se han utilizado diversos algoritmos sobre la base de datos Dialnet, siendo finalmente el número 8 el utilizado para realizar el análisis. Se ha elegido Dialnet porque se ha convertido en uno de los mayores portales bibliográficos de la academia española y se destaca porque aglutina la literatura científica hispana con una especial atención a las ciencias sociales.

[6] Vicenta Verdugo, «Franquismo y represión penitenciaria femenina. Las presas de Franco en Valencia», *Arenal. Revista de historia de las mujeres,* vol. 15, núm. 1, 2008, págs. 151-176 y Ana Aguado, «Franquismo y represión femenina. Mujeres encarceladas», en Pilar Díaz Sánchez (ed.), *Impulsando la historia desde la historia de las mujeres: la estela de Cristina Segura,* Universidad de Huelva, 2012, págs. 353-364.

[7] Irene Abad, «Represión sexuada. La victimización de la mujer republicana durante la guerra civil y el franquismo», en Ana Antón Pacheco (coord.), *Diferencia, (des)igualdad y justicia: Estudios de mujeres,* Jornadas Internacionales de la Mujer, vol. VII, Madrid, 2010, págs. 263-272 y Paola Rodríguez Rubio, «Violencia sexuada y represión en la guerra civil española y en el franquismo», *Cuadernos republicanos,* núm. 107, 2021, págs. 90-125.

[8] Juan Carlos Molano Gragera, «Represión de mujeres en las Vegas Bajas», en Julián Chaves Palacios, (coord.), *Política y sociedad durante la Guerra Civil y el Franquismo,* Diputación de Badajoz, págs. 287-311.

[9] Paloma Seoane, «Represión franquista contra las mujeres. La Causa General de Madrid», en *Arenal. Revista de historia de las mujeres,* vol. 20, núm. 2, 2013, págs. 395-415.

[10] David Ginard, «Represión y especificidad de género: en torno a la violencia política contra las mujeres en la España del primer franquismo», en Mary Nash, *Represión, resistencias, memoria: las mujeres bajo la dictadura franquista,* Comares, Granada, 2013, págs. 23-36 y Aurora Morcillo, «El género en lo imaginario. El "ideal católico femenino" y estereotipos sexuados bajos el franquismo», en Mary Nash, ob. cit., págs. 71-93.

[11] Miguel Ángel Soria Méndez, «Represión de género en la posguerra. Su incidencia en el barrio de Vallecas», *Cuadernos republicanos,* núm. 113, UNED, 2023, págs. 11-41.

[12] Alba María Boix y Carlos Fuertes, «¿Qué supuso la dictadura franquista para las mujeres españolas?», en M. E. Cambil Hernández, A. R. Fernández Paradas, N. de Alba Fernández, (coords.). *La didáctica de las ciencias sociales ante el reto de los Objetivos de Desarrollo Sostenible,* Narcea, Madrid, 2023, págs. 61-68.

[13] Michael Richard, «Guerra civil, violencia y la construcción de franquismo», en Paul Preston (ed.), *La República asediada: hostilidad internacional y conflictos internos durante la Guerra Civil,* Península, Madrid, 1999, págs. 201-238.

[14] Ana Aguado y M.ª Dolores Ramos, *La modernización de España (1917-1939): cultura y vida cotidiana,* Síntesis, Madrid, 2002, pág. 277.

[15] Giuliana Di Febo, *Resistencia y movimiento de mujeres en España, 1936-1976,* Icaria, Barcelona, 1979, págs. 129-130.

[16] Las autoras de este artículo comisionaron en 2023 una exposición itinerante que, bajo el título «Vigiladas. Mecanismos de represión sobre la mujer en los pueblos del franquismo», aglutinaba la definición de las diversas estrategias de violencia.

[17] Sarah Leggott, «Represión de género y violencia sexuada en la España franquista. Los testimonios de Mercedes Núñez Targa», *Cauce: Revista Internacional de Filología, Comunicación y sus Didácticas,* núm. 42, 2019, págs. 61-74 y Laura Muñoz-Encinar, «Desenterrando la represión de género: análisis de la violencia ejercida sobre las mujeres durante la Guerra Civil y la dictadura franquista en el suroeste de España», *Huarte de San Juan. Geografía e Historia,* 28, 2021, págs. 73-100.

[18] Antonio Vallejo-Nágera, *Eugenesia de la Hispanidad y regeneración de la raza,* Editorial Española, 1937. Transcrito *online* en filosofia.org, Fundación Gustavo Bueno, XXXVIII.

[19] Ob. cit., XXXIV.

[20] M.ª Luisa Tarrés, «A propósito de la categoría género: leer a Joan Scott», *Estudios Sociológicos,* 31 (91), 2013, pág. 13.

[21] Clive Beadman, «Abortion in 1940s Spain: the social context», *Journal of Gender Studies,* 11 (1), 2002, pág. 55.

[22] Irene Abad, Iván Heredia y Sescún Marías, «El estudio de las mujeres republicanas como víctimas de la "epresión sexuada" del franquismo», en Pilar Salomón, Gustavo Alares, y Pedro Rújula, *Actas del VIII Congreso de Historia Local de Aragón, «Historia, pasado y memoria en el mundo contemporáneo»*, Instituto de Estudios Turolenses, 2014, pág. 265.

[23] Regresando a Vallejo-Nágera, como ideólogo del régimen, resaltamos el desprecio del psiquiatra sobre el acceso de la clase trabajadora a las profesiones liberales. No menciona específicamente a las mujeres, pues creemos que no concibe siquiera su presencia en este ámbito intelectual: «No tratamos de adscribir la cultura a determinada clase social, ni de impedir que las clases humildes tengan acceso a las profesiones liberales. Combatimos el aplebeyamiento y proletarización de la cultura mediante el método marxista de titular mediocres, empujando a quien carece de aptitudes por el camino de las clases intelectuales». (Vallejo-Nágera, 1937, XXXIX).

[24] Arturo Arnalte, *Redada de violetas. La represión de los homosexuales durante el franquismo,* La Esfera de los Libros, Madrid, 2003.

[25] Carlos Hernández de Miguel, *Los campos de concentración de Franco. Sometimiento, torturas y muerte tras las alambradas,* Ediciones B, Madrid, 2020, págs. 448-449.

[26] Begoña Barrera, «La punición franquista del aborto. La Ley de 1941 en perspectiva», *Vegueta. Anuario de la Facultad de Geografía e Historia,* 24 (1), 2024, págs. 157-182.

[27] Sescún Marías, *«Por España y por el campo». La Sección Femenina en el medio rural oscense (1939-1977),* Instituto de Estudios Altoaragoneses, Huesca, 2011.

[28] M.ª del Rosario Ruiz Franco, *¿Eternas menores?: las mujeres en el franquismo,* Biblioteca Nueva, Madrid, 2007.

[29] Jon Sistiaga, «Descarriadas», *Otro enfoque,* 2024. Programa emitido el 30 de mayo de 2004 en el canal *Cuatro:* https://www.cuatro.com/otro-enfoque/a-la-carta/20240529/programa-completo-22-mayo-video_18_012623111.html, y C. García del Cid, *Las desterradas hijas de Eva,* Algón, Granada, 2015.

[30] Consuelo García Del Cid, ob. cit.

[31] Begoña Barrera, *La Sección Femenina, 1934-1977: Historia de una tutela emocional,* Alianza, Madrid, 2019.

[32] Enlazamos esta situación de complicidad social con la propuesta de Paulo Freire sobre el papel de los oprimidos, que en este caso serían

las clases populares franquistas, y muy especialmente las mujeres, y su agencia histórica. El filósofo brasileño destaca la fuerza de los modelos culturales, en este caso, de los patrones de género, construidos por el poder (político, económico, social) para las oprimidas, pero no «de» o «por» las oprimidas. Esto se explica porque para los poderosos es conveniente que la situación de injusticia no sea claramente percibida por quienes la padecen. La toma de conciencia abre el camino a la expresión de las insatisfacciones sociales, porque realmente, hay una situación de opresión. Cierto miedo a la libertad, una libertad desconocida, arriesgada, y añadimos, también castigada en la dictadura, llevaba a muchas oprimidas a preferir la seguridad que ofrecía la normativa social y de género franquista. Esta aceptación actuaría en complicidad con el Estado franquista y contribuiría a perpetuar sus modelos culturales. Paolo Freire, *Pedagogía del oprimido,* Siglo XXI, Madrid, 1970, págs. 18-19, 45.

[33] Noelia Ojeda y José Manuel Gómez Jurado, «Guardianas de la memoria (Francisco Artacho, 2022): las mujeres como garantes de la memoria histórica en España», en M. J. Ramos Rovi, M. L. Calero Vaquera, y M. D. García Ramos, *Mujeres y política: visiones interculturales desde la historia, el arte y la lingüística,* Comares, Granada, 2023, págs. 111-126.

Bibliografía

1. Una violencia que no cesa. Las múltiples caras de la represión franquista

Águila Torres, Juan José del, «La represión política a través de la jurisdicción de guerra y sucesivas jurisdicciones especiales del franquismo», *Hispania Nova. Revista de Historia Contemporánea,* núm. 1, 2015, págs. 211-242.

Anderson, Peter, *The Francoist Military Trials. Terror and Complicity, 1939-1945,* Routledge, Londres, 2010.

Arco, Miguel Ángel del (ed.), *Los «años del hambre». Historia y memoria de la posguerra franquista,* Marcial Pons, Madrid, 2020.

Casanova, Julián, *Una violencia indómita. El siglo* XX *europeo,* Crítica, Barcelona, 2020.

— (ed.), *Cuarenta años con Franco,* Crítica, Barcelona, 2015.

— (coord.), *Morir, matar, sobrevivir. La violencia en la dictadura de Franco,* Crítica, Barcelona, 2002.

CAZORLA SÁNCHEZ, Antonio, *Fear and Progress: Ordinary Lives in Franco's Spain, 1939-1975,* Wiley-Blackwell, Malden-Oxford, 2010.

CLARET, Jaume, *El atroz desmoche. La destrucción de la Universidad española por el franquismo, 1936-1945,* Crítica, Barcelona, 2006.

EVANS, Richard J., *The Third Reich in Power,* Penguin, Nueva York, 2005.

GALLEGO, Ferran, *El evangelio fascista. La formación de la cultura política del franquismo (1930-1950),* Crítica, Barcelona, 2014.

GÓMEZ BRAVO, Gutmaro y MARCO CARRETERO, Jorge, *La obra del miedo. Violencia y sociedad en la España franquista, 1936-1950,* Península, Barcelona, 2010.

LUNA, Giovanni de, *Il Tribunale speciale per la difesa dello stato,* Einaudi, Turín, 2005.

MORENO TEJADA, Sara y PÉREZ JUAN, José Antonio (coords.), *Represión y orden público durante la II República, la Guerra Civil y el Franquismo. Una visión comparada,* Aranzadi, Pamplona, 2019.

MORENTE, Francisco, *La depuración del Magisterio Nacional (1936-1943). La escuela y el Estado Nuevo,* Ámbito, Valladolid, 1997.

NASH, Mary (ed.), *Represión, resistencias, memoria: las mujeres bajo la dictadura franquista,* Comares, Granada, 2013.

NÚÑEZ, Mirta y ROJAS, Antonio, *Consejos de guerra: los fusilamientos en el Madrid de la posguerra (1939-1945),* Compañía Literaria, Madrid, 1997.

PRESTON, Paul, *La política de la venganza. El fascismo y el militarismo en la España del siglo XX,* Península, Barcelona, 1997.

— *Franco. «Caudillo de España»,* Grijalbo, Barcelona, 1994.

RIQUER, Borja de, *La dictadura de Franco,* Crítica-Marcial Pons, Barcelona, 2010.

RODRIGO, Javier, *Hasta la raíz. Violencia durante la guerra civil y la dictadura franquista,* Alianza, Madrid, 2008.

— *Cautivos. Campos de concentración en la España franquista, 1936-1947*, Crítica, Barcelona, 2005.

SESMA, Nicolás, *Ni una, ni grande, ni libre. La dictadura franquista (1939-1977),* Crítica, Barcelona, 2024.

2. LAS DENSAS ALAS DEL ÁGUILA GRIS: EL APARATO REPRESOR FRANQUISTA. ¿ÉXITO O FRACASO CONTRA EL ANTIFRANQUISMO?

ÁGUILA, Juan José del, *El TOP. La represión contra la libertad (1963-1977),* Fundación Abogados de Atocha, Madrid, 2020 (2.ª ed. ampliada).

ALCÁNTARA PÉREZ, Pablo, *La DGS. El palacio del terror franquista,* Espasa, Madrid, 2024.

— *La Secreta de Franco,* Espasa, Madrid, 2022.

ÁLVARO DUEÑAS, Manuel, «Los militares en la represión política de la posguerra: la jurisdicción especial de responsabilidades políticas hasta la reforma de 1942», *Revista de Estudios Políticos,* julio-septiembre de 1990, págs. 141-162.

ARÓSTEGUI, Julio, «Coerción, violencia, exclusión. La dictadura de Franco como sistema represivo», en Julio Aróstegui (coord.), *Franco: la represión como sistema,* Flor de viento, Barcelona, 2012.

ÁVILA VALLADARES, Jorge, *Sangre azul. Historia de la Policía Nacional,* EDAF, Madrid, 2022.

BALLESTER, David, *Una historia de la Policía española,* Pasado y Presente, Barcelona, 2024.

BARCO BLANCO, Miguel Ángel del, «Alargando las sombras del franquismo: represión y cárcel en España según la diplomacia británica (1936-1951)», *VI Encuentro de Investigadores del Franquismo,* Zaragoza, 2006.

BATISTA, Antoni, *La carta. Historia de un comisario franquista,* Debate, Barcelona, 2010.

— *Brigada Social,* Empuries, Barcelona 1996.

CASANELLAS, Pau, *Morir matando. El franquismo ante la práctica armada,* Catarata, Madrid, 2014.

CHAVES PALACIOS, Julián, *Justicia militar y franquismo: radiografía de los consejos de guerra,* Ambroz, Extremadura, 2017.

CHULIA, Elisa, «La Ley de Prensa de 1966. La explicación de un cambio institucional arriesgado y de sus efectos virtuosos», *Historia y política: Ideas, procesos y movimientos sociales,* núm. 2, 1999, págs. 197-220.

DÍAZ, Pilar, «La lucha de las mujeres en el tardofranquismo: los barrios y las fábricas», *Gerónimo de Urtaiz,* núm. 21, págs. 39-54.

EIORA SAN FRANCISCO, Matilde, «Control social y vigilancia discreta: la oficina de enlace del Ministerio de Información y Turismo (1962-1977)», *Historia y Política,* avance en línea, 1-27, 2024, págs. 1-27.

FERNÁNDEZ PASALODOS, Arnau, *Hasta su total exterminio. La guerra antipartisana en España, 1936-1942,* Galaxia Gutenberg, Madrid, 2024.

GIL PECHARROMÁN, Julio, *Con permiso de la autoridad. La España de Franco (1939-1975),* Temas de Hoy, Madrid, 2008.

GONZÁLEZ CALLEJA, Eduardo, *Política y violencia en la España contemporánea,* vol. II, Akal, Madrid, 2024.

HERNÁNDEZ DE MIGUEL, Carlos, *Los campos de concentración de Franco,* Ediciones B, Barcelona, 2019.

MARCO, Jorge, «Rethinking the postwar in Spain: violence and irregular civil war, 1939-52», *Journal of Contemporary History,* 55-3, 2020, págs. 492-513.

MORENO TEJADA, Sara, «La Dirección General de Seguridad durante el franquismo. Un instrumento clave para la represión franquista», *Ivus Fugit,* núm. 25, págs. 71-102.

NÚÑEZ DE PRADO CLAVELL, Sara y RAMÍREZ RUIZ, Raúl, «La oposición al franquismo en las sentencias del TOP: Organizaciones políticas y movimientos sociales», *Cuadernos de Historia Contemporánea,* 2013, vol. 35, págs. 263-285.

ORTIZ HERAS, Manuel, *La violencia durante la dictadura franquista. La insoportable banalidad del mal,* Bomarzo, Albacete, 2013.

PÍRIZ, Carlos, *En zona roja. La Quinta Columna en la Guerra Civil española (1936-1941),* Comares, Granada, 2022.

RODRIGO, Javier, *Hasta la raíz,* Alianza, Madrid, 2008.

RODRÍGUEZ TEJEIRO, Domingo, *Las cárceles de Franco,* Catarata, Madrid, 2011.

SÁNCHEZ SOLER, Mariano, *La larga marcha ultra,* Roca, Barcelona, 2022.

SESMA, Nicolás, *Ni una, ni grande, ni libre. La dictadura franquista (1939-1977),* Crítica, Barcelona, 2024.

VÁZQUEZ MONTALBÁN, Manuel, *Diccionario del franquismo,* Anagrama, Barcelona, 2019 (reed. de 1977).

VILLAR, Ernesto, *Los espías de Suárez,* Espasa, Madrid, 2016,

VIÑAS, Ángel, «La política franquista de seguridad y defensa», *Historia Contemporánea,* núm. 30, 2005, págs. 79-114.

3. Represión de baja intensidad en el movimiento estudiantil antifranquista

ALCÁNTARA PÉREZ, Pablo, «La Brigada Político-Social y el "modelo de impunidad español"», *Historia actual Online,* 56, 2021, págs. 91-104.

— *La Secreta de Franco. La Brigada Político-Social durante la dictadura,* Espasa, Madrid, 2022.

ALONSO DÁVILA, Isabel, *Plaza de los Lobos, 1968-1977. Memorias de estudiantes antifranquistas de la Universidad de Granada,* EUG, Granada, 2024.

ÁLVAREZ COBELAS, José, *Envenenados de cuerpo y alma. La oposición universitaria al franquismo en Madrid (1939-1970),* Siglo XXI, Madrid, 2004.

AMORÓS, Miquel, *Los ácratas en la Universidad central, 1967-1969,* La linterna roja, Madrid, 2018.

ARCO BLANCO, Miguel Ángel del, *Cruces de Memoria y olvido: los monumentos a los caídos de la guerra civil española (1936-2021),* Crítica, Barcelona, 2022.

CALVO ROMERO, Sergio, «La represión en la Universidad de Zaragoza: el papel del Tribunal de Orden Público», *CIAN-Revista de Historia de las Universidades,* núm. 19/2, 2016, págs. 175-196.

— «Las aulas se vacían y las calles se llenan: las movilizaciones estudiantiles de 1972», *CIAN-Revista de Historia de las Universidades,* núm. 25/2, 2022, págs. 28-59.

Carrillo-Linares, Alberto, *Subversivos y malditos en la Universidad de Sevilla (1965-1977),* Centro de Estudios Andaluces, Sevilla, 2008.

— «La situación política de la juventud universitaria española: los años cincuenta y el cambio de paradigma», en Miguel Ángel del Arco Blanco y Claudio Hernández Burgos (eds.), *Esta es la España de Franco. Los años cincuenta del franquismo (1951-1959),* PUZ, Zaragoza, 2020, págs. 319-345.

— «Movimiento estudiantil antifranquista en Andalucía», *CIAN-Revista de Historia de las Universidades,* núm. 23/1, 2020, págs. 153-156.

— «Represión y control político en la Universidad durante el franquismo», en Alberto Carrillo-Linares (ed.), *Depurados, represaliados y exiliados. La pérdida universitaria durante el franquismo,* Comares; EUS, Sevilla, 2021, págs. 3-18.

Casanova, Julián (coord.), *Morir, matar y sobrevivir. La violencia en la España de Franco,* Crítica, Barcelona, 2002.

Colomer i Calsina, Josep M., *Els estudiants de Barcelona sota el franquisme,* Curial, Barcelona, 1978, 2 vols.

Coriat, José, *Memoria de una detención. Nosotros no matamos a Carrero Blanco,* Ediciones del Genal, Málaga, 2021.

García Piñero, Ramón, «Protestas populares de baja intensidad en la Asturias de posguerra», *Espacio Tiempo y Forma. Serie V, Historia Contemporánea,* núm. 14, 2001, págs. 351-380.

GIBSON, Ian y QUEIPO DE LLANO, Gonzalo, *Sevilla, verano de 1936. Con las charlas radiofónicas completas,* Grijalbo, Barcelona, 1986.

GONZÁLEZ CALLEJA, Eduardo, *Rebelión en las aulas. Movilización y protesta estudiantil en la España contemporánea (1865-2008),* Alianza, Madrid, 2009.

— «La represión de la protesta estudiantil durante el franquismo (1936-1976)», *CIAN-Revista de Historia de las Universidades,* núm. 23/1, 2020, págs. 21-54.

GURRIARÁN, Ricardo, *Inmunda escoria. A universidade franquista e as mobilizacións estudiantes en Compostela, 1939-1968,* Xerais, Vigo, 2010.

HERNÁNDEZ SANDOICA, Elena, RUIZ CARNICER, Miguel Ángel y BALDÓ LACOMBA, Marc, *Estudiantes contra Franco (1939-1975). Oposición política y movilización juvenil,* La Esfera de los Libros, Madrid, 2007.

LIZCANO, Pablo, *La generación del 56. La Universidad contra Franco,* Grijalbo, Barcelona, 1981 (reedición con prólogo de Enrique Múgica, 2006).

LÓPEZ, Manolo, *Mañana a las once en la plaza de la Cebada,* Bomarzo, Albacete, 2009.

MESA, Roberto (ed.), *Jaraneros y alborotadores. Documentos sobre los sucesos estudiantiles de febrero de 1956 en la Universidad Complutense de Madrid,* Universidad Complutense, Madrid, 1982 (reed. 2006).

OLIVER OLMO, Pedro (coord.), *Burorrepresión: sanción administrativa y control social,* Bomarzo, Albacete, 2013.

RODRÍGUEZ TEJADA, Sergio «Estrategias contrasubversivas frente a la disidencia estudiantil antifranquista», VI Encuentro de investigadores sobre el franquismo, Fundación Sindicalismo y Cultura, Zaragoza, 2006, págs. 245-259.

—, *Zonas de libertad. Dictadura franquista y movimiento estudiantil en la Universidad de Valencia (1939-1975),* PUV, Valencia, 2009, 2 vols.

Román Ruiz, Gloria, *Franquismo de carne y hueso. Entre el consentimiento y las resistencias cotidianas (1939-1975),* PUV, Valencia, 2020.

Román Ruiz, Gloria y Arco Blanco, Miguel Ángel del, «¿Resistir con hambre? Estrategias cotidianas contra la autarquía en la consolidación del Franquismo», *Ayer. Revista de Historia Contemporánea,* núm. 126 (2), 2022, págs. 107-130.

Rubio, César Lorenzo, «La máquina represiva: la tortura en el franquismo», en Pedro Oliver Olmo (coord.), *La tortura en la España contemporánea,* Catarata, Madrid, 2022, págs. 131-198.

Ruiz Carnicer, Miguel Ángel, *El Sindicato Español Universitario (SEU), 1939-1965. La socialización política de la juventud universitaria en el franquismo,* Siglo XXI, Madrid, 1996.

Sánchez Mosquera, Marcial, *Del miedo congénito a la protesta. Memoria de los disidentes del franquismo,* Fundación de Estudios Sindicales, Sevilla, 2008.

Sancho Galán, Jordi, *El antifranquismo en la Universidad. El protagonismo militante (1956-1977),* Catarata y Fundación Primero de Mayo, Madrid, 2024.

Sanz Díaz, Benito, *Rojos y demócratas. La oposición al franquismo en la Universidad de Valencia, 1939-1975,* Albatros; CCOO-PV; FEIS, Valencia, 2002.

4. Sin doblar, sin domar y sin domesticar. La represión sobre el movimiento obrero durante la Dictadura

ABAD, Irene, «El papel de las "mujeres de preso" en la campaña pro-amnistía», *Entelequia,* 7, 2008, págs. 139-151.

ÁGUILA, Juan José del, *El TOP: la represión de la libertad,* 2.ª ed. Fundación Abogados de Atocha, Madrid, 2020.

ALCÁNTARA, Pablo, *Él águila gris: la policía política durante la dictadura franquista en Asturias y Madrid (1956-1976),* tesis doctoral, Universidad Autónoma de Madrid.

ANDRADE, Juan, *El PCE y el PSOE en (la) transición: La evolución ideológica de la izquierda durante el proceso de cambio político,* Siglo XXI, Madrid, 2015.

BABY, Sophie, *El mito de la transición pacífica. Violencia y política en España (1975-1982),* Alianza, Madrid, 2018.

BALLARÍN, Manuel (coord.), *Vicente Cazcarra y el Aragón de su tiempo,* FIM Rey del Corral, Zaragoza, 2010.

BERTA, Alicia, *Los libertarios en las cárceles franquistas y la solidaridad desde fuera de la prisión, 1936-1963,* tesis doctoral, Universidad Complutense, Madrid, 2016.

BUENO, Manuel, HINOJOSA, José Ramón y GARCÍA, Carmen (coords.), *Historia del PCE. I Congreso 1920-1977,* 2 vols., FIM, Madrid, 2007.

CASALS, Xavier, *La transición española: El voto ignorado de las armas,* Pasado y Presente, Barcelona, 2016.

CASANELLAS, Pau, *Morir matando: El franquismo ante la práctica armada, 1968-1977,* Catarata, Madrid, 2014.

COMISIONES OBRERAS, *Repensar el sindicato,* Confederación Sindical de CC. OO., Madrid, 2016.

DOMÈNECH, Xavier, *Lucha de clases, franquismo y democracia. Obreros y empresarios (1939-1975),* Akal, Madrid, 2022.
— *Cambio político y movimiento obrero bajo el franquismo. Lucha de clases, dictadura y democracia,* Icaria, Barcelona, 2012.
— «La clase obrera bajo el franquismo. Aproximación a sus elementos formativos», *Ayer,* 85, 2012, págs. 201-225.
— «La formación de la clase obrera bajo el franquismo. Nuevos debates» *Ayer,* 79, 2010, págs. 283-296.
— «El problema de la conflictividad laboral bajo el franquismo: saliendo del paradigma», *Historia Social,* 42, 2002, págs. 123-143.
DOÑA, Juana, *Desde la noche y la niebla,* Horas y Horas, Madrid, 2012
FISHMAN, Robert, *Organización obrera y retorno a la democracia en España,* CIS, Madrid, 1996.
FOWERAKER, Joe, *La democracia española. Los verdaderos artífices de la democracia en España,* Arias Montano, Madrid, 1990.
GAGO, Fernando, «El proceso 1001: desmantelamiento de la coordinadora nacional de Comisiones Obreras», *Tiempo y Sociedad,* 13, 2014, págs. 45-97.
GALLEGO, Ferrán, *El mito de la Transición. La crisis del franquismo y los orígenes de la democracia (1973-1977),* Crítica, Madrid, 2008.
GONZÁLEZ DE ANDRÉS, Enrique, *¿Reforma o ruptura? Una aproximación crítica a las políticas del Partido Comunista de España entre 1973 y 1977,* El Viejo Topo, Barcelona, 2017.
HERNÁNDEZ, Fernando, «Juana Doña y el manantial de la memoria. Memorias de las cárceles franquistas de mujeres

(1978-2007)», *Arenal. Revista de historia de las mujeres,* vol. 22, núm. 2, 2015, págs. 283-309.

MACSUTOVICI, Alexandra: «Mujeres en las cárceles franquistas: la práctica de la escritura y lectura en la obra de Tomasa Cuevas y Juana Doña», *Vegueta,* núm. 19, 2019, págs. 285-306.

MOLINERO, Carme e YSÀS, Pere, *La Transición. Historia y relatos,* Siglo XXI, Madrid, 2018.

— *De la hegemonía a la autodestrucción: El Partido Comunista de España (1956-1982),* Crítica, Barcelona, 2017.

— *Productores disciplinados y minorías subversivas. Clase obrera y conflictividad laboral en la España franquista,* Siglo XXI, Madrid, 1998.

— (eds.), *Transiciones. Estudios sobre Europa del Sur y América Latina,* Catarata, Madrid, 2019.

— *Las izquierdas en tiempos de transición,* PUV, Valencia, 2016.

MORÁN, Gregorio, *Miseria, grandeza y agonía del Partido Comunista de España,* Akal, Madrid, 2017.

OLARIETA, Juan Manuel, «Transición y represión política», *Revista de Estudios políticos,* 70, 1990, págs. 225-262.

ORTIZ, Carmen y MARTÍNEZ, Mario: «La cárcel de Carabanchel. Lugar de memoria y memorias del lugar», *Scripta Nova,* vol. 18, núm. 493 (02), 2014, s.p.

RUIZ, David (coord.): *Historia de Comisiones Obreras (1958-1988),* Siglo XXI, Madrid, 1993.

SABIO, Alberto, *Peligrosos demócratas. Antifranquistas vistos por la policía política,* Cátedra, Madrid, 2011.

— (coord.), *El coste de la libertad. Presos políticos, represión y censura en Zaragoza (1958-1977),* Doce robles, Zaragoza, 2018.

SARTORIUS, Nicolás y SABIO, Alberto, *El final de la dictadura. La conquista de la democracia en España, 1975-1977,* Temas de Hoy, Madrid, 2007.

TORRES BARRANCO, Francisco Javier, *Botas, casco y mono de obrero sobre el altar. Los curas obreros y la lucha por la justicia social, 1966-1979,* UCA, Cádiz, 2017.

TUSELL, Javier, *La transición a la democracia: (España. 1975-1982),* Espasa, Madrid, 2007.

VEGA, Rubén, *Las huelgas de 1962 y su repercusión internacional,* Fundación Juan Muñiz Zapico, Gijón, 2002.

VV. AA.: *La Transición, treinta años después,* Península, Barcelona, 2006.

VV. AA.: *Sindicalistas. Mujeres en Comisiones Obreras,* Catarata, Madrid, 2021.

YSÀS, Pere, *Disidencia y subversión La lucha del régimen franquista por su supervivencia, 1960-1977,* Crítica, Barcelona, 2004.

— «¿Una sociedad pasiva? Actitudes, activismo y conflictividad social en el franquismo tardío», *Ayer,* núm. 68, 2007, págs. 31-57.

— «Huelga laboral y huelga política. España, 1939-1975», *Ayer,* núm. 4, 1991, págs. 193-211

— «La Transición española. Luces y sombras», *Ayer,* núm. 79, 2010, págs. 31-57.

5. LAS VÍCTIMAS INESPERADAS: LA REPRESIÓN DE PERIODISTAS Y ESCRITORES (1939-1945)

ALCÁNTARA, Pablo, *La DGS. El palacio del terror franquista,* Espasa, Madrid, 2024.

FERRIS, José Luis V., *Miguel Hernández. Pasiones, cárcel y muerte de un poeta,* Fundación José Manuel de Lara, Madrid, 2022.

GARCÍA, Regina, *Yo he sido marxista. El cómo y el porqué de una conversión,* Editora Nacional, Madrid, 1946.

GUZMÁN, Eduardo de, *Nosotros los asesinos. Memorias de la guerra de España,* Guillermo del Toro, Madrid, 1976.

LEIRA CASTIÑEIRA, Francisco J., *Los nadie de la guerra de España,* Akal, Madrid, 2022.

MATEOS FERNÁNDEZ, Juan Carlos, *Bajo el control obrero. La prensa diaria en Madrid durante la Guerra Civil,* Renacimiento, 1.ª ed., Sevilla; UCM, Madrid, 2000.

OVIEDO SILVA, Daniel, *El enemigo a las puertas. Porteros y prácticas acusatorias en Madrid (1936-1945),* Comares, Granada, 2023.

RÍOS CARRATALÁ, Juan A., *Usted puede ser feliz. La felicidad en la cultura del franquismo,* Ariel-Universidad de Alicante, Barcelona, 2013.

— *Nos vemos en Chicote. Imágenes del cinismo y el silencio en la cultura franquista,* Renacimiento, Sevilla, 2015.

— *Contemos cómo pasó. Imágenes y reflexiones de una cotidianidad (1958-1975),* Universidad de Alicante, 2016.

— *Petróleo, monjas y poetas. Otras historias de 1964,* Renacimiento, Sevilla, 2021.

— *Los consejos de guerra de Miguel Hernández,* Ministerio de Defensa y Universidad de Alicante, Madrid, 2022.

— *Las armas contra las letras. Los consejos de guerra de periodistas y escritores (1939-1945),* Renacimiento, Sevilla, 2024.

— *Perder la guerra y la historia. Los consejos de guerra de periodistas y escritores (1939-1945),* Renacimiento, Sevilla, 2025.

SAMA, Joaquín, *Mi chapucera guerra civil,* el autor, Córdoba, 1986.

SAN JOSÉ, Diego, *De cárcel en cárcel,* ed. de Juan A. Ríos Carratalá, Renacimiento, Sevilla, 2016.

6. LA DICTABLANDA CINEMATOGRÁFICA: CONTROL Y CENSURA SOBRE EL AUDIOVISUAL COMPLACIENTE

ALBERICH, Ferrán, *Antonio Drove. La razón del sueño,* Festival de Cine/Comunidad de Madrid, Alcalá de Henares, 2002.

ALFAYA, Javier, *Crónica de los años perdidos. La España del tardofranquismo,* Temas de Hoy, Madrid, 2003.

ASIÓN SUÑER, Ana, *El cambio ya está aquí. 50 películas para entender la Transición española,* UOC, Barcelona, 2018.

— *Cuando el cine español buscó una tercera vía (1970-1980). Testimonios de una transición olvidada,* Universidad de Zaragoza, Zaragoza, 2018.

— *La Tercera Vía del cine español. Espejo de un país en transición,* Laertes, Barcelona, 2022.

BAYÓN, Miguel, *José Sacristán: la memoria de la tribu,* Editora Regional, Murcia, 1989.

BENET, Vicente J., *El cine español. Una historia cultural,* Paidós, Barcelona, 2012.

CASANOVA, Julián, *Del campo a la ciudad,* página *web* Julián Casanova: http://www.juliancasanova.es/del-campo-a-la-ciudad/.

CAPARRÓS LERA, José María, *El cine político. Visto después del franquismo,* Dopesa, Barcelona, 1978.

CASTIELLO, Chema, *Con maletas de cartón. La emigración española en el cine,* Tercera Prensa, San Sebastián, 2010.

DÍEZ PUERTAS, Emeterio, *Historia social del cine en España,* Fundamentos, Madrid, 2003.

FAULKNER, Sally, *Una historia del cine español. Cine y Sociedad, 1910-2010,* Iberoamericana-Vervuert, Madrid, 2017.

FERNÁNDEZ, Ángel M.ª, *Roberto Bodegas. El oficio de la vida, los oficios del cine,* Aborigen, Arnedo, 2008.

FERNÁNDEZ DE BOBADILLA, Vicente, *Es cosa de hombres. El machismo en la publicidad española (1939-1975),* Algaida, Sevilla, 2007.

FONT, Domènec, *Del azul al verde. El cine español durante el franquismo,* Avance, Barcelona, 1976.

FRUTOS, Francisco Javier y LLORENS, Antonio, *José Luis Dibildos. La huella de un productor,* Seminci, Valladolid, 1998.

GARCÍA ESCUDERO, José María, *La primera apertura. Diario de un director general,* Planeta, col. Panorama, núm. 8, Barcelona, 1978.

GINER, Salvador (dir.), *España: sociedad y política,* Espasa Calpe, Madrid, 1990.

GONZÁLEZ BALLESTEROS, Teodoro, *Aspectos jurídicos de la censura cinematográfica en España: con especial referencia al período: 1936-1977,* Universidad Complutense, Madrid, 1981.

GRACIA GARCÍA, Jordi y RUIZ CARNICER, Miguel Ángel, *La España de Franco (1939-1975). Cultura y vida cotidiana,* Síntesis, Madrid, 2001.

GUBERN, Román *et al.*, *Historia del cine español,* Cátedra, Madrid, 2000.

HERNÁNDEZ, Marta, *El aparato cinematográfico español,* Akal, Madrid, 1976.

HERNÁNDEZ RUIZ, Javier y PÉREZ RUBIO, Pablo, *Voces en la niebla: el cine durante la transición española (1973-1982),* Paidós, Barcelona, 2004.

—, *Un universo proteico y multiforme: La comedia costumbrista del desarrollismo,* Biblioteca Virtual Miguel de Cervantes, Alicante, 2000: http://www.cervantesvirtual.com/obra-visor/un-universo-proteico-y-multiforme-la-comedia-costumbrista-del-desarrollismo--0/html/ff8bad48-82b1-11df-acc7-002185ce6064_1.html.

MARTÍN DE LA GUARDIA, Ricardo, *Cuestión de tijeras. La censura en la transición a la democracia,* Síntesis, Madrid, 2008.

MONTERO, Mercedes (coord.), *La edad de oro de la comunicación comercial,* Comunicación Social-Ediciones y publicaciones, vol. 2, Sevilla-Zamora, 2010.

PÉREZ GÓMEZ, Ángel A. y MARTÍNEZ MONTALBÁN, José Luis, *Cine español, 1951-1978. Diccionario de directores,* Mensajero, Bilbao, 1978.

TUSELL, Javier, *La transición a la democracia (España, 1975-1982),* Espasa, Madrid, 2007.

VERA, Pascual, NAVARRO, José de Paco y SAN JOSÉ, María Luisa, *María Luisa San José: en cuerpo y alma,* Semana de Cine Español de Mula, Murcia, 2010.

VV. AA., *El cine español durante la Transición democrática (1974-1983),* A.A.C.C.E. Asociación Española de historiadores de cine, Madrid, 2005.

ZUNZUNEGUI, Santos, *Los felices sesenta. Aventuras y desventuras del cine español (1959-1971),* Paidós, Barcelona, 2005.

7. La represión de género en la Dictadura: genealogía de víctimas, agentes y violencias contra las mujeres

Abad, Irene, «Las dimensiones de la «represión sexuada» durante la dictadura franquista», en Javier Rodrigo y Miguel Á. Ruiz Carnicer (coords.), «Guerra Civil: Las representaciones de las violencias», *Revista Jerónimo Zurita,* núm. 84, 2009, págs. 65-86.

— «Represión sexuada. La victimización de la mujer republicana durante la guerra civil y el franquismo», en Ana Antón Pacheco (coord.), *Diferencia, (des)igualdad y justicia: Estudios de mujeres,* Jornadas Internacionales de la Mujer, vol. VII, Madrid, 2010, págs. 263-272.

Abad Buil, Irene, Heredia Urzáiz, I. y Marías Cadenas, S., «El estudio de las mujeres republicanas como víctimas de la «represión sexuada» del franquismo», en Pilar Salomón, Gustavo Alares y Pedro Rújula (coord.), *Actas del VIII Congreso de Historia Local de Aragón. «Historia, pasado y memoria en el mundo contemporáneo»,* Instituto de Estudios Turolenses, Teruel, 2014, págs. 257-267.

Aguado, Ana, «Franquismo y represión femenina. Mujeres encarceladas», en Pilar Díaz Sánchez (ed.), *Impulsando la historia desde la historia de las mujeres: la estela de Cristina Segura,* Universidad de Huelva, 2012, págs. 353-364.

Aguado, Ana y Ramos, María Dolores, *La modernización de España (1917-1939): cultura y vida cotidiana,* Síntesis, Madrid, 2002.

ARNALTE, Arturo, *Redada de violetas. La represión de los homosexuales durante el franquismo,* La Esfera de los Libros, Madrid, 2003.

BARRERA LÓPEZ, Begoña, *La Sección Femenina, 1934-1977: Historia de una tutela emocional,* Alianza, Madrid, 2019.

— «La punición franquista del aborto. La Ley de 1941 en perspectiva», *Vegueta. Anuario de la Facultad de Geografía e Historia,* núm. 24 (1), 2024, págs. 157-182.

BEADMAN, Clive, «Abortion in 1940s Spain: the social context», *Journal of Gender Studies,* núm. 11 (1), 2002, págs. 55-66.

BOIX, Alba María y FUERTES, Carlos, «¿Qué supuso la dictadura franquista para las mujeres españolas?», en M. E. Cambil Hernández, A. R. Fernández Paradas y N. de Alba Fernández (coords.), *La didáctica de las ciencias sociales ante el reto de los Objetivos de Desarrollo Sostenible,* Narcea, Madrid, 2023, págs. 61-68.

CASES SOLA, Adriana y ORTEGA LÓPEZ, Teresa, «La investigación sobre la represión femenina y violencia sexuada en el franquismo. Evolución historiográfica. Estado de la cuestión mujeres», *Ayer,* núm. 118/2, 2020, págs. 347-361.

CUEVAS, Tomasa, *Cárcel de mujeres, 1939-1945,* Sirocco, Barcelona, 1985.

FEBO, Giuliana Di, *Resistencia y movimiento de mujeres en España, 1936-1976,* Icaria, Barcelona, 1979.

FREIRE, Paolo, *Pedagogía del oprimido,* Siglo XXI, Madrid, 1970.

GARCÍA DEL CID, Consuelo, *Las cárceles de Soledad Real: una vida,* Alfaguara, Madrid, 1982.

— *Las desterradas hijas de Eva,* Algón, Granada, 2015.

GINARD FÉRON, David, «Represión y especificidad de género: en torno a la violencia política contra las mujeres en la España del primer franquismo», en Mary Nash, *Represión, resistencias, memoria: las mujeres bajo la dictadura franquista,* Comares, Granada, 2013, págs. 23-36.

HERNÁNDEZ DE MIGUEL, Carlos, *Los campos de concentración de Franco. Sometimiento, torturas y muerte tras las alambradas,* Ediciones B, Barcelona, 2020.

HERNÁNDEZ HOLGADO, Fernando, *Soledad Real,* Ediciones del Orto, Madrid, 2001.

JOLY, Maud, «Posguerra y represión «sexuada»: las republicanas rapadas por los franquistas (1936-1950)», *Actas Congrés Recerques «Enfrontaments civils: postguerres i reconstruccións»,* Pagès editors, Lérida, 2002, págs. 918-921.

— «Las violencias sexuadas de la Guerra Civil española: paradigma para una lectura cultural del conflicto», *Historia Social,* núm. 61, 2008, págs. 89-107.

LEGGOTT, Sarah, «Represión de género y violencia sexuada en la España franquista. Los testimonios de Mercedes Núñez Targa», *Cauce: Revista Internacional de Filología, Comunicación y sus Didácticas,* núm. 42, 2019, págs. 61-74.

LÓPEZ GÓMEZ, María de los Llanos., «La represión franquista contra la mujer, ¿una asignatura pendiente?», *Historia Actual Online,* núm. 57 (1), 2022, págs. 173-190.

MANGINI, Shirley, *Recuerdos de la resistencia. La voz de las mujeres de la Guerra Civil española,* Península, Madrid, 1997.

MARÍAS CADENAS, Sescún, *«Por España y por el campo». La Sección Femenina en el medio rural oscense (1939-1977),* Instituto de Estudios Altoaragoneses, Huesca, 2011.

MOLANO GRAGERA, Juan Carlos, «Represión de mujeres en las Vegas Bajas», en Julián Chaves Palacios (coord.), *Política y sociedad durante la Guerra Civil y el Franquismo,* Diputación de Badajoz, 2012, págs. 287-311.

MORCILLO, Aurora, «El género en lo imaginario. El "ideal católico femenino" y estereotipos sexuados bajos el franquismo», en Mary Nash, *Represión, resistencias, memoria: las mujeres bajo la dictadura franquista,* Comares, Granada, 2013, págs. 71-93.

MUÑOZ-ENCINAR, Laura, «Desenterrando la represión de género: análisis de la violencia ejercida sobre las mujeres durante la Guerra Civil y la dictadura franquista en el suroeste de España», *Huarte de San Juan. Geografía e Historia,* núm. 28, 2021, págs. 73-100.

NASH, Mary, *Rojas: las mujeres republicanas en la guerra civil,* Taurus, Madrid, 2006.

NOBLET, Bertrand, *Virilidad nacional. Modelos y valores masculinos en los manuales de historia (1931-1982),* Prensas Universitarias de Zaragoza, 2021.

NÚÑEZ, Miguel, *Cárcel de Ventas,* Ebro, Navarra, 1967.

OJEDA MUÑOZ, Noelia y GÓMEZ JURADO, José Manuel, «Guardianas de la memoria (Francisco Artacho, 2022): las mujeres como garantes de la memoria histórica en España», en M. J. Ramos Rovi, M. L. Calero Vaquera y M. D. García Ramos, *Mujeres y política: visiones interculturales desde la historia, el arte y la lingüística,* Comares, Granada, 2023, págs. 111-126.

O'NEILL, Carlota, *Una mexicana en la guerra de España,* La Prensa, México, 1964.

PONCE GEA, Ana Isabel, «Peter Seixas y Tom Morton. The Big Six Historical Thinking Concepts», *Revista de Estudios Sociales,* 52, 2013, págs. 225-228.

RICHARD, Michael, «Guerra civil, violencia y la construcción de franquismo», en Paul Preston (ed.), *La República asediada: hostilidad internacional y conflictos internos durante la Guerra Civil,* Península, Madrid, 1999, págs. 201-238.

RODRÍGUEZ RUBIO, Paola, «Violencia sexuada y represión en la guerra civil española y en el franquismo», *Cuadernos republicanos,* 107, 2021, págs. 90-125.

ROMEU, Fernanda, *El silencio roto. Mujeres contra el franquismo,* Gráficas Summa, Llanera, 1994.

RUIZ FRANCO, Rosario, *¿Eternas menores?: las mujeres en el franquismo,* Biblioteca Nueva, Madrid, 2007.

SÁNCHEZ SÁNCHEZ, Pura, *Individuas de dudosa moral. La represión de las mujeres en Andalucía (1936-1958),* Crítica, Barcelona, 2009.

SEOANE AMIGO, Paloma, «Represión franquista contra las mujeres. La Causa General de Madrid», en *Arenal. Revista de historia de las mujeres,* vol. 20, núm. 2, 2013, págs. 395-415.

SISTIAGA, Jon, «Descarriadas», *Otro enfoque,* 2024. Programa emitido el 30 de mayo de 2004 en el Canal Cuatro: https://www.cuatro.com/otro-enfoque/a-la-carta/20240529/programa-completo-22-mayo-video_18_012623111.html.

SORIA MÉNDEZ, Miguel Ángel, «Represión de género en la posguerra. Su incidencia en el barrio de Vallecas», *Cuadernos republicanos,* UNED, núm. 113, 2023, págs. 11-41.

TARRÉS, María Luisa, «A propósito de la categoría género: leer a Joan Scott», *Estudios Sociológicos,* núm. 31 (91), Centro de Estudios Sociológicos, México, 2013, págs. 3-26.

VALLEJO-NÁGERA, Antonio, *Eugenesia de la Hispanidad y regeneración de la raza,* Editorial Española, Burgos, 1937. Transcrito *online* en: https://www.filosofia.org/bol/bib/nb063.htm, Fundación Gustavo Bueno.

VERDUGO, Vicenta, «Franquismo y represión penitenciaria femenina. Las presas de Franco en Valencia», *Arenal. Revista de historia de las mujeres,* vol. 15, núm. 1, 2008, págs. 151-176.

— «Franquismo y represión femenina en Valencia. Expedientes penitenciarios de la Cárcel Provincial de Mujeres y la Prisión Convento de Santa Clara», en Pelai Pagés Blanch, (coord.), *La repressió franquista al País Valencià,* Primera Trobada d'investigadors de la Comissió de la Veritat, 2009, págs. 159-194.

VIÑAS, Ángel, *La otra cara del caudillo: mitos y realidades en la biografía de Franco,* Crítica, Barcelona, 2015.

VIRGILI, Fabrice, «Le sexe blessé», en F. Rouquet, F. Virgili y D. Voldman, *Amours, guerres et sexualité, 1914-1945,* Gallimard/Musée de l'Armée, París, 2007, págs. 138-144.

Índice onomástico

Abad Buil, Irene: 23, 180, 181, 282.
Acosta, Francisco: 195.
Adame, Serafín: 216.
Aguado, Ana: 288.
Águila, Juan José del: 186.
Aguirre, Javier: 250, 252, 262, 263, 274.
Aguirre, Salvador: 80.
Ahumada, duque de. *Véase* Girón y Ezpeleta, Francisco Javier.
Alcántara, Pablo: 20.
Aldea, Pura de la: 282.
Alexandre, Manuel: 269.
Alfaro, José María: 76, 221.
Alfaro, Pablo: 221.
Alfonso XII, rey de España: 36.
Alonso, Consuelo: 282.
Alonso, Rafael: 261.
Álvarez, Santiago: 57.
Álvarez-Arenas, Eliseo: 100.
Álvarez Junco, José: 26.
Álvaro Dueñas, Manuel: 64.
Amat Casado, Enrique: 111.
Amo, Antonio del: 251.
«Ana Belén». *Véase* Cuesta Acosta, María del Pilar.
Anderson, Peter: 61.
Andión, Patxi: 272.
Aranda Ezquerra, Vicente: 247.
Arendt, Hannah: 66.
«Argentinita, la». *Véase* López Júlvez, Encarnación.
Arias Navarro, Carlos: 93, 199.
Arnalte, Arturo: 297.
Aróstegui, Julio: 26, 89.
Artola, Miguel: 19.

Asión Suñer, Ana: 14, 22.
Azaña, Manuel: 34.
Aznar, Pura: 282.

Baby, Sophie: 120.
Bach, Roxanne: 273.
Baena, Humberto: 91.
Báguena, Rafael: 150.
Balcells, Albert: 26.
Ballester, David: 117, 119, 120.
Bardem, Juan Antonio: 251.
Barrié de la Maza, Pedro: 77.
Batista, Antoni: 117.
Bejarano, Leopoldo: 242.
Benito, Eugenio: 267, 270.
Beodia, Martina: 282.
Bertrana, Aurora: 241.
Besteiro, Julián: 34, 57, 58.
Bidagor Altuna, Juliana: 268.
Blanco Camarero, Jacinto: 110.
«Bluff». *Véase* Gómez Carrera, Carlos.
«Bodegas, Roberto». *Véase* Fernández Cancela, Roberto.
Bolloten, Burnett: 27.
Borau, José Luis: 247.
Brake, Nancy («Nan Green»): 283.
Broszat, Martin: 38, 39.
Bueno Bueno, Javier: 219, 221-223, 227, 232, 233.
Bueno Núñez de Prado, María: 241.
Buero Vallejo, Antonio: 219, 221.
Bulart, José María: 71.
Butler, Judith: 289.

Cabrera, Mercedes: 26.
Calderón, Licia: 253.
Calleja, Nieves: 282.
Calvo Romero, Sergio: 14, 23.
Camacho Abad, Marcelino: 190, 191, 195.
Camus, Mario: 247, 274.
Canalejas, José: 92.
«Cantinflas». *Véase* Moreno Reyes, Mario Alfonso.
Caro, Antonio: 102.
Carreras, Juan José (H. J. Renner): 29, 30.
Carrero Blanco, Luis: 71, 103, 190, 192.
Carrillo-Linares, Alberto: 21.
Carrillo Solares, Santiago José: 186.
Carvia, Amalia: 238.
Casanova, Julián: 31, 33.
Cases, Adriana: 284.
Castilla del Pino, Carlos: 70.
Cazorla, Antonio: 43.
Cenarro, Ángela: 33.
Chalonge, Christian de: 264.
Chamberlain, Neville: 61.

«Christian-Jaque». *Véase* Maudet, Christian.
Colomo, Fernando: 274.
Comín Colomer, Eduardo Serafín: 96.
Corzo, Juanita: 282.
Cruz, San Juan de la: 28.
Cruz Salido, Francisco: 219.
Cruz Touchard, Santiago de la: 240.
Cuesta Acosta, María del Pilar («Ana Belén»): 266.
Cuevas, Tomasa: 60, 283.
Cunhal, Álvaro: 188.

Delgado, Joaquín: 91.
Delgado, Julián: 117.
Díaz, Elías: 82.
Dibildos, José Luis: 250-253, 255, 256, 260, 261, 263-265, 270, 273-276.
Dicenta Alonso, Joaquín: 238.
Díez Casariego, José María: 242.
Domènech, Xavier: 116, 161, 162, 164.
Doña, Juana: 57, 59, 182, 283.
Drove, Antonio: 268, 270.

Echarri, Xavier de: 76.
«Echea». *Véase* Martínez de Tejada y Echevarría, Enrique.
Egido, Ángeles: 284.
Elorza, Antonio: 26.
Escobar, Manolo: 246.
Esteva Grewe, Jacinto: 247.
Eymar, Enrique: 108.

Fallarás, Cristina: 278.
Fanjul Goñi, Joaquín: 230.
Febo, Giuliana Di: 284.
Felice, Renzo de: 37.
Fernán Gómez, Fernando: 252, 254, 255, 257.
Fernández, Arturo: 268.
Fernández Cancela, Roberto («Roberto Bodegas»): 250, 264, 265, 269, 272.
Fernández Carriedo, Acisclo: 110.
Fernández Costilla, Luis: 195.
Fernández Cuenca, Carlos: 267.
Fernández-López Zúñiga, Guillermo: 266.
Fernández Pasalodos, Arnau: 100, 117.
Ferrández, Juan: 256.
Ferrandis, Antonio: 269, 271.
Ferrer García, Cristian: 21, 24.
Ferris, José Luis V.: 220.
Ferris, Kate: 45.
Fisac, Miguel: 380.
Fishman, Robert: 199, 200.

Forcadell Álvarez, Carlos: 16, 19, 24, 163.
Forqué, José María: 252, 258, 260.
Fraga Iribarne, Manuel: 115, 245.
Franco Bahamonde, Francisco: 34, 42, 56, 61, 71, 77, 78, 81, 82, 85, 89, 100, 101, 104, 108-110, 114, 116, 125, 138, 152, 154, 159, 169, 197, 204, 205, 207, 218, 230, 236, 243, 244, 289, 312.
Fuentes, Ascensión: 282.
Fulci, Lucio: 252.
Fusi, Juan Pablo: 26.

Gadé, Analía: 253-255, 257.
Galeano, Eduardo: 215.
Galindo, Miguel: 176, 178.
Gálvez, Pedro Luis de: 219, 230, 233, 236.
Gámez, Celia: 59.
Gance, Abel: 252.
García, Consuelo: 283.
García, Regina: 240.
García, Sara: 258.
García Atienza, Juan: 252, 258, 261.
García Escudero, José María: 247.
García Lorca, Federico: 77, 220, 221.
García Salve, Francisco: 191, 195.
García Sanz, Ramón: 91.
García Vázquez, Salvador: 157.
Gaulle, Charles de: 74.
Gentile, Emilio: 37, 41.
Gil, Rafael: 267.
Gil Andrés, Carlos: 33.
Gil Robles, José María: 192.
Giner, Salvador: 244.
Girón y Ezpeleta, Francisco Javier (duque de Ahumada): 99.
Goldhagen, Daniel J.: 38.
Gómez, Alberto: 45.
Gómez Bur, Manolo: 260-263.
Gómez Carrera, Carlos («Bluff»): 237.
Gómez Mesa, Luis: 267.
Gómez Otero, Mercedes: 282.
González de Andrés, Enrique: 116.
González García, Francisco: 150.
González Oliveros, Wenceslao: 70-72.
González Sinde, José María: 274.
Górriz, Ramón: 171.

Goy de Silva, Ramón: 218.
Gramsci, Antonio: 48, 49, 165.
Granados, Francisco: 91.
«Green, Nan». *Véase* Brake, Nancy.
Grimau, Julián: 35, 83, 91, 110, 115.
Guardione, Ana: 155.
Gürtner, Franz: 73.
Guzmán, Eduardo de: 216, 219, 234.

Haro, Eduardo: 219.
Hermet, Guy: 27.
Hernández, Elvira: 54.
Hernández, Fernando: 283.
Hernández, Miguel: 51-55, 57, 58, 148, 216, 219-222, 227, 229, 235, 241.
Hernández, Rafael: 269, 271.
Hernández Sandoica, Elena: 26.
Hijas Palacios, José de: 111.
Himmler, Heinrich: 34, 98.
Hitler, Adolf: 30, 34, 38, 46, 63, 65, 72.
Hoyos y Vinent, Antonio de: 236.

Ibárruri, Dolores («Pasionaria»): 56.
Iniesta Cano, Carlos: 102.
Iquino, Ignacio F.: 251.
Isabel II, reina de España: 92.
Isbert, José: 258.

Jackson, Gabriel: 27, 85.
Jiménez, Blasa: 58.
Jiménez Losantos, Federico: 176.
Joly, Maud: 289.
Jordá Catalá, Joaquim: 247.
Juan Carlos I, rey de España: 94.
Juliá, Santos: 16, 26.

Kershaw, Ian: 38.
Klimovsky, León: 251.

Labordeta, José Antonio: 13.
Lagos, Vicky: 253.
Lampedusa, Giuseppe Tomasi de: 207.
Landa, Alfredo: 260-263.
Lazaga, Pedro: 250-256, 258, 273, 274.
Leblanc, Tony: 256, 261, 262.
Ledesma, José Luis: 26, 33.
Leira Castiñeira, Francisco J.: 215.
Lemkin, Raphael: 35.
Lera, Ángel María de: 219.
Levi, Primo: 62.

Linebaugh, Peter: 189.
Linz, Juan José: 30.
Llach, Lluís: 213.
Lluch, Miguel: 252.
López Gómez, María de los Llanos: 284, 286.
López Júlvez, Encarnación («la Argentinita»): 77.
López Segovia, María de los Ángeles («Lina Morgan»): 263.
López Vázquez, José Luis: 258, 260.
Loren, Sophia: 240.

Machado, Antonio: 81, 148, 220, 240.
Machado, Manuel: 81.
Machín, Manuel: 176.
Malefakis, Edward: 27.
Mangini, Shirley: 284.
Manning, Leah: 283.
Manresa, Josefina: 51, 53, 56.
Marco, Jorge: 102.
Marcos Muñiz, Juan: 191, 195.
Marías Cadenas, Sescún: 23.
Mariscal, Ana: 256.
Marsé, Juan: 272.
Martín Patino, Basilio: 247, 248.
Martín Vara, Pablo: 267.
Martínez de León, Andrés: 237.
Martínez de Tejada y Echevarría, Enrique («Echea»): 237.
Martínez Fuset, Lorenzo: 61.
Martínez Gargallo, Manuel: 218.
Martínez Montalbán, José Luis: 250.
Marx, Karl: 176.
Mateos Fernández, Juan Carlos: 218.
Mateu Canovés, José Francisco: 111.
Maudet, Christian («Christian-Jaque»): 252.
Merino, Fernando: 250, 252, 260-263.
Mihura, Miguel: 257.
Millán Astray, José: 234, 237.
Mingote, Antonio: 263, 264.
Mola, Emilio: 87, 98.
Molina, Federico: 267.
Molina, Miguel de: 235.
Molinero, Carmen: 116, 198.
Monforte Estremiana, Isaías: 171.
Montero Díaz, Mercedes: 246.
Moreno Reyes, Mario Alfonso («Cantinflas»): 240.
Morente, Francisco: 78.
«Morgan, Lina». *Véase* López Segovia, María de los Ángeles.

Mosse, George L.: 41.
Múgica, Mateo: 60.
Muñiz Zapico, Juan Marcos: 191, 195.
Muñoz, Amparo: 268.
Mussolini, Benito: 37, 63, 65, 82.

Narváez, Ramón María: 99.
Nash, Mary: 55, 284.
Navarro Ballesteros, Manuel: 221, 222, 227, 233.
Niethammer, Lutz: 38.
Nietzsche, Friedrich: 29.
Núñez, Mercedes: 283.
Núñez, Mirta: 55.
Núñez, Sara: 111.

O'Neill, Carlota: 283.
Olmo, Rosario del: 229, 240.
Ortega, Teresa: 284.
Ortiz Heras, Manuel: 87.
Otaegui, Ángel: 91.
Otero, Enriqueta: 282.
Otero Seco, Antonio: 219, 234.
Ozores, Antonio: 243, 256.
Ozores, José Luis: 243.
Ozores, Mariano: 243.

Palacios Martínez, Fernando: 249, 256.
Pàmies, Joan: 51.
Paredes, Juan: 91.
Pascua, Virgilio de la: 217.
«Pasionaria». *Véase* Ibárruri, Dolores.
Paso, Alfonso: 261.
Passerini, Luisa: 39, 41.
Patiño, Pedro: 91, 102.
Peinador, Enrique: 238.
Peiró, Ignacio: 29.
Pelegero Sanchís, Ramón («Raimon»): 148.
Perdiguero, Fernando: 219, 237.
Pérez, José Antonio: 161.
Pérez, Tina: 102.
Pérez del Muro, Juan: 237.
Pérez Galdós, Benito: 238.
Pérez Garzón, Juan Sisinio: 26.
Pérez Gómez, Ángel A.: 250.
Pérez González, Blas: 101.
Pérez Ledesma, Manuel: 26.
Perón, Eva: 57.
Pétain, Philippe: 74.
Piñar, Blas: 104.
Pisacane, Carlo: 258.
Poitrenaud, Jacques: 252.
Portabella I Ràfols, Pere: 247.
Portela Valladares, Manuel: 76.
Preston, Paul: 35.
Primo de Rivera, Miguel: 68-70, 94, 95.
Pugés, Antoni: 218.

Puig Antich, Salvador: 91.
Puyol, Ramón: 219, 237.

Queipo de Llano, Gonzalo: 122.

Rabal, Francisco: 258.
Raguer, Hilari: 60.
«Raimon». *Véase* Pelegero Sanchís, Ramón.
Ramírez, Raúl: 111.
Ramón Alarcón, Manuel: 145.
Ramos, Dolores: 288.
Ramos, José María: 266.
Real, Soledad: 283.
Rediker, Marcus: 189.
Reguengo, Vicente: 95.
Renner, H. J. *Véase* Carreras, Juan José.
Retana, Álvaro: 219, 235.
Ríos Carratalá, Juan Antonio: 22, 54, 205
Riquer, Borja de: 26.
Robledano, José: 219, 237, 239.
Robles Piquer, Carlos: 247.
Rodrigo, Javier: 16, 33, 83, 87.
Romero, Iván: 24.
Romeu, Fernanda: 284.
Romitelli, Giancarlo: 252.
Rosel Orós, Antonio: 178.
Ruano, Enrique: 91, 115, 116.
Ruiz, Pedro: 26.
Ruiz Carnicer, Miguel Ángel: 33.
Ruiz Jiménez, Joaquín: 192.
Ruz, Pablo: 53.

Sabio, Alberto: 116.
Saborido, Eduardo: 191, 195.
Sacristán, José: 250, 266, 269-271, 273.
Sáenz de Heredia, José Luis: 246, 266.
Sagardía Ramos, Antonio: 97, 98.
Salado, José Luis: 229.
Saliquet, Andrés: 71.
Salvador Merino, Gerardo: 166.
Salvia Giménez, Rafael J.: 249.
Sama Naharro, Joaquín: 228, 237, 238.
San José, Diego: 217, 219, 230, 234, 236, 237.
San José, María Luisa: 270, 271, 273.
San Martín, José Ignacio: 103.
Sánchez, Alicia: 282.
Sánchez, Mariano: 120.
Sánchez, Pura: 55, 291, 312.
Sánchez Bravo, José Luis: 91.
Sánchez Ferlosio, Chicho (Sánchez-Mazas Ferlosio, José Antonio): 155, 176.
Sánchez Mazas, Rafael: 228.
Sanna, Carlo: 72.

Santa Marina, Luys: 76.
Santiesteban, Pedro: 195.
Sanz Toledano, Isabel: 282.
Sartorius, Nicolás: 116, 191, 195.
Sauquillo Pérez del Arco, Francisca («Paquita»): 192.
Saura, Carlos: 252.
Sautet, Claude: 252.
Saz, Ismael: 39.
Schmitt, Carl: 49, 74.
Schwarz, Géraldine: 46-48, 54.
Scott, Joan: 289, 295.
Serrano Suñer, Ramón: 62, 71, 114, 296.
Sesma, Nicolás: 20, 33, 88, 207.
Silva, María: 261.
Sirgo, Anita: 102, 103.
Soldevila, Laly: 264, 268.
Soler Leal, Amparo: 261.
Soto, Fernando: 191, 195.
Southworth, Herbert: 27, 85.
Suárez González, Adolfo: 199.
Summers, Manuel: 247.
Suñer, Enrique: 69, 70, 72.

Tamames, Ramón: 85.
Thomas, Hugh: 27.
Tomás y Valiente, Francisco: 18.
Toral, María Teresa: 282.
Tusquets, Juan: 70.

Ulibarri Eguilaz, Marcelino de: 71, 108.
Ullastres, Alberto: 244.
Umiliani, Piero: 259.
Urtasun, Ernest: 53.
Utrera Molina, José: 145.

Valenzuela, Laura: 255, 256, 258, 261, 263.
Vallejo, Carles: 118.
Vallejo-Nágera, Juan Antonio: 66, 67, 72, 293.
Vázquez Montalbán, Manuel: 85, 86.
Velasco Varona, Concha: 246, 256, 261, 262, 270, 272.
Vidal i Barraquer, Francesc: 60.
Villalba Rodríguez, Tadeo («Tedy»): 266.
Villares, Ramón: 26.
Vinyes, Ricard: 55.
Virgili, Fabrice: 289.
Visconti, Luchino: 207.
Vivero, Augusto: 221, 227, 233, 236.

Whately, Mónica: 283.

Yagüe, Jesús: 271.
Ysàs, Pere: 116.

Zamora, Miguel Ángel: 191, 195.
Zapata Borrego, Matilde: 227, 240.
Zapirain, Sebastián: 57.
Zarzo, Manuel: 269.
Zugazagoitia Mendieta, Julián: 219, 222.

Créditos fotográficos

© Album; Colección particular; © AHPCE; © Europa Press/ContactoPhoto; © Archivo General de la Administración; © Archivo Histórico Nacional; © COAM; © Maya Balanya/Archivo ABC/ Album; © Prisma/Album; © EFE/Album; © Archivo ABC/ Album; © International Institute of Social History; © Biblioteca Virtual de Prensa Histórica; © Archivo Municipal de Zaragoza, 3-4-026500; Cortesía de © Fondo Photo-Club/Archivo de la Diputación de Burgos ADPBU-PH-42786-1; © Archivo Histórico de CO. OO. de Aragón; © Archivo Histórico de CC. OO. de Andalucía; © Archivo General e Histórico de Defensa; © Biblioteca Nacional de España; © Centro Documental de Memoria Histórica; © Fondo Gerardo Contreras/Archivo Regional de la Comunidad de Madrid; © Ágata Films /Album; Cortesía de © Ayuntamiento de La Puebla de Alfindén; Cortesía de © Archivo Histórico Provincial de Teruel-ES/AHPTE- F/00025/1_33 y F/00025/6_294; Cortesía de © Herederos de Carmen Azcón Lahulla de Casa Suprian de Anciles/Archivo Fundación Hospital de Benasque; © Fototeca de la Diputación Provincial de Huesca y © Archivo Histórico Provincial de Huesca. ES/AHPHU-J/005693/000375.

Iconografía: DAU, Grupo Planeta